KB069293

고전과 함께하는 사주명리

- 기본편 -

고전과 함께하는 사주명리-기본편

초 판 1쇄 2023년 07월 25일

지은이 유연철
펴낸이 류종렬

펴낸곳 미다스북스
본부장 임종익
편집장 이다경
책임진행 김가영, 신은서, 박유진, 윤가희, 정보미

등록 2001년 3월 21일 제2001-000040호
주소 서울시 마포구 양화로 133 서교타워 711호
전화 02) 322-7802~3
팩스 02) 6007-1845
블로그 http://blog.naver.com/midasbooks
전자주소 midasbooks@hanmail.net
페이스북 https://www.facebook.com/midasbooks425
인스타그램 https://www.instagram/midasbooks

ISBN 979-11-6910-293-3 03150

값 **25,000원**

미다스북스는 다음세대에게 필요한 지혜와 교양을 생각합니다.

고전과 함께하는
사주명리

- 기본편 -

유연철 지음

미다스북스

추천사

현암 유연철 선생은 나의 외우(畏友)이다. 10년 넘게 같이 동양고전을 공부하고 있는 길벗인데, 추천사라니, 겸연쩍을 따름이다. 더구나 나는 명리학에 제대로 입문조차 못한 처지가 아닌가. 부끄러울 뿐이다. 그런데 추천사라니, 사양해야 마땅하나 사양하지 않은 이유가 있다. 명리학자로 첫 번째 저서를 내는 유 선생에게 진심으로 축하를 전하고 싶기 때문이다.

60대 중반, 정부가 공인한 노인이 된 나는 매일 '나이듦'에 대해 생각한다. 어떻게 남은 시간을 말이 통하는 유쾌한 할머니로 살 것인가? 내 인생의 가장 만만치 않은 도전을 앞두고 있는 것이다. 근래에 20대부터 70대까지 명리학, 심리학에 대한 관심이 높아 열풍이라 할 정도이다. 명리학으로 동년배, 젊은 세대와 대화하고 소통할 수 있다면 그것만큼 멋진 일이 있을까? 나의 야무진 계획 중에 명리학 공부가 들어 있다.

모든 공부가 그렇다고 하지만 나의 경험으로는 명리학은 진입 장벽이 높은 영역이다. 호기심으로 도전한다고 해서 쉽게 열리는 문이 아니다. 음양과 오행, 천간과 지간의 이치와 관계에 대한 내공이 깊지 않으면 언감생심, 문 앞에서 서성이다 덮을 수밖에 없다.

그래서 유 선생의 『고전과 함께하는 사주명리』 출간이 더욱 기쁘다. 시중에 비슷한 책은 많지만 명리학의 역사와 구조를 동양고전의 맥락 속에서 친절히 풀어낸 책을 접하지 못했기 때문이다. 기계적이고 도식적인 관련 서적을 읽다 보면 왜 이렇게 푸는 걸까, 궁금했던 적이 많았다. 유 선생의 책이 이런 궁금증을 해소해 줄 것이라 기대한다. 그리고 많은 사람들이 유 선생의 책을 통해 명리학의 세계에 진입하기를 바란다. 그냥 유 선생의 책을 읽고 강의를 들으면 어느 순간 명리학의 세계가 활연히 펼쳐질 것이다.

유연철 선생은 나의 익우(益友)이기도 하다. 오랜 기간 명리학을 연마하는 한편 다양한 동양고전을 꾸준히 섭렵하는 모습을 보면서 여러 번 감탄했다. 변함없이 성실한 유 선생의 모습에 감발하여 느슨해지는 나의 공부를 다잡은 적도 많았다. 나이 들어 가면서 '외우', '익우'가 옆에 있다는 것은 큰 축복이다. 더구나 그 친구가 명리학자라니! 내가 감히 췌언으로 『고전과 함께하는 사주명리』의 출간을 축하하는 이유이다. 벌써 명리학자 유연철의 다음 책이 기다려진다.

우응순 (인문학당 상우 대표)

고전과 함께하는
사주명리에 빠져보시길!

"어찌 이럴 수가 있나! 한 사람의 과거부터 현재, 미래를 이렇게 알 수 있다니!"

나는 사주명리학에 푹 빠져서 산다. 사실, 사주명리학을 처음 공부할 때는 의심을 했다. "과연 이 공부로 우리 인생의 과거나 미래를 알 수 있을까?" 솔직히 어느 정도 공부를 해보고 맞지 않으면 그만두려고 했다. 그런데 깊이 공부하면 할수록 놀라웠다.

그 과정에서 다른 사람의 운명이 걸린 내용, 즉 길흉화복을 예측한다는 것이 얼마나 신중히 해야 하는 일인지, 얼마나 어려운 일인지 깨달았다. 상담 내용은 대부분 어려운 일이다. 건강이나 병에 대한 것, 사업의 시작과 전망, 아이들 진로 상담 등 우리 인생사의 모든 것이다.

게다가 요즘 사주명리학이 대학, 대학원에서 더 활발하게 연구되고 있다. 우리 사회에 필요한 학문이기 때문 아닐까? 한 사람의 아픈 곳을 달래주고 미래를 예측하여 희망을 주고 흉한 것을 피해가는 방법을 알려줘서 조금이나마 피해를 줄여준다면 그것도 사회에 기여하는 한 방식일 것이다. 덧붙여 아이들의 진로와 적성을 상담해주어 아이의 장래에 희망과 즐거움을 준다면 대한민국의 미래에도 도움이 되는 길일 것이다.

이런 중대한 일을 대충 공부하여 상담하는 것은 있을 수 없는 일이었다. 단기간에 익힐 내용이 아니었다. 오래도록 공부해야겠다고 마음먹고 지금까지도 계속 공부하고 있고, 앞으로도 공부를 계속해나갈 생각이다.

여러분은 어떻게 사주명리학을 배우게 되었는가? 나는 원래 사주명리학이라는 말을 들어본 적도 없고 관심도 없었다. 점집에서 점을 치는 게 사주를 말해주는 것이라고만 알고 있었을 정도였다.

내가 젊었을 때부터 관심이 있었던 것은 사주명리학이 아니라 한문과 동양고전이었다. 젊을 때는 못 하다가 중년에 들어서야 『논어』와 『주역』을 시작으로 고전 공부에 입문했다. 춘추전국시대의 성인(聖人)들이 쓴 고전을 읽다 보니 공통된 단어들이 나왔다.

음양오행, 상생, 상극…

그렇게 자연스럽게 사주명리학에 관심을 가지게 되었고 공부를 하기 시작한 나는 사주명리학에 푹 빠졌다. 하나하나 알아가는 재미가 쏠쏠하여 적성에 딱 맞았다. 그리고 본격적으로 공부하게 되었다. 이미 공부하고 있었던 『주역』,

『서경』, 『노자』, 『장자』, 『사기』 등 여러 동양 고전과 병행하니 더욱 흥미로웠다.

사주명리학을 조금 먼저 공부한 사람으로서 앞으로 공부할 분들을 위해 이 책을 썼다. 무엇보다 동양 고전과 함께 공부하기를 바라는 마음이 있기 때문이다. 이 책에는 동양 고전 중에서도 사주명리학과 관계된 내용을 함께 실었다. 사주명리학의 시작은 정확하지 않다. 문헌상 사주라는 단어가 사용되고 체계화되기 시작한 것은 당나라, 송나라 이후다.

더 많은 고전이 있으나 간략하게 소개했으니, 관심이 있다면 찾아보기를 바란다. 동양 고전의 내용이 어렵게 느껴진다면 그 내용을 빼고 읽어도 무리는 없을 것이다. 그러나 한 번 읽고 공부한 후, 처음부터 시작해 동양 고전과 다시 읽어보기를 권한다. 동양 고전을 읽다 보면 사주명리학이 더 흥미로워질 것이다.

명리학은 입문할 때는 쉬운 듯하다. 그러나 절대 만만한 학문은 아니다. 동양 고전과 사주명리학을 '진짜로 공부를 해보겠다'는 사람이라면 이 책을 읽기를 바란다. 차근차근 밟아나아가면 좋은 성과가 있을 것이다. 이 책을 읽고 많은 학인들이 동양 고전과 함께하는 사주명리학 공부의 매력에 빠진다면 기쁘겠다.

이 책을 쓰기까지 많은 도움을 주신 인문학당 상우의 우응순 선생님, 그리고 함께 공부하며 도움을 주신 송지영, 김아람 학인, 그리고 가족들에게 감사를 드린다.

2023년 7월 현암(玄岩) 유연철(柳然鐵)

목차

제1장

고전과
명리학의 역사

명리학을 공부하기 위해서는 동양 고전의 밑바탕인 음양오행(陰陽五行)을 먼저 살펴볼 필요가 있다. 음양과 오행의 역사와 기원은 정확하게 알려져 있지 않지만 여러 가지 기원설이 존재한다.

음양과 오행은 우주의 탄생과 맞물리며 시작하였다. 본디 우주는 본래 형체가 있었던 것은 아니고 아무런 물체도 없었던 무극(無極)의 상태였다. 다만 연기 같기도 한 무엇이 있는 것 같기도 하고, 없는 듯하기도 한 허공이었다. 이 무극이 태극(太極)으로 변화하는 과정에서 우주의 양의 기운과 음의 기운의 움직임 즉, 율려운동(律呂運動)을 완성하며 태극으로 변화하게 된다. 거기에서 태극은 자기 자체의 본성을 발휘하여 현실의 모순대립이 나타나게 되는데 이 작용을 음양작용(陰陽作用)이라고 한다.

무극이 운동 상태를 나타내기 시작할 때 상반된 기운이 나타나게 되었는 바, 이것의 성(性)과 질(質)에서 상(象)을 취하여 음양(陰陽)이라는 개념이 생긴 것이다. 그 음양이 각각 분합작용(分合作用)을 일으킴으로 5개의 새로운 성질이 발생하게 되었으니 이것을 목, 화, 토, 금, 수(木火土金水)의 오행(五行)이라 한다.

1
명리학의 기원과 발전사

1. 주역(周易)의 등장

고대 중국에서는 명리학보다 먼저 주역에 의한 음양학설이 존재했다.

주역은 주(周)나라의 역(易)이다. 주나라는 고대 역사가 시작되는 중국의 왕조 하, 은, 주의 마지막 나라인 주나라를 말한다. 주역은 역경(易經)이라 약칭하는데 동양철학의 오묘한 진리를 풀이한 책으로 경전의 으뜸이라 할 것이다. 주역에 관계된 책들을 보면 대개 누가 팔괘(八卦)의 범주를 만들고, 누가 기호를 만들었는가에 대해 설명하는데 확실하지는 않지만 대부분 위대한 사람이 만들었다고 한다.

주역은 선사시대 성인(聖人)이신 복희씨(伏羲氏)가 황하에 나타난 용마(龍馬)의 등에 있는 하도(河圖)의 형상을 보고 천문지리를 연구하고 만물의 변화를 살펴 선천팔괘(先天八卦)를 만들면서 시작되었다고 한다. 선사시대 이후 수천 년이 흘러 주나라를 개국한 무왕(武王)의 아버지 문왕(文王)은 은나라 말기의 제후로 서백(西伯)이라 불렸다.

은나라 마지막 왕 폭군 주(紂)가 서백을 유리(羑里)에 가두었는데 이때 64괘를 다시 정리하여 괘사(卦辭)를 짓고 문왕의 아들인 주공(周公)이 효사(爻辭)를 지었다고 한다. 후에 춘추시대에 이르러 공자(孔子)가 십익(十翼)을 만들었다고 한다.

고대 중국에서는 몇 종류의 역(易)이 존재한 것으로 알려져 있다. 삼역(三易) 중 하(夏)나라 역은 연산역(連山易)이라 불리며 산(山)을 의미하는 간(艮)으로부터 시작하고, 은(殷)나라 역은 귀장역(歸藏易)이라 하여 땅을 상징하는 곤(坤)으로부터 시작하는 것으로 추측하고 있다. 다만 어떠한 내용의 역인지는 현재 확실히 알 수는 없다. 지금 전해지는 주(周)나라 역은 하늘을 상징하는 건(乾)으로 시작하여 64괘가 배치되는데 이것이 기원전 1000년경 주나라가 세워질 즈음에 만들어졌다는 것이다. 그래서 주역이라고 부른다. 또한 주역은 주나라의 역이면서 주(周)라는 글자인 '두루 주'의 '두루 미치다'라는 의미로 세상에 모두 통하는 역이라는 두 가지의 의미를 가진다. 주역은 점서(占書)로서 8개의 괘가 승(乘)하여 이뤄진 64괘에 붙은 괘사와 효사로 이루어졌다고 설명할 수 있다. 즉 3개의 효로 이루어진 소성괘(小成卦)가 2개씩 어울려서 이루어지는 대성괘(大成卦)를 가지고 사안에 대한 길흉을 점치게 되어 있다.

2. 명리학의 시작

명리학이 누구에 의해 시작되었는지 정확한 유래는 아직 확단할 수는 없지만, 전국시대의 귀곡자(鬼谷子)라는 설, 연대 미상인 낙록자(珞琭子)라는 설, 동진의 곽박(郭璞)이라는 설이 있지만 낙록자로부터 비롯한다는 것이 통설이다. 청대의 『자평팔자사언집액』(子平八字四言集腋)에는 "명리학의 기원은 주나라의 낙록자와 귀곡자이다."라고 되어 있다. 이런 문헌으로 보아 귀곡자 또한 명리학 태동에 상당한 업적을 남긴 인물로 보는 것이 타당하다. 따라서 명리학의 태동은 전국시대에 이루어진 것으로 보아야 한다. 이후 한대^(漢代)의 동중서^(董仲舒)와 사마계주^(司馬季主), 동방삭^(東方朔)으로 이어졌다. 특히 동중서의 『춘추번로』^(春秋繁露)에서 음양오행론 체계를 완성했다. 그 후 왕충^(王充)은 『논형』^(論衡)에서 정명사상^(定名思想)을 정립하여 명리학에 기여하였다고 평가된다.

수^(隋)나라 초기에 음양론과 오행론에 관한 기초 학설을 집대성한 소길^(蕭吉)의 『오행대의』^(五行大義)가 편찬되고 원천강^(袁天綱)이 사람의 생년월시를 간지^(干支)로 대체한 사주^(四柱)를 통하여 사람의 명운^(命運)을 논하는 이론 체계를 『원천강오성삼명지남』^(袁天綱五星三命指南)에서 정립했다. 이로써 사주명리학^(四柱命理學)이 탄생하게 되었다.

3. 당, 송, 명, 청^(唐. 宋. 明. 淸) 시기의 명리학

문헌상 사주^(四柱)라는 단어가 사용되고 사주에 관한 이론 체계가 성립된 것은 당대^(唐代) 초기의 원천강^(袁天綱)에서 비롯되었다고 볼 수 있는데, 이 시기에 간지론^(干支論)과 음양오행론^(陰陽五行論)을 중심으로 하는 명리학이 성립한 것이다.

당대의 이허중^(李虛中)은 귀곡자가 지었다는 명서^(命書)를 주석하여 『이허중명서』^(李虛中命書) 3권을 지어 명리학의 중흥을 이루었다. 그는 사주상 오행의 왕상휴수사^(旺相休囚死)와 납음오행^(納音五行) 그리고 연간과 일주 위주의 논명 방식으로 운명을 해석하였다. 당시 일주^(日柱)가 일간^(日干)을 규정한다는 말은 없으나 이미 일주라는 단어가 사용된 것으로 미루어 일주의 현대적 의미가 이허중 때부터 태동한 것으로 보인다.

송대^(宋代) 초기의 서자평^(徐子平)은 앞 시대의 명리학자들이 연주^(年柱)를 간명의 주제로 삼았던 것을 배척하고 일간^(日干)을 사주 당사자의 주체로 보고 살피는 간명법

(看命法)을 처음 시작하였다. 그는 납음오행(納音五行)과 태월(胎月)을 사용하지 않고 일간을 중심으로 음양오행의 생극제화(生剋制化)를 살폈으며 십성(十星)과 지장간(支藏干)이론을 수립하고 격국(格局)과 용신(用神)의 개념까지 도입함으로써 명리학의 새로운 시대를 연 인물로 평가된다. 서자평은 『옥조신응진경』(玉照神應眞經), 『낙록자삼명소식부주』(珞琭子三命消息賦注), 『명통부』(明通賦) 등의 책을 남겼다.

남송(南宋) 시대의 대표적인 명리학자 서승(徐升: 徐大升, 서공승, 서인승이라고도 한다)은 서자평의 자평법을 계승하여 일간 중심으로 생극관계를 분석하는 육신법을 체계화하고 발전시킨 인물로, 연해(淵海)와 연원(淵源)을 합본하여 『연해자평』(淵海子平)과 『자평삼명통변연원』(子平三命通變淵源)이라는 책을 저술하였다. 이 책은 격국론, 신살론, 시결론 등이 방대하게 수록되어 있고 이 한 권의 책에 명리학의 전반적인 이론을 수록한 명리고전 중 훌륭한 이론서이자 지침서 중 하나이다.

명대(明代)에는 명리학의 보서(寶書) 『적천수』(滴天髓)가 발간되었는데 한동안 개국공신이었던 유기(劉基, 劉基溫)가 적천수를 저술하고 주석하였다는 것이 통설이었다. 그러나 현재는 경도(京圖, 宋末~明初)가 저술하고 유백온이 주석을 하였다는 사실이 입증되었다. 적천수는 명리학의 철학적 입지를 심화시켰다.

명대 장남(張楠)은 『신봉통고명리정종』(神峰通考命理正宗)을 지어 동정설(動靜說), 개두설(蓋頭說), 병약설(病藥說) 등의 독창적인 학설을 제시하였고, 만민영(萬民英, 號 育吾)은 명리학의 백과사전이라 불리는 12권의 『삼명통회』(三命通會)를 저술하였다. 그는 명리이론을 다루기 전에 음양오행론과 간지의 원류를 논하여 명리학의 역사적이면서 철학적인 존재 근거를 밝혔다. 이는 학계에 상당한 가치가 있다. 특히 3,500여 명의 실제 사주를 수록하고 있다.

명대에는 또 하나의 명리학 보서(寶書)라 불리는 명리학 고전이 있으니 『난강망』

^(欄工砸)이라는 책으로『궁통보감』^(窮通寶鑑)이라고도 불리는데 누가 지었는지는 알려지지 않았다. 인용된 사주가 명나라 사람들이므로 명나라 저작으로 추정된다. 10개의 일간을 12개월에 배정한 내용으로 기후의 배합과 득실을 살핀 조후용신^(調候用神)의 이론을 체계화한 책이다.『난강망』은 청나라 초기 천문학자 직함을 가진 관리의 손에 들어가『조화원약』^(造化元鑰)이라는 이름을 갖게 되었고, 청나라 말기 서춘태^(徐春台)에 의해 지나치거나 번잡한 내용이 제거되고『궁통보감』^(窮通寶鑑)으로 간행되었다.

청대^(淸代) 초엽에 진소암^(陳素庵)은 적천수 원문과 원주를 채록하여『적천수집요』^(滴天髓輯要)를 출간하였고『명리약언』^(命理約言)이라는 책을 저술하였는데 격국과 용신 등의 여러 가지 이론을 간단한 하나의 공식으로 귀결시켰고 억부용신법^(抑扶用神法)의 핵심을 간단명료하게 지적하면서 명리학 용신론에 가장 큰 영향을 끼쳤다고 할 수 있다.

청대^(淸代) 중엽 때 심효첨^(沈孝瞻)은 자평명리서의 3대 보서^(寶書) 중 하나로 손꼽히는『자평진전』^(子平眞詮)을 저술하였다. 자평진전은 음양오행론^(陰陽五行論)과 간지법칙^(干支法則)을 중심체제로 삼아 격국론^(格局論)을 체계화시켰다.

청대 후기 임철초^(任鐵樵)는 유기^(劉基)가 주석한 적천수에 임상을 거친 명료한 주석을 달고 완전히 새롭게 해석한 하나의 독립적인 저작으로『적천수천미』^(滴天髓闡微)를 저술하였다.

4. 근대 중화민국 명리학

근대^(近代)에 이르러 중화민국에는 명리의 대가 세 사람이 등장하는데 원수산^(元樹珊), 서락오^(徐樂吾), 위천리^(韋千里) 3인이다. 이들의 유명세는 매우 높았다.

원수산은 유기와 임철초의 주석을 모아『적천수천미』^(滴天髓闡微)를 자평명리학의 종합적인 내용을 다룬『명리탐원』^(命理探原)과 고전에서 발췌한 위인들의 사주를 다룬『명보』^(命普),『대육임탐원』^(大六壬探原) 등을 저술하였다.

서락오^(徐樂吾)는 난강망^(欄江網)의 다른 주석 버전인『궁통보감』^(窮通寶鑑)을 펴내고 후일『조화원약평주』^(造化元鑰評注)라는 책을 또 출간할 만큼 사주학에서 조후론을 중시하였다. 명리학 이론을 최종 정리하여『자평수언』^(子平粹言)이라는 책을 저술하기도 하였고『적천수징의』^(滴天髓徵義)와『적천수보주』^(滴天髓補註)도 출판 증수하였다. 또한 자평진전^(子平眞詮)에 평주를 단『자평진전평주』^(子平眞詮評註)를 출판하여 널리 보급하였다.

위천리^(韋千里)는 진소암의 명리약언^(命理約言)을 출판 발행한 업적을 높이 평가받고 있으며, 그의 저작으로는『명학강의』^(命學講義)와『팔자제요』^(八字提要)가 있다.

대만의 명리학서로는 반자단의『명리신의』^(命理新義), 오준민의『명리신론』^(命理新論), 하건충의『팔자심리추명학』^(八字心理推命學)과 궁성 이론이 잘 정리된『천고팔자비결총해』^(千古八字秘訣總解) 등도 있다.

5. 근대 일본의 명리학

일본에서는 아베 다이장^(阿部泰山)이 기존의 자료를 광범위하게 수집해 이를 체계적으로 집대성해서 종래의 학설을 넘어서는 새로운 경지를 개척했다. 운명을 추리한다는 추명학^(推命學)이란 용어를 창출했다. 아베 사후에 그의 제자들이 아베 다이장 전집^(阿部泰山全集) 26권을 간행했다.

6. 우리나라 명리학

한국의 명리학은 고려말 14세기 새로운 체제와 이념이 필요하던 신흥사대부가 성리학과 명리학을 받아들이면서 시작되었다. 조선 초기에는 학자들의 학문적 교양과 처세 수단으로 쓰이던 것이 후기에는 서운관, 관상감의 명과학^(命課學)으로 채택되어 연구되고 발전하였다. 1458년 세조의 명을 받아 서거정이 우리나라 최초의 명리서『오행총괄』^(五行總括)을 저술하기도 하지만 본문은 남아 있지 않고 서문만 전해진다. 1796년 정조의 명에 의해 서유방이『협길통의』^(協吉通義)를 편찬하였고 이는 전해진다.

관상감^(觀象監)은 천문학 업무와 더불어 왕실이나 조정을 위해 풍수를 통해 길지^(吉地)를 선정하거나 택일^(擇日)하는 일과 풍수지리, 명과학, 역법 등에 관한 연구를 담당했던 기관이다.

관상감의 원래 이름은 서운관^(書雲觀)이었는데 1392년(태조1년)에 설치하여 처음에는 서운관이라고 하다가 1446년(세조12년)에 관상감으로 개칭하였다. 연산군 때 사력서^(司曆署)로 낮춰 불리다가 중종 때에 다시 관상감이 되었다. 1895년(고종32년)에 관상감은 폐지되고 다음해 관상소^(觀象所)를 두었다.

7. 근대 이후 우리나라 역학자

＊ 도계^(陶溪) 박재완^(朴在玩, 1903~1992)

위천리의『명학강의』^(命學講義)를 번역한 이론서『명리요강』^(命理要綱), 위천리의 팔자제요^(八字提要)를 번역한 후 일지론^(日支論)을 첨가한『명리사전』^(命理辭典)을 저술하여 한국 사주명리학계의 발전에 기여한 공이 지대하다. 유작으로 생전에 상담 실례를 모은『도계실관』^(陶溪實觀)이 출판되었다.

* 자강^(自彊) 이석영^(李錫暎, 1920~1983)

20여 년간의 실전 체험과 임상을 걸쳐 기존의 사주명리학 이론을 체계적으로 정리한 『사주첩경』^(四柱捷徑) 6권을 저술하였고 관인 한국역리학원을 설립하여 많은 후학을 양성하였다.

* 제산^(霽山) 박재현^(朴宰顯, 1935~2000)

부산 박도사라는 칭호로 더 알려져 있고 개운조사파^(開運祖師派)에서 애호하는 수련서인 『선불가진수어록』^(仙佛家眞修語錄)을 발행했다.

* 최영철^(崔英哲)

현직 검사 시절에는 백영관^(白靈觀)이라는 필명으로 아부태산^(阿部泰山)의 이론을 번역한 요약본 비전^(祕傳) 『사주정설』^(四柱精說)을 펴냈다. 이 책은 사주추명학^(四柱推命學)이다.

2
명리학의 의미

1. 역학^(易學)과 운명학^(運命學)

우리 인간은 자기 자신의 미래에 닥쳐올 일에 대해서 전혀 모르고 살아가고 있다. 아침에 일어나면 오늘은 어떤 일이 일어날까 궁금해하는 사람이 있을 것이고, 아니면 아무 생각 없이 그냥 미래는 다가오겠지 하고 지나가는 사람도 있을 것이다. 그러나 인간은 나는 누구이며 나는 어디에서 와서 어디로 떠나는가에 대한 궁금함, 살아가면서 사람에 대한 미움과 증오 그리고 인간들의 욕망에 의한 좌절과 실망 또는 갑작스럽게 찾아오는 불행, 미래에 대한 불확실성으로 인한 불안감 등으로 사람은 한두 번 이상은 심각하게 자신의 인생에 대해 생각해 보았을 것이다. 이런 일을 해결할 방법은 없는 걸까! 미래를 예측하여 예방하고 앞날을 설계할 수는 없는 걸까!

이에 동양의 현인^(賢人)들은 이런 고민과 영원한 수수께끼를 해결하기 위하여 오랫동안 연구와 노력으로 자신이 누구인가를 알고, 미래에 다가올 길흉^(吉凶)을 예측하여 흉한 일이 예상되면 대비하거나 피하는 길을 찾게 되고, 좋은 일이 예상되면 겸허히 받아들이고 더욱 노력하여 길함을 극대화하고 개인은 물론이고 국가 사회와 인류를 위해 도움을 주고자 커다란 철학 원리를 개발하였다. 이것으로 인해 나타난 것이 바로 음양오행(陰陽五行)으로 이루어진 역학(易學)이고 운명학(運命學)이다.

역학이 주역을 바탕으로 하여 우주 만물의 이치와 생성의 원리 및 물리작용을 살핀다면, 운명학은 우주와 세상의 이치를 사람의 삶에 한정시켜 모든 일을 분석하고 해석하는 것이라고 볼 수 있으나 역학은 운명학보다 넓은 의미는 갖지만 사실은 비슷한 의미로 쓰인다.

3
역학 운명학의 종류

1. 주역(周易)

주역은 주(周)나라의 역이라는 뜻도 되겠지만, 가장 보편적인 역이라는 뜻을 같이한다고 할 수 있다. 소성괘와 대성괘를 가지고 어떤 일에 대한 성패와 길흉을 점치게 되어 있기 때문에 점 복(卜)자와 점 서(筮)자를 사용하여 복서학(卜筮學) 또는 육효학(六爻學)이라고도 한다.

역은 크게 점으로서의 역과 철학으로서의 역으로 나뉜다. 앞의 것을 점역(占易)이라 하고 뒤의 것을 학역(學易)이라 한다. 송나라 주희는 점역의 우위를 인정하면서도 학역의 가치를 평가절하하지 않았다

2. 사주명리학(四柱命理學)

사주학(四柱學)은 추명학(推命學) 또는 명리학(命理學)이라고도 한다. 출생 연 · 월 · 일 ·

시 8자에 의해서 길흉화복을 판별하고 그 사람의 성격과 직업 적성, 사회성, 운을 추론하여 자신의 타고난 역량과 자질을 알고 미리 대비하여 실생활에 응용할 수 있는 인간 미래 예방 정보학이다.

3. 기문둔갑(奇門遁甲)

음양오행 이론을 바탕으로 하는 학문 중에서도 오랜 역사를 가지고 있다. 기문둔갑의 둔갑이라는 용어가 붙게 된 것은 육십갑자의 내용이 원형대로가 아닌 변형된 내용으로 현상 속에 나타나기 때문이다. 역사적으로 중국에서 기문학에 정통한 사람은 한나라 때 장량(張良)과 삼국시대 때 제갈량(諸葛亮)으로 알려져 있다. 우리나라에서는 조선시대 서경덕(徐敬德)이 창안한 홍국(洪局)은 수리학을 접목하였고 병술, 점술, 지리, 인사, 국운을 보는 데 이용되었고 이지함(李之菡)과 박설천(朴雪泉)이 알려져 있다.

4. 관상학(觀相學) 수상학(手相學)

관상학은 인간의 인상(人相)을 관찰하여 사람의 운명을 판단하는 학문이고, 수상학은 손가락과 손바닥의 형태와 금으로 나타나 있는 수상을 근거로 하여 당사자의 길흉을 측정하는 학문이다. 관상학은 본래 중국에서 발생하였다. 춘추전국시대에는 진(晉)나라의 고포자경(姑布子卿)이 공자(孔子)의 상을 보고 장차 대성인(大聖人)이 될 것이라고 예언하였으며 남북조 시대에는 남인도에서 달마거사(達摩居士)가 들어와 선종(禪宗)을 일으키는 동시에 달마상법(達摩相法)을 후세에 전하였다. 그 후 송나라 초기에 마의도사(麻衣道士)가 마의상법(麻衣相法)을 남겼는데 관상학의 체계가 이때 비로소 확립되었다.

5. 성명학(姓名學)

　　이름을 짓는 방법론을 성명학이라고 한다. 이름 속에 들어 있는 획수를 비롯하여 오행의 내용과 음령(音靈)을 분석하여 당사자의 길흉을 가늠하는 학문이다. 실제로 성명학은 사주명리학을 보조하는 수단으로 많이 사용하고 있는데 사주에서 모자라는 것을 성명에서 보완하여 그 사람의 운명에 긍정적인 효과를 부여할 수 있기 때문이다.

6. 풍수학(風水學)

　　풍수지리에 관한 학문으로 집, 무덤 따위의 방위와 지형의 좋고 나쁨과 사람의 화복(禍福)이 절대적인 관계를 가진다는 학설이다. 풍수학은 양택풍수(陽宅風水)와 음택풍수(陰宅風水)를 다루는 2개의 분야가 있다. 양택은 사람이 살고 있는 집터에 대한 길하고 흉함을 다루는 것이고, 음택은 죽은 사람이 묻히는 묘터에 대한 길흉을 다루는 학문이다.

7. 자미두수(紫微斗數)

　　자미두수는 북두칠성의 기준점이 되는 자미성(紫微星)을 근간으로 하여 인간 운명을 감정하는 학문으로 10세기 중국 송나라 초기의 희이(希夷) 진단(陳搏)이 창안한 역술의 일종이다. 북두칠성 남두육성 태양 달이 자미성의 영향 아래 변화하는 것을 기준으로 사람의 운명도 이에 따라 변화함을 표현한다. 개인의 생년월일시로 명반(命盤)이라는 별자리 도표를 만들고 개인의 운명을 열두 가지 항목에 따라 풀이한다.

8. 하락이수^(河洛理數)

하락이수는 송나라 역학사의 시원으로 추앙받는 도남^(圖南, 본명 陳摶)이 주역의 상수학^(象數學)을 바탕으로 짓고, 주역에 통달한 선천역학의 대가 소강절^(邵康節, 邵雍)이 전수 받아 주석한 것이다. 주역의 모체가 되는 하도와 낙수의 수로써 사람의 사주팔자를 뽑아서 주역괘를 만들어 길흉을 해석한 책이다.

9. 토정비결^(土亭秘訣)

조선 명종^(明宗) 때 토정^(土亭) 이지함^(李之菡)이 창안한 학문인데 태세^(太歲), 월건^(月建), 일진^(日辰)을 숫자로 따져서 주역의 음양설^(陰陽說)에 근거하여 한 해의 신수^(身數)를 보는 점술서^(占術書)의 한 가지이다.

10. 서양 점성학

별의 빛이나 위치 · 운행 따위를 보고 개인과 국가의 길흉을 점치는 점술이다. 서양에서는 중세에 크게 성행하였다. 춘분점을 기준으로 황도의 둘레를 12등분 한 황도 12궁을 놓고 운명을 판단한다.

황도 12궁(12 별자리)은 양자리, 황소자리, 쌍둥이자리, 게자리, 사자자리, 처녀자리, 천칭자리, 전갈자리, 사수자리, 염소자리, 물병자리, 물고기자리가 있다. 생년월일(양력)에 따라서 별자리가 정해지고 그 별자리가 성격, 기질, 좋아하는 음식, 건강 등을 암시한다.

동양 고전 속의 명리학 살펴보기

● 명리학과 동양 고전을 함께 이해하기 위해서는 중국 고대부터 춘추전국시대까지의 역사를 알면 도움이 될 것 같아서 간략하게 소개하고자 합니다.

1. 삼황 오제(三皇 五帝)

중국(中國)이라는 명칭은 고대 중원의 다른 호칭이며 나라 이름은 아니다. 즉 중앙에 처하는 문명이 높은 중앙지역 중심부라는 뜻이다. 중국 역사학자들은 상고시대 중국을 흔히 문명의 발달에 맞추어 선진(先進), 씨족집단을 통틀어 삼황(三皇) 오제(五帝)를 설정하였다.

1) 삼황(三皇)

삼황은 흔히 삼재(三才, 天地人)를 상징적으로 하여 천황씨(天皇氏), 지황씨(地皇氏), 인황씨(人皇氏)로 삼고 있으나 여러 이론이 있다. 인황씨 대신 태황씨(泰皇氏)를 들기도 하며, 뒤에는 복희씨(伏羲氏), 신농씨(神農氏) 이외에 여왜씨(女媧氏), 축융씨(祝融氏), 수인씨(燧人氏), 황제(黃帝, 軒轅氏) 중에 하나를 더하여 삼황으로 거론하기도 한다. 이들은 발명과 생활 개선과 관련이 있는 이름이거나 또는 집단 부족이나 부족의 음을 표기한 것으로 여겨진다.

＊유소씨^(有巢氏) – 나무를 얽어 집을 짓고 살았으며 나무 열매를 따서 먹었다.

＊수인씨^(燧人氏) – 처음으로 나무를 비벼 불을 일으키는 방법을 알아내 이제까지 날로 먹던 음식을 익혀 먹도록 가르쳤다.

＊복희씨^(伏羲氏) – 그물을 만들어 물고기를 잡고 울타리를 만들어 가축을 가두어 기르게 하여 목축의 시대를 열었다. 또한 황하에서 나온 용마의 등에 그려진 그림을 보고 주역의 팔괘를 그렸다고 알려져 있다.

＊신농씨^(神農氏, 炎帝) – 농기구를 발명하여 농사짓는 법을 가르쳤고 매년 12월에는 하늘에 제사 지냈고 의약품을 만들었다. 시장을 열어 필요한 물건을 바꿔쓰는 법을 가르쳤다.

2) 오제^(五帝)

오제에 대해서 여러 의견이 있으나 사마천의 사기^(史記)의 오제본기^(五帝本紀)의 내용을 따르면 황제^(黃帝, 軒轅氏, 有熊氏), 전욱^(顓頊, 高陽氏), 제곡^(帝嚳,高辛氏), 제요^(帝堯, 陶唐氏), 제순^(帝舜, 有虞氏) 이다.

＊황제^(黃帝) – 성씨는 희^(姬)씨로 이름은 헌원이며 유웅국의 제후인 소전^(少典)의 아들이었다. 황하 유역에 살았으며 천하를 어지럽히는 제후들을 정벌해 나갔다. 염제^(炎帝) 신농씨에게 판천^(阪泉)의 전투에서 승리하였고, 남방의 구려^(九黎) 부락의 치우^(蚩尤)에게 탁록^(涿鹿)의 전투에서 승리하여 처음으로 씨족사회를 통일하고 천하의 일인자가 되었다. 그는 풍후, 대요, 용성, 영륜, 예수, 기백 등과 더불어 문자, 역법, 주거 궁실, 의상, 음악, 의약, 궁시 등의 생활 개선을 위한 많은 일을 하였다. 그의 아내 누조^(嫘祖)를 시켜 누에를 치며 풀솜 뜨는 법을 가르치도록 하였다. 후에 중국인은 황제를 민족의 시조로 삼아 염황

지손^(炎黃之孫)이라 하고 있다.

* 전욱^(顓頊) – 황제의 손자이자 창의의 아들이다. 그는 침착하여 지략에 뛰어났고, 사리에 통달했다. 곡물을 생산하였고 계절에 맞는 일을 하였으며 백성을 교화하였고 천지 신령에 제사를 지냈다.

* 제곡^(帝嚳) – 황제의 증손으로서 나면서부터 신령스러워서 스스로 자신의 이름을 말했다. 또한 널리 은덕을 베풀어 남을 이롭게 했다. 그는 전욱의 사촌의 아들인데 전욱의 뒤를 이었으며 진봉씨의 딸을 아내를 맞아 방훈^(放勛)을 낳았다. 이 방훈이 요^(堯)이다.

* 제요^(帝堯) – 제요의 이름은 방훈이다. 황색의 모자를 쓰고 검은색의 옷을 입고서 흰말이 끄는 붉은 마차를 탔다. 그는 근검하였고 지혜는 신과 같았으며 교만하지 않아서 백성들이 태양처럼 따랐다. 순^(舜)을 얻어 정치를 폈고 9년 동안 계속 홍수가 나서 곤^(鯀)에게 치수를 맡겼으나 거듭하여 실패만 하였다. 요임금은 맏아들 단주^(丹朱)에게 왕위를 물려주지 않고 순을 찾아내 그에게 왕위를 물려주었다.

* 제순^(帝舜) – 우순^(虞舜)의 이름은 중화^(重華)이다. 중화의 부친 고수^(瞽叟)는 맹인으로 후처가 낳은 상^(象)을 편애하여 순을 죽이려고 하였으나 순은 자식 된 도리를 잃지 않았고 아우에게는 형의 도리를 다하였고 부모에게 효도하였다. 요는 아황과 여영 두 딸을 순에게 시집보냈으며 재상에 임명하여 나라의 중요한 업무를 맡아 관리하도록 하였다. 예순한 살에 요임금의 뒤를 이어서 제위에 올랐다. 순임금은 곤의 아들 우^(禹)에게 치수를 맡겨 성공을 거두었다. 순임금도 아들인 상균^(商均)이 인재가 되지 못한다고 하여 우를 천거하고 순행하다가 창오^(蒼梧)의 들판에서 제위 39년 만에 세상을 떠났다.

2. 하(夏)나라

요와 순을 이어 선양(禪讓)을 받은 우(禹)는 이름이 문명(文命)이다. 그의 부친은 곤(鯀)이고 곤의 부친은 전욱(顓頊)이다.

우는 치수 공사를 열심히 하느라 밖에서 13년을 지냈는데 자기 집 대문 앞을 지나면서도 감히 들어갈 수가 없었다고 한다. 우임금은 동쪽을 순시하다가 회계(會稽)에 이르러서 병을 얻어 죽었다.

우는 천하를 익(益)에게 넘겨주었다. 하지만 익은 삼년상이 끝나자 천하의 신임을 얻은 우임금의 아들 계(啓)에게 제위를 양보하고 자신은 물러나서 기산(箕山)의 남쪽에서 살았다. 이로서 자식에게 왕위를 물려주는 최초의 부자 세습 왕조의 사례를 남기게 되었다.

뒤에 17대 왕으로 이계(履癸)가 즉위하였으니 그가 바로 마지막 왕 걸(桀)이다. 걸왕은 성질이 탐욕스럽고 잔학했으며 향락을 좋아하고 유시국의 전리품으로 얻었던 미녀 말희(末喜)에 빠져 나라를 망치게 된다.

결국 탕(湯)이 군사를 일으켜 걸왕을 공격하여 걸왕은 명조(鳴條)로 도주하였으나 결국은 추방되어 죽었다.

3. 상(商, 殷)나라

상나라의 시조인 설(契)의 어머니는 간적(簡狄)이다. 그녀는 유융씨(有娀氏)부족의 딸이며 제곡(帝嚳)의 둘째 부인이었다. 설은 우임금을 따라 치수에 공이 있어 사도(司徒)라는 직책을 지냈으며 상(商)에 봉해졌다.

탕(湯)은 설의 12대 자손이다. 탕은 이윤(伊尹)을 등용하여 날로 세력이 강해졌으며 하나라 마지막 왕인 걸을 패퇴시키고 박(亳)에 도읍을 정하고 국호를 상(商)이라 하였다. 이윤의 이름은 아형(阿衡)인데 여러 제도를 개혁하여 나라의 안정에 큰 힘을 발휘하였다.

탕의 손자 태갑(太甲)은 어리석은 인물인데다가 정치를 등한시한 채 사치만 일삼았다. 이에 이윤은 그를 별궁에 유폐시켰는데 태갑이 자기 자신을 반성하고 잘못을 뉘우치자 태갑을 왕의 자리에 복귀시켰다. 상나라는 박(亳)에 도읍을 정한 후에도 5차례나 도읍을 옮겼다.

19대 왕 반경(盤庚)이 은(殷, 河南)에 자리를 잡아 안정적으로 발전했다. 이에 상(商)을 은(殷)이라고도 부른다.

상나라 마지막 임금 신제(辛帝)를 세상에서는 주(紂)라고 부르는데 유소씨가 항복하면서 달기(妲己)라는 절세미인을 바쳤다. 주왕은 달기에게 빠져 술이 연못을 이루고 고기가 숲을 이룬다는 주지육림(酒池肉林)과 기름을 바른 구리 기둥을 숯불 위에 걸쳐 달군 후 그 위로 죄인을 맨발로 건너게 하는 형벌인 포락지형(炮烙之刑) 등 온갖 향락과 포악한 짓을 일삼았다. 서형인 미자(微子)가 몇 번이나 간언했지만 듣지 않았고 왕자 비간(比干)도 간언을 하되 사흘 동안 계속하여 떠나지 않자 그의 심장을 꺼내서 보았다. 기자(箕子)는 미친 척하여 노비가 되고자 했지만 주왕이 그를 잡아 가두었다.

마침내 주나라 무왕(武王)이 주(紂)를 정벌하였다. 주도 군대를 일으켜 목야(牧野)에서 대항하였으나 패하여 자살하였다. 이로써 은나라는 31대 629년의 운명을 다하고 멸망하고 말았다.

제2장

음양오행론

1

음양(陰陽)

1. 음양이란

음양은 태초에 하나이던 태극(太極)이 분화하면서 음양으로 대립하는 두 기운이 생겼다.

모든 우주에는 음과 양이 있으며 본래 음.양하면 별개의 것으로 생각하기 쉬우나 서로 따로따로이면서 함께하고 있다. 즉 하늘이 있으면 땅이 있고, 땅이 있으니 하늘이 있는 것이고, 여자가 있으니 남자가 있고, 남자가 있으니 여자가 있는 것과 같이 서로 불가분의 관계이다. 또한 음양은 양 중에도 음이 있고 음 속에도 양이 있어서 밝음 속에 어둠이 있고 어둠 속에 밝음이 있는 것이고, 수입 속에 지출이 있고 지출 속에 수입이 있는 것과 같이 공존하는 것이 있다. 그리고 음양은 고정되어 있지 않고 끊임없이 변화한다. 낮이 변하여 밤이 되고 밤이 변하여 낮이 되고, 유(有)가 변하여 무(無)가 되고 무가 변하여 유가 되는 변화의 법칙이 생기는 것이다. 또한 음양이란 것은 상대적 평형으로 음이 양을 이기지 않으면 양이 음을 이기는 소장평형$^{(消長平衡)}$이 있는 것이다. 이처럼 모든 사물에는 음양이 존재하며 다시 오행의 속성으로 분류할 수 있다.

2. 음양의 상대적 개념

음(陰)	양(陽)	음(陰)	양(陽)
땅(地)	하늘(天)	여자(女)	남자(男)
뒤(後)	앞(前)	불(火)	물(水)
가을(秋)	봄(春)	겨울(冬)	여름(夏)
어머니(母)	아버지(父)	북쪽(北)	남쪽(南)
서쪽(西)	동쪽(東)	짧다(短)	길다(長)
어둡다(暗)	밝다(明)	무겁다(重)	가볍다(輕)
고요하다(靜)	움직이다(動)	탁하다(濁)	맑다(淸)
약하다(弱)	강하다(强)	받다(受)	주다(與)
아우(弟)	형(兄)	늙다(老)	젊다(少)
상승(上昇)	하강(下降)	끝(終)	시작(始)

3. 음양의 성격과 심리

음$^{(陰)}$의 성격은 내성적이고 소극적이고 수동적이고 생각 지향형이면서 부드럽다. 또한 안정적이면서 현실 지향형이고 1:1 만남을 좋아한다. 양$^{(陽)}$의 성격은 외향적이고 능동적이며 적극적이고 행동 지향형이고 모험을 두려워하지 않으며 활기가 있다. 또한 미래 지향적이고 대인관계가 넓다.

음의 심리는 포용, 배려, 안정, 참모, 생각, 따뜻함, 감각적, 준비형, 일 지향, 물러남 등이 있다. 양의 심리는 통솔, 돌파, 화끈함, 대장, 적극적, 직선적, 행동, 실천형, 명예 지향, 추진력 등이 있다.

4. 음양의 활용 방법

* 음이 많은 사람과 양이 많은 사람은 각각 그 반대의 기운을 활용하는 것이 좋다.
- 사주에 음이 많은 사람은 햇볕이 잘 드는 집에 살아야 운이 좋다.
- 사주에 양이 많은 사람은 서늘한 곳에서 지내야 운이 좋다.
- 겨울철에 출생한 사람은 몸이 냉하므로 따뜻한 음식과 햇살이 건강에 좋다.
- 여름철에 출생한 사람은 몸에 열이 많아서 시원한 음식과 그늘이 도움을 준다.

2
오행(五行)

오행의 형태는 다양하고 방대하여 여기에서는 간단하게 설명하고자 한다.

1. 오행이란

오행^(五行)은 음과 양이 다시 발전하여 끝까지 이루어 낸 모습이다.

태극^(太極)은 태역^(太易), 태초^(太初), 태시^(太始), 태소^(太素)의 네 단계를 거쳐서 발전하였고 이것이 다시 음과 양의 두 기운으로 나누어져 분합작용을 일으킴으로써 다섯 가지의 정기^(精氣)로 형상^(刑象)을 갖추어 모습을 드러내면서 우주의 질서가 생겼다. 이것이 오행이라고 하는 것이다. 즉, 목·화·토·금·수^(木·火·土·金·水)이다.

오행의 글자는 다섯 오^(五)에 갈 행^(行)으로 오행의 개념에 오^(五) 자를 붙인 것은 우주의 만물은 다섯 가지의 법칙 권내에 있다는 것을 의미한다. 행^(行) 자는 우주의 기운^(氣運)이 모였다가 흩어지면서 순환^(循環)하는 것을 상징한다.

오행운동^(五行運動)은 나누어지고 합해지는 운동이기 때문에 양 운동의 과정인

목·화$^{(木·火)}$에서는 팽창하며 물질과 에너지를 발산한다. 음 운동의 과정인 금·수$^{(金·水)}$에서는 물질과 에너지가 모여지고 합해지는 것이다.

목$^{(木)}$은 떨쳐서 일어나는 기운으로 생$^{(生)}$하는 상태를 말한다. 수$^{(水)}$의 기운은 목기$^{(木氣)}$가 생겨난 근본이 된다. 응고를 위주로 하던 수의 기운이 점점 약화고 양의 기운이 서서히 뚫고 나오게 되므로 양의 활동이 시작하는데 이것이 목의 기운이고 힘이다. 목의 기운이 점점 강해지는 동안 수의 기운은 엷어지게 되어서 화의 기운이 시작되는 것이다.

화$^{(火)}$는 나누어져 흩어지는 기운으로, 화의 기운이 발전하는 단계가 되면 목의 기운은 다 사라져 없어지고 분열하여 성장하고 무성해진다. 이때는 목일 때의 만물의 힘이나 충실했던 내용이 외관은 아름답고 속은 비어 있는 것처럼 겉으로만 보기 좋게 바뀌게 된다. 여름은 외형은 풍성하고 화려하지만 내면은 텅비는 때로 생장은 끝이 나고 수렴의 바탕이 시작되는 때이다.

토$^{(土)}$는 그 성질이 온화하여 어느 한쪽의 기울어짐이 없이 중간에서 화합하는 기운이다. 즉, 토는 각 변화의 과정에 존재하여 수축과 팽창의 원운동이 순조롭게 일어날 수 있게 도와주고 있다. 그런즉 그것은 동$^{(動)}$적인 양의 작용을 하는 것도 아니고 정$^{(靜)}$적인 음의 작용을 하는 것도 아닌 중화$^{(中和)}$의 작용이다.

금$^{(金)}$은 목·화의 작용이 끝나고 표면에 드러냈던 것이 다시 뒤쪽으로 거두어 감추어지려는 최초의 단계인 것이다. 이것은 흩어질 수 없는 상태까지 화를 거두어 수렴시키는 과정이다. 하지만 금의 기운은 표면이 굳어져 변하면서 양을 감싸는 역할을 하는 것이지 결코 그 물체의 속까지 견고하게 하는 것은 아니다.

수$^{(水)}$는 토의 기운과 금의 기운의 도움을 받아서 수렴되면서 외부만 굳어진 것을 그 내부의 깊은 곳까지 응고시켜 통일 과정을 완수하는 것이다. 이와 같이 하여 양의 기운은 완전히 거두어 감추어진다. 이 과정을 통하여 만물의 생명을 창조하게 하는 것이다. 수의 응고 작용은 곧, 생의 원동력이라고 할 수 있다.

2. 오행의 성정과 심리

* 천간의 오행은 다시 음과 양으로 나누어진다.

① 목^(木)

갑목^(甲) : 미루나무, 참나무, 소나무, 은행나무, 사과나무, 복숭아나무, 대들보, 큰 기둥, 말뚝

을목^(乙) : 화초, 잔디, 토끼풀, 강아지풀, 진달래, 장미, 잡초, 곡식, 넝쿨식물

목이 많으면 숲을 상징한다.

목은 뻗어가고 싶어 하면서도 자신의 명예욕과 욕망 그리고 자존심을 되도록 드러내지 않으면서 자신의 목적을 이루어 나간다. 즉, 설치고 잘난 척하지 않고 꾸준히 자신을 성장시킨다. 어질면서도 온순하고 자비스러워 베풀기를 좋아하며 감정 개입이 길고, 막혀 있으면 피해서 가며 억지로 끝까지 뚫고 가려 하지 않는다. 사람 지향적이어서 친절하고 상대방의 기분을 고려하여 우회적으로 지적한다. 단순하고 솔직한 탓에 복잡한 것을 싫어한다.

활발하게 움직이는 것을 좋아하기에 자유를 주면 따뜻한 사람이지만 억압하면 저항한다. 불쌍하거나 안돼 보이거나 약해 보이는 사람에게는 헌신적이고 강한 자에게는 끝까지 저항한다. 현실보다는 미래에 관심이 더욱 크고 변화가 많다. 기분에 좌우되며 꿈이 많고 욕심과 희망이 크다. 그렇기에 자신의 힘에

부치는 일까지 손을 대다가 실패하거나 인정 때문에 손해 보는 경우가 있다.

목이 많은 아이는 인간 지향적이기 때문에 신체적 접촉을 좋아하여 부모에게 잘 안기거나 엄마가 안아주는 것을 좋아한다.

② 화(火)

병화(丙) : 태양, 용광로, 화산, 큰불, 가스불, 폭발력, 투쟁, 예의

정화(丁) : 달빛, 별빛, 촛불, 손전등, 장미꽃, 진달래, 들국화, 백합, 들꽃, 문명, 봉사

불은 무엇이든 태워서 동화시키고 포용성이 강해 확 피어올랐다가 금방 꺼진다. 또 쉽게 뜨거워지다가 쉽게 식어버리는 기질이 있다. 화는 겉으로 드러내는 표현력이 풍부하고 솔직하며, 자신의 감정을 가슴에 담아두지 않고 다 표현한다. 열정적이고 활동이 많고 빠른 편이며 매사에 적극적이고 활기차다. 따라서 조용히 있는 것보다 움직이는 것을 좋아한다. 지도력과 결단성이 있고 모험과 개혁을 좋아하고, 말과 생각이 동시에 일어나고 즉흥적으로 결론을 끌어낸다.

정열이 강하나 인내심이 약하고 열기가 넘치나 쉽게 식으며 의욕과 배짱은 좋은데 기다리지 못하거나 처리 방식이 서툴다. 충동적이고 즉흥적이어서 분위기에 휩쓸리기 쉽고, 겉모습은 화려해 보이지만 속은 공허하고 여려 항상 허전함을 느낀다.

③ 토(土)

무토(戊) : 산, 들판, 평야, 언덕, 성곽, 운동장, 고독, 신의

기토(己) : 화단, 정원, 마당, 오솔길, 늪, 모래밭, 작은 논밭, 구름

토는 계절과 계절 사이 환절기이다.

토가 많은 사람은 끈기가 있고 고집이 세다는 느낌을 받는다. 목·화·금·수를 땅속과 땅 위에서 다듬고 껴안고 막아주어 뿌리를 내리게 한다. 다양한 방법으로 포용하고 조절하면서 유대와 조화의 기능을 다하여 대들보 구실을 한다. 사람과의 관계 맺기를 잘하여 누구하고도 친하고 소통을 잘한다. 중후하고 원만하며 포용력이 커 너그럽고 신용과 약속을 소중히 여기며 이상과 포부와 야심이 커서 큰일을 좋아한다.

표현은 하지만 자기감정을 다 드러내지 않고 남에게 부정적인 말을 잘 하지 않는다. 즉, 무조건 감추는 것이 아니고 옳고 그름, 싫고 좋음을 많이 드러내지 않으며 좋은 게 좋은 것처럼 표현한다. 그래서 비밀이 많은 것처럼 보인다.

④ 금(金)

경금(庚) : 바위산, 광석, 철광, 유조선, 선박, 항공모함, 쇳덩어리

신금(辛) : 가위, 바늘, 칼, 안경, 반지, 목걸이, 다이아몬드

금은 원칙적이기 때문에 정리 정돈을 잘하고, 감정이 배제되어 짧고 간결하며 논리적인 언어를 사용한다. 한번 맺은 인연을 쉽게 저버리지 않는 성격으로 의리를 매우 중요하게 생각한다. 사무적이고 일 지향적이어서 잘못된 점이나 문제점 등을 거침없이 지적한다. 또한 일을 잘했는지, 못했는지를 계속 분석한다. 물건이 제자리에 꼭 있어야 하고 뭐든 반듯하게 있는 것을 좋아하는 완벽주의 스타일이다. 그렇기에 금들은 손해 보는 일을 절대로 하기 싫어한다. 글을 쓸 때도 숫자를 붙이거나 네모 칸에 넣거나, 도표 안에 넣는 것을 좋아한다. 강의를 들을 때 쓴 노트 필기나 메모를 다시 잘 정리한다.

하고 싶은 것은 꼭 해야 하고 하기 싫은 것은 절대 하지 않는다. 이런 것 때

문에 성격이 급해 보인다. 또 매사를 스스로 판단하여 결정하고 남의 간섭이나 도움을 싫어하며, 한 번에 여러 가지 일을 하는 게 힘들다.

금이 많은 아이들은 누가 자기 물건을 건드리는 것을 가장 싫어하고, 공부할 때도 시간표를 짜서 계획표대로 하는 것을 좋아한다. 그렇기에 금 아이들은 무엇을 하고 있을 때 방해받는 것을 제일 싫어한다.

⑤ 수(水)

임수(壬) : 바다, 호수, 강물, 계곡물, 저수지, 빙하, 지혜로움

계수(癸) : 샘물, 옹달샘, 장맛비, 눈, 시냇물, 국, 찌개, 생각

수들은 생각이 너무 많아 결론을 빨리 내지 못하고 산만하며 자신감이 부족하다. 그래서 속으로만 움직인다. 판단이 빠르지 못해 약간 우유부단해 보이고 답답해 보인다. 또한 신중하고 생각을 많이 해서 결정장애가 있다. 머릿속으로 생각을 많이 하기 때문에 꿈도 엄청 크다. 그러나 생각이 많아 걱정과 불안감을 동시에 가지고 있다. 정보 수집을 좋아하고 많이 알고 있어야 안정감을 느낀다. 그래서 머릿속의 저장능력은 뛰어나나 머릿속이나 마음속으로만 간직하고 실천이 늦은 것이 단점이다.

창의적이고 창조적이고 상상을 많이 하기 때문에 상상력이 방대하여 소설이나 시나리오 작가의 재능이 있고 수리적이어서 회계나 통계에 재능이 있다. 타인에게 자신의 감정을 쉽게 표현하지 않는다. 그래서 타인들은 수들의 생각과 감정을 잘 알지 못한다. 총명하고 유연하고 두뇌 회전이 빠르고 생각이 많아 음모와 사기로 오해받기도 하며 수완과 요령이 좋다. 종교와 철학에 관심이 많고, 칭찬에 약하고 물욕에 집착하기 쉽다.

3. 오행의 상징 배속^(象徵 配屬)

　동양고전에서 오행에 관한 기록은 서경^(書經)의 홍범^(洪範), 관자^(管子)의 오행^(五行), 여씨춘추^(呂氏春秋)의 십이기^(十二紀), 황제내경^(黃帝內經)의 소문^(素問), 회남자^(淮南子)의 천문훈^(天文訓), 황제사경^(黃帝四經)의 경^(經), 춘추번로^(春秋繁露)의 오행대^(五行對), 백호통의^(白虎通義)의 오행^(五行) 등 여러 문헌에서 볼 수 있다.

　서경 홍범편에서는 "오행은 첫 번째는 수^(水)이고, 두 번째는 화^(火)이고, 세 번째는 목^(木)이고, 네 번째는 금^(金)이고, 다섯 번째는 토^(土)이다. 수는 젖어 내려가는 것이고, 화는 타오르는 것이고, 목은 굽거나 뻗는 것이고, 금은 따르거나 바뀌는 것이고, 토는 심거나 거두는 것이다. 젖어 내려가는 것은 짠맛^(鹹)을 내고, 타오르는 것은 쓴맛^(苦)을 내고, 굽거나 뻗는 것은 신맛^(酸)을 내고, 따르거나 바뀌는 것은 매운 맛^(辛)을 내고, 심거나 거두는 것은 단맛^(甘)을 낸다."라고 하였다.

구분	목(木)	화(火)	토(土)	금(金)	수(水)
계절(季節)	봄(春)	여름(夏)	환절기(四季)	가을(秋)	겨울(冬)
방위(方位)	동(東)	남(南)	중앙(中央)	서(西)	북(北)
시간(時間)	아침	낮	사이 시간	저녁	밤
천간(天干)	갑을(甲乙)	병정(丙丁)	무기(戊己)	경신(庚辛)	임계(壬癸)
지지(地支)	인묘(寅卯)	사오(巳午)	진술축미(辰戌丑未)	신유(申酉)	해자(亥子)
색(色)	청(靑)	적(赤)	황(黃)	백(白)	흑(黑)
맛(味)	신맛(酸)	쓴맛(苦)	단맛(甘)	매운맛(辛)	짠맛(鹹)
수(數)	3, 8	2, 7	5, 10	4, 9	1, 6
발음(發音)	ㄱㅋ	ㄴㄷㅌㄹ	ㅇㅎ	ㅅㅈㅊ	ㅁㅂㅍ
오음(五音)	각(角)	치(徵)	궁(宮)	상(商)	우(羽)
오장(五臟)	간(肝)	심(心)	비(脾)	폐(肺)	신(腎)
육부(六腑)	담(膽)	소장(小腸)	위(胃)	대장(大腸)	방광(膀胱)
조후(調候)	온(溫)	열(熱)	조(燥), 습(濕)	냉(冷)	한(寒)
오수(五獸)	청룡(靑龍)	주작(朱雀)	구진(句陳), 등사(螣蛇)	백호(白虎)	현무(玄武)
오상(五常)	인(仁)	예(禮)	신(信)	의(義)	지(智)

4. 오행의 건강

① 목의 건강

간, 담, 뼈, 허리디스크, 교통사고, 여성기 질환, 신경계통, 눈, 두통(손톱, 발톱)

② 화의 건강

심장, 소장, 혈관 질환, 안과 질환, 어깨, 혀

③ 토의 건강

비장, 위, 산부인과 질환, 비뇨기과 질환, 피부, 입, 췌장

④ 금의 건강

폐, 대장, 뼈 질환, 기관지, 코, 골격

⑤ 수의 건강

신장, 방광, 산부인과 질환, 비뇨기과 질환, 신경성 위장, 골수, 혈액, 정액

5. 오행의 직업 적성

① 목의 직업 적성

목은 문과적이고 배려적이기 때문에 다른 사람을 성장시키고, 도와주고, 가르치는 직업이 잘 어울린다.

선생님, 교수, 강사, 가수, 심리상담사, 사회복지사, 정신과 의사, 정치인, 법조인, 출판업, 회화작가, 문구점, 화원

② 화의 직업 적성

화는 이과보다 문과적 능력이 조금 더 있다.

기자, 아나운서, MC, 헤어 디자이너, 패션 디자이너, 뮤지컬 배우, 전위예술

가, 무용가, 광고업, 통신사업, 조명 기구업, 축구, 육상

③ 토의 직업 적성

토는 사람과 관계 맺는 직업, 사람과 사람을 연결하는 직업이 어울린다.

외교관, 부동산 중개업, 무역업, 토산품 중개업, 컨설턴트, 커플매니저, 관광업, 골동품상, 건축업, 토목업, 건설업, 정치

④ 금의 직업 적성

금은 가장 기계적이고 이과적이며 손재주가 있다.

기계공학, 컴퓨터 공학, 로봇공학, 자동차공학, 외과 의사, 군인, 경찰, 출판사 편집, 회계, 금융, 통계, 중공업, 금은 보석상, 금속세공사, 공구상, 침구사, 조각, 사격, 양궁

⑤ 수의 직업 적성

수는 이과적 기질이 문과적 기질보다 조금 더 있다.

회계, 경제, 통계, 경영, 수학, 문리, 화학, 작곡, 성악, 소설 시나리오 작가, 전산, 정보통신, 컴퓨터, 산부인과, 비뇨기과, 비서, 유흥업

3
오행의 상생(相生)과 상극(相剋)

음양오행의 상생과 상극 관계를 잘 이해하게 되면 명리학을 공부하는 데 있어서 쉽게 다가갈 수 있을 것이다.

상생은 서로 상(相)과 날 생(生)으로 서로가 서로를 살린다는 뜻과 서로가 도와준다는 뜻을 가지고 있다.

1. 오행의 상생(相生)

서한(西漢) 때의 철학자이자 사상가인 동중서(董仲舒)가 쓴 춘추번로(春秋繁露)의 오행대(五行對)를 보면 "하늘에는 오행이 있으니, 목·화·토·금·수가 이것입니다. 목이 화를 낳고, 화가 토를 낳고, 토가 금을 낳고, 금이 수를 낳고, 수가 목을 낳으며, 수는 겨울이 되고, 금은 가을이 되고, 토는 마지막 여름이 되고, 화는 여름이 되고, 목은 봄이 됩니다. 봄은 낳는 것을 주관하고, 여름은 성장하는 것을 주관하고, 마지막 여름은 양육하는 것을 주관하고, 가을은 거두는 것을 주관하고, 겨울은 저장하는 것을 주관하니 저장하는 것은 겨울에 이루어지는 것입니다."라고 되어 있다. 즉, 상생은 오행이 흘러가는 것이라고 하는데 자연의 시간이 쉬지 않고 이어지듯이 오행도 쉬지 않고 순환하는 것이다.

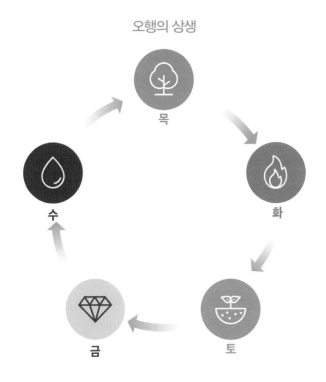

① 상생의 첫 번째 원리

* 목생화(木生火) ➡ 나무는 불을 타게 해주어 불을 활활 타오르게 한다.

* 화생토(火生土) ➡ 불이 땅을 덥히고 다 타고 나면 흙으로 돌아간다.

* 토생금(土生金) ➡ 흙이 단단히 굳어져 바위와 금광석이 되어 보존하고 생산한다.

* 금생수(金生水) ➡ 비가 더 이상 스며들지 못하고 바위 속에서 물이 솟는다.

* 수생목^(水生木) ➡ 물은 새싹이나 나무에게 수분을 공급하여 무럭무럭 자라게
  한다.

② 상생의 두 번째 원리

  상생은 서로가 서로를 살리고 도와주는 관계라고 했는데, 서로 돕고 같이 살
아간다는 것은 어느 한쪽이 일방적으로 희생하는 것이 아니다. 서로서로 돕고
힘을 합하고 함께 희생하며 어울린다는 것으로 해석할 수도 있다. 즉, 이것은
상생의 원리가 수생목^(水生木)도 되지만 목생수^(木生水)도 된다는 것이다.

* 화생목^(火生木) ➡ 목^(木)이 화^(火)를 돕고 살려주는 것을 목생화^(木生火)라 하고, 화가
  목을 돕고 살려주는 것을 화생목^(火生木)이라고 하는데, 새싹이나 나무는 태양
  ^(불)이 없으면 잎이나 가지가 자라지 못하고 꽃이나 열매도 맺을 수가 없으
  나, 또한 나무가 없으면 불은 타지 못하고 꺼진다. 그러나 도끼나 낫에 해
  당하는 금^(金)은 풀이나 나무^(木)를 자르거나 상하게 하여 죽일 수도 있다. 이때
  불^(火)은 금^(金)의 공격을 막아주고 보호해주어 화생목이 되는 것이다.
* 토생화^(土生火) ➡ 화^(火)가 토^(土)를 도와주고 살려주는 것을 화생토^(火生土)라 하고 토
  가 화를 도와주고 살려주는 것을 토생화^(土生火)라고 하는데, 불이 없으면 나무
  를 태우지 못하여 흙으로 돌아가지 못한다. 그러나 불에 해당하는 화^(火)가
  가장 두려워하는 것은 물^(水)인데, 이때 토^(土)가 물의 공격으로부터 불^(火)을 보
  호해주고 도와주어 토생화가 되는 것이다.
* 금생토^(金生土) ➡ 토^(土)가 금^(金)을 돕고 살려주는 것을 토생금^(土生金)이라고 하고 금
  이 돕고 살려주는 것을 금생토^(金生土)라고 한다. 흙이 없으면 광석을 보존하지
  못한다. 그러나 흙^(土)이 가장 두려워하는 것은 나무인 목^(木)인데, 이때 금의
  칼날은 목인 나무를 단칼에 자르거나 다듬어주니 토를 보호해주어 금생토

가 되는 것이다.

* 수생금^(水生金) ➡ 금^(金)이 수^(水)를 돕고 살려주는 것을 금생수^(金生水)라고 하고 수가 금을 돕고 지켜주는 것을 수생금이라고 한다. 바위나 광석이 없으면 깨끗한 물은 나오지 않는다. 그러나 수생금^(水生金)은 광석^(金)이 두렵고 무서워하는 불^(火)을 물^(水)이 차단하고 없애주고 보호해주며 금속^(金)을 갈고 닦아 빛나게 해주니 수생금이 되는 것이다.

* 목생수^(木生水) ➡ 수^(水)가 목^(木)을 돕고 살려주는 것을 수생목^(水生木)이라 하고 목이 수를 돕고 지켜주는 것을 목생수^(木生水)라고 한다. 물이 없으면 나무는 성장하지 못한다. 그러나 목생수는 물^(水)의 흐름을 차단하고 방해하는 흙^(土)의 둑을 나무^(木)가 무너뜨리고 파헤쳐서 물이 원활하게 흐르게 도와주니 목생수가 되는 것이다.

상생은 오행의 기운이 없거나 약하고 적은 것을 생^(生) 해주면 좋다. 그러나 오행이 많을 때 생해주면 그 오행이 더욱 많아져 부정적으로 작용하여 건강, 육친 등에 문제가 생길 수 있다.

2. 오행의 상극^(相剋)

상극은 서로 자극하고 억누르는 것으로, 오행의 상생과 상극은 서로 함께 진행하며 순환한다. 수는 화를 극하고^(水剋火), 화는 금을 극하고^(火剋金), 금은 목을 극하고^(金剋木), 목은 토를 극하고 ^(木剋土), 토는 수를 극하는데^(土剋水) 이를 오행의 상극이라고 한다.

오행의 상극

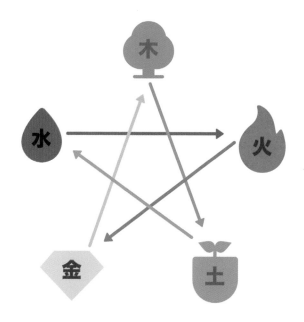

① 상극의 원리

＊목극토^(木剋土) ➡ 나무는 흙의 영양분을 뺏고 뿌리를 내려 흙을 갈라지게 한다.

＊토극수^(土剋水) ➡ 흙은 물길을 방해하고 제방을 쌓아 물을 막아서 가둔다.

＊수극화^(水剋火) ➡ 물은 더위를 식히고 물을 뿌려서 불을 꺼지게 한다.

＊화극금^(火剋金) ➡ 불은 금속을 녹여서 기계와 귀금속과 보석을 만든다.

＊금극목^(金剋木) ➡ 도끼나 톱은 나무를 자르고 재목을 다듬는다.

상극은 오행의 기운이 많고 강할 때 극을 해서 눌러주면 좋다. 그러나 오행이 적을 때 극을 하여 자극하고 억누르면 부정적으로 작용한다고 볼 수 있다. 한 오행이 많으면 극을 하거나, 극을 당하거나, 설기^(洩氣)해주는 게 좋다.

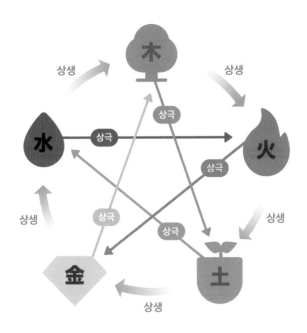

3. 상생과 상극의 역작용(逆作用)

  오행에는 서로 생(生)하고 극(剋)하며 합(合)하고 충(沖)하는 관계가 세밀하면서 다양하게 공존하고 있다. 그러나 오행의 상생이나 상극도 지나치게 많거나 지나치게 미치지 않으면 본래의 작용과는 달리 반대의 현상이 일어나게 된다. 내가 힘이 약한데 힘이 강한 사람을 때리면 내가 다치는 역작용이 생기는 것과 같이 반작용이 일어난다.

  ① 상생의 역작용
  * 수생목(水生木)을 하는데 수(水)가 지나치게 많으면 수다목부(水多木浮)이다. ➡ 물이

나무를 생하고 키운다고는 하나 지나치게 물이 많으면 물이 넘쳐서 나무가 뜨게 되거나 뿌리가 썩게 된다.

* 목생화(木生火)를 하는데 목(木)이 지나치게 많으면 목다화식(木多火熄)이다. ➡ 나무가 불을 피우는 데 돕기는 하나 초기의 작은 불이나 촛불과 같은 약한 불 상태에서 너무 크거나 많은 나무를 올려놓으면 불이 꺼지게 된다.

* 화생토(火生土)를 하는데 화(火)가 지나치게 많으면 화다토조(火多土燥)이다. ➡ 불이 생(生)하는데 화 기운이 너무 강하면 흙이 메마르고 건조해져 쓸모없는 땅으로 만드니 그 흙에서는 아무것도 자라지 못하게 된다.

* 토생금(土生金)을 하는데 토(土)가 지나치게 많으면 토다금매(土多金埋)이다. ➡ 흙이 생하는데 흙은 금, 은과 같은 광석을 생산하나 흙이 너무 많으면 광석이 땅속 깊이 묻혀 광석을 생산하거나 활용하지 못한다.

* 금생수(金生水)를 하는데 금(金)이 지나치게 많으면 금다수탁(金多水濁)이다. ➡ 금속이 생하는데 금 기운이 지나치게 강하면 금속에 의해 바위 속 깊은 곳의 맑은 물이 탁해진다.

② 상극의 역작용

* 수극화(水剋火)를 하는데 화(火)가 지나치게 많으면 화다수갈(火多水渴)이다. ➡ 물이 많으면 불을 꺼뜨리지만 불이 지나치게 강하면 물이 증발해 없어진다.

* 화극금(火克金)을 하는데 금(金)이 지나치게 많으면 금다화식(金多火熄)이다. ➡ 불이 강하면 금속을 녹이지만 금속이 지나치게 많으면 약한 불로는 녹이지 못하고 꺼진다.

* 금극목(金克木)을 하는데 목(木)이 지나치게 많으면 목다금결(木多金缺)이다. ➡ 쇠날이 강하면 나무를 자르지만 작은 칼로 단단하고 큰 나무를 자르면 칼날이 부러진다.

* 목극토^(木剋土)를 하는데 토^(土)가 지나치게 강하면 토다목절^(土多木折)이다. ➡ 나무 뿌리가 강하면 흙을 붙잡아 주지만 흙이 너무 많아 단단하면 나무가 흙에 꺾여 부러진다.

* 토극수^(土剋水)를 하는데 수^(水)가 지나치게 강하면 수다토붕^(水多土崩)이다. ➡ 흙이 많으면 물을 가둘 수 있지만 물이 많아서 강하게 흐르면 둑이 무너진다.

4. 각 오행이 보완해야 할 방위^(方位), 색상^(色相), 성격^(性格)

각 오행이 활용할 수 있는 방향과 색상은 사주원국에 오행이 없거나, 적거나, 많은 사람이 사용하면 운이 바뀔 수 있다. 즉, 어느 한 오행이 많거나 없거나 적다는 것은 그 오행이 편중되어 있다는 것이다. 이럴 때 많은 오행은 눌러주고 적은 오행은 도와주어야 한다. 이때 방향이나 색상을 활용하여 그것을 보완해주면 균형이 맞추어져서 운명이 좋아질 것이다. (활용할 수 있는 것은 침대, 책상, 문의 방향이나 인테리어, 벽지, 옷의 색상 등이다.)

① 목^(木) 오행이 보완해야 할 방향과 색상
* 목의 방향은 동쪽에 해당한다.
* 목의 기운이 많은 사람(봄의 아침에 태어난 사람)은 목을 극하는 금의 방향인 서쪽을 1순위로 활용하면 좋고, 금을 생해주는 토의 방향인 중앙을 2순위로 사용하면 목의 기운을 약화시킬 수 있다. 이럴 때 목 기운 많은 사람이 동쪽 방향을 활용하면 목의 기운이 과다해진다. 반대로 목 기운이 적은 사람은 목의 방향인 동쪽이 1순위로 좋고 목을 생해주는 북쪽을 그 다음으로 활용하면 좋다.
* 목의 색상은 청색에 해당하는데, 목의 기운이 강한 사람은 목의 색상인 청

색을 피하고 목을 극하는 금의 색상인 흰색을 먼저 활용하고 그 다음 순위로 금을 생해주는 토의 색상인 황색을 사용하면 좋다.

② 화(火) 오행이 보완해야 할 방향과 색상
* 화의 방향은 남쪽에 해당한다.
* 화 기운이 많은 사람(여름의 낮에 태어난 사람)은 화를 극하는 수의 방향인 북쪽을 1순위로 활용하면 좋고, 수를 생해주는 금의 방향인 서쪽을 2순위로 사용하면 화의 기운이 약화될 것이다. 이럴 때 화 기운이 많은 사람이 남쪽 방향을 활용하면 화의 기운이 과다해진다. 화의 기운이 적은 사람은 화의 방향인 남쪽이 1순위로 좋고 화를 생해주는 목의 방향인 동쪽을 그다음으로 활용하면 좋다.
* 화의 색상은 적색에 해당하는데, 화의 기운이 강한 사람은 화의 색상인 적색을 피하고, 화를 극하는 수의 색상인 흑색을 먼저 활용하고 그다음 순위로 수를 생해주는 금의 색상인 백색을 사용하면 좋다.

③ 금(金) 오행이 보완해야 할 방향과 색상
* 금의 방향은 서쪽에 해당한다.
* 금의 기운이 많은 사람(가을의 저녁에 태어난 사람)은 금을 극하는 화의 방향인 남쪽을 1순위로 활용하면 좋고, 화를 생해주는 목의 방향인 동쪽을 2순위로 사용하면 금의 기운이 떨어질 것이다. 이럴 때 금의 기운이 많은 사람이 서쪽 방향을 활용하면 금의 기운이 과다해진다. 금 기운이 적은 사람은 금의 방향인 서쪽이 1순위로 좋고 금을 생해주는 토의 방향인 중앙을 그 다음으로 활용하면 좋다.
* 금의 색상은 백색에 해당하는데, 금의 기운이 강한 사람은 금의 색상인 백

색을 피하고, 금을 극하는 화의 색상인 적색을 우선순위로 활용하고 그 다음 순위로 화를 생해주는 목의 색상인 청색을 사용하면 좋다.

④ 수(水) 오행이 보완해야 할 방향과 색상
* 수의 방향은 북쪽에 해당한다.
* 수의 기운이 강한 사람(겨울의 밤에 태어난 사람)은 수를 극하는 토의 방향인 중앙을 1순위로 활용하면 좋고, 토를 생해주는 화의 방향인 남쪽을 2순위로 사용하면 화의 기운이 떨어질 것이다. 이럴 때 수 기운이 많은 사람이 북쪽 방향을 활용하면 수의 기운이 과다해진다. 수 기운이 적은 사람은 수의 방향인 북쪽이 1순위로 좋고 수를 생해주는 금의 방향인 서쪽을 그 다음으로 활용하면 운명이 좋아질 수가 있다.
* 수의 색상은 흑색에 해당하는데, 수의 기운이 강한 사람은 수의 색상인 흑색을 피하고, 수를 극하는 토의 색상인 황색을 우선 순위로 활용하고, 그 다음 순위로 토를 생해주는 화의 색상인 적색을 사용하면 좋다.

⑤ 토(土) 오행이 보완해야 할 방향과 색상
* 토의 방향은 중앙에 해당한다.
* 토의 기운이 많은 사람(환절기에 태어난 사람)은 토를 극하는 목의 방향인 동쪽을 1순위로 활용하면 좋고, 목을 생해주는 수의 방향인 북쪽을 2순위로 활용하면 토의 기운이 약화될 것이다. 이럴 때 토 기운이 많은 사람이 중앙 방향을 활용하면 토의 기운이 과다해진다. 토 기운이 적은 사람은 토의 방향인 중앙이 1순위로 좋고 토를 생해주는 화의 방향인 남쪽을 그다음으로 활용하면 운명이 좋아질 것이다.
* 토의 색상은 황색에 해당하는데, 토의 기운이 강한 사람은 토의 색상인 황

색을 피하고, 토를 극하는 목의 색상인 청색을 우선 순위로 활용하고, 그 다음 순위로 목을 생해주는 수의 색상인 흑색을 사용하면 좋다.

5. 각 오행이 보완해야 할 성격

① 목(木) 오행이 보완해야 할 성격

＊목 성격의 단점이 금 성격의 장점이다.

＊목 기운이 강한 사람의 성격은 금의 성격을 보강하면 뛰어난 능력을 발휘할 수 있다.

　목이 많은 사람의 성격은 어질면서도 온순하며 남을 배려하고 남에게 베풀기를 좋아하고 자신의 명예와 욕망을 많이 드러내지 않는다. 자신의 목적을 꾸준히 이루어 나가고 자유를 주면 따뜻하고, 억압하면 저항하는 자유주의자적 기질이 있다.

　그러나 목이 많은 사람은 금의 장점이라고 할 수 있는 계획적이고 정리정돈을 잘하는 완벽주의 스타일이 아니고 사무적이고 일 지향적이어서 일을 깔끔하게 처리하는 능력이 있는 것이 아니다. 이러한 목은 금의 장점을 잘 보완하고 활용하면 성공하는 데 긍정적으로 발휘할 수 있다.

② 화(火) 오행이 보완해야 할 성격

＊화 성격의 단점이 수 성격의 장점이다.

＊화 기운이 강한 사람의 성격은 수의 성격을 보강하면 뛰어난 능력을 발휘할 수 있다.

　화가 많은 사람의 성격은 겉으로 드러내려고 하고 표현력이 풍부하고 솔직하며 열정적이고 활동이 많다. 적극적이고 모험과 개혁을 좋아하는 스타일이나 성격이 급하고 생각이 적어 즉흥적이고 신중함이 적다.

그래서 수의 성격인 신중하게 검토하고, 생각해서 결정하고, 머릿속에 아이디어와 정보를 저장하는 능력을 보강하고 활용한다면 자신의 능력을 2~3배 더 발휘할 수 있을 것이다.

③ 토(土) 오행이 보완해야 할 성격

* 토 성격의 단점이 목 성격의 장점이다.
* 토 기운이 강한 사람의 성격은 목의 성격을 보강하면 뛰어난 능력을 발휘할 수 있다.

토가 많은 사람의 성격은 사람들과 관계 맺기를 좋아하고 누구하고도 소통하기를 잘하고 포용하여 평화주의자적 기질을 가진다. 그러나 자기감정을 다 드러내지 않고 남에게 부정적인 말을 하지 않으며 싫고 좋음을 많이 드러내지 않아서 비밀이 많은 것처럼 보인다.

그렇기에 목의 장점인 인간적으로 사람을 상대하고 사람 지향적으로 관계 맺기를 하고, 토의 성격인 누구하고나 친하려고 하지 말고 조금은 분석하여 사귄다면 성공하는 데 긍정적으로 발휘될 수 있을 것이다.

④ 금(金) 오행이 보완해야 할 성격

* 금 성격의 단점이 화 성격의 장점이다.
* 금 기운이 강한 사람의 성격은 화의 성격을 보강하면 뛰어난 능력을 발휘할 수 있다.

금이 많은 사람의 성격은 원칙적이기 때문에 정리 정돈을 잘한다. 한번 맺은 인연은 쉽게 저버리지 않는 의리파이며 뭐든 반듯하게 있는 것을 좋아하는 완벽주의 스타일이다.

그러나 계획적이어서 즉흥적인 일처리가 떨어지고 다른 사람이 하는 일이나 행동에 비판적이며 하던 일 하나에만 집중하는 단점이 있다. 이러한 금의 성격을 화의 성격인 열정적이고 행동이 빠르며 즉흥적으로 결론을 잘 끌어내는 것, 과감하게 모험하고 표현하는 것, 한 번에 여러 가지 일을 할 수 있는 것을 배운다면 자신의 능력을 2~3배 더 발휘할 수 있을 것이다.

⑤ 수(水) 오행이 보완해야 할 성격

＊수 성격의 단점이 토 성격의 장점이다.

＊수 기운이 강한 사람의 성격은 토의 성격을 보강하면 뛰어난 능력을 발휘할 수 있다.

수가 많은 사람의 성격은 머리가 총명하고 두뇌 회전이 빠르고 창조적이고 창의적이다. 상상을 많이 하기 때문에 상상력이 방대하여 작가와 같은 재능이 있고, 수리적이어서 회계나 통계에 재능이 있다.

그러나 머릿속으로 생각을 많이 하기 때문에 꿈이 크지만 걱정과 불안감도 동시에 크게 가지고 있으며 관계성이 부족하여 회피적이어서 안 부딪치려고 한다. 이런 성격은 토의 장점인 사람과의 관계 맺기를 잘하고 포용하고 소통을 잘하고 너그러우며 여유 있게 유대관계를 잘하는 것을 배우고 활용한다면 성공하는 데 긍정적으로 작용할 것이다.

	목(木)	화(火)	토(土)	금(金)	수(水)
보완할 색상(色相)	백색 · 황색	흑색 · 백색	청색 · 흑색	적색 · 청색	황색 · 적색
보완할 방향(方向)	서쪽 · 중앙	북쪽 · 서쪽	동쪽 · 북쪽	남쪽 · 동쪽	중앙 · 남쪽
보완할 성격(性格)	금의 장점	수의 장점	목의 장점	화의 장점	토의 장점

동양 고전 속의 명리학 살펴보기

4. 주(周)나라

주나라는 서주(西周, 기원전 1027~771년)과 동주(東周, 기원전 771~256년)로 나뉜다.

서주는 무왕이 은을 멸하고 호(鎬, 장안)에 도읍을 정하여 견융의 침입으로 유왕(幽王)이 망할 때까지의 기간이다.

동주는 평왕(平王)이 나라를 재건하여 도읍을 동쪽의 낙읍(洛邑, 낙양)으로 정하여 난왕(赧王)이 진나라 소양왕(昭襄王)에게 멸망하기까지의 기간이다. 동주는 시대 상황에 따라 춘추시대(春秋時代)와 전국시대(戰國時代)로 구분한다.

1) 서주(西周)

주의 시조 후직(后稷)은 이름이 기(棄)이다. 그의 어머니는 유태씨(有邰氏)의 딸로 강원(姜原)이라고 불렸는데 강원은 제곡(帝嚳)의 정비(正妃)였다. 강원이 들에 나가 거인 발자국을 밟으니 임신을 하였다. 달을 다 채워서 아들을 낳았는데, 불길하게 생각되어 버렸으나 짐승이나 사람들이 모두 죽이지 않고 도와주었다. 강원은 신기하게 여겨 아이를 데려다 잘 키웠다. 처음에 아이를 버리려고 생각하였으므로 기(棄)라고 불렀다.

기는 요임금이 농사(農師)로 등용하고 태(邰)에 봉하고 후직(后稷)이라고 칭했으며 희씨(姬氏)성을 하사하였다. 후직은 농업 정착의 생활상을 대표하는 설화를 가지고 있다.

그 후 8대 후손인 고공단보(古公亶父)에 이르렀을 때 북쪽의 흉노족이 대규모로 공격하여왔기 때문에 기산(岐山)으로 옮겨왔다. 특히 그곳은 농사에 알맞아 생산을 늘릴 수 있는 지역이었다. 이로써 부락을 조직하여 관리를 두고 초보적인 국가 형태를 갖추게 되었다.

고공단보의 장남은 태백(太伯)이고 둘째는 우중(虞仲)이라 했으며 막내가 계력(季歷)이었다. 계력에게는 창(昌)이라는 아들이 있었는데 고공단보가 계력을 옹립하여 창에게 왕위를 계승시키려는 것을 알고는 태백과 우중은 형만(荊蠻)으로 달아나서 문신을 하고 머리를 짧게 자르고서 왕위를 계력에게 양보하였다. 고공단보가 죽고 계력이 즉위했는데 그가 공계(公季)이다.

공계가 죽자 아들 창이 즉위하니 그가 바로 서백(西伯)으로 서백은 후에 문왕(文王)이라고 불렸다. 서백의 높은 덕을 잘 알고 있던 제후들은 그가 즉위하자 앞 다투어 그에게 복속해 왔다. 이때 서백은 위수 강가에서 여상(呂尙) 강태공(姜太公)을 만나 그 인물됨을 알고 궁궐에 모신 후 그를 태공(고공단보)이 바라던 성인이라는 뜻으로 태공망(太公望)이라 불렸다. 그리고 스승으로 모시고 언제나 그의 말을 경청하며 따랐다.

서백이 죽고 무왕(武王)이 즉위하였다. 무왕은 성이 희씨(姬)요 이름은 발(發)로서 후직의 16대 손이다. 무왕은 즉위하자 태공망을 사(師)로 삼고 주공(周公)을 보(輔)로 임명하였으며 소공(召公)과 필공(畢公) 등은 왕을 보좌하며 문왕의 위업을 배우고 확대하게 하였다. 무왕은 황하를 건너 은나라를 공격하여 목야에서 주나라 군대를 대패시키고 은을 멸하게 된다. 이때 은나라의 충신 백이(伯夷)와 숙제(叔齊)가 말렸으나 듣지 않자 백이와 숙제는 수양산에 들어가 고사리만 먹다가 굶어 죽었다. 무왕은 은(殷)을 멸망시키고 주의 아들 무경(武庚, 字는 祿父)에게 은의 남은 백성을 관리하며 은나라 제사를 받들도록 하고(송나라 됨) 동생 관숙선(管叔鮮), 채숙탁(蔡叔

^庚에게 녹보를 도와 은나라를 다스리게 했다. 자신은 호경^(鎬京)에 새로이 도읍을 건설하고 국호를 주^(周)라 하였다.

이어서 사상보^(師尙父, 태공망의 다른 이름)를 영구^(營丘)에 봉하여 제^(齊)라고 했으며, 동생 주공단^(周公旦)을 곡부^(曲阜)에 봉하고 노^(魯)라고 했다. 소공석^(召公奭)을 연^(燕)에 봉했으며, 동생 숙선^(叔鮮)을 관^(管)에 봉했고, 동생 숙탁^(叔度)을 채^(蔡)에 봉했다. 혈족과 공신들을 각지에 봉하여 봉건제^(封建制)를 실시했다.

무왕이 붕어하고 태자 송^(誦)이 즉위했으니 바로 성왕^(成王)이다. 성왕이 아직 어리고 제후들이 배반할까 두려워 주공^(周公)이 마침내 섭정하여 모든 권한을 행사하였다. 그때 두 동생 관숙과 채숙은 주공을 의심하여 무경^(武庚)과 반란을 일으켰다. 주공은 이들을 정벌하여 무경과 관숙을 죽이고 채숙을 귀양 보냈다. 이를 삼감지란^(三監之亂)이라 한다. 그리고 미자개^(微子開)에게는 은의 후대를 계승하게 하여 송^(宋)에 국가를 세웠다. 또 은에 남은 백성을 모두 모아 무왕의 막내 동생 봉^(封)에게 내리어 그를 위강숙^(衛康叔)에 봉했다. 그밖에 종실과 훈척^(勳戚)을 각지에 봉하여 제후국이 무려 70개였는데 그중 주나라와 동성인 희성^(姬姓)의 제후국이 무려 53개나 되었다.

주공이 섭정한 지 7년이 지나고 성왕이 성장하자 주공은 정권을 성왕에게 돌려주고 북쪽을 향하여 북면^(北面)하고 신하의 자리로 물러났다. 성왕은 풍^(豐)에 머무르며 소공으로 하여금 다시 낙읍을 건설하여 무왕의 뜻을 계승하게 하였다. 주공은 마침내 건설을 완공하고서 구정^(九鼎)을 그곳에 안치하였다. 이로부터 예의와 음악이 바로잡히고 흥성해졌으며 법령 제도를 바르게 개혁하였으므로 백성은 화목하였고 칭송의 노래가 울려 퍼졌다.

뒤이어 성왕의 아들 강왕^(康王)이 대를 이었는데 재위한 60여 년은 서주의 전성기를 맞이하였다. 40여 년간 형벌을 시행하지 않아도 될 정도였다.

세월은 흐르고 300여 년이 지나 제10대 여왕^(厲王)은 성격이 포악하고 교만하고 탐욕스러웠으며 백성들을 괴롭혔고 사치를 일삼았다. 폭정을 견디지 못한 백성들은 반란을 일으켰고 왕은 체^(彘, 산서성)로 달아나게 되었다. 이에 귀족 대신들이 소공^(召公, 召虎)과 주공^(周公, 주공단의 둘째 아들 후손)을 함께 세워 두 상^(相)이 함께 정무를 관리하도록 한 것을 공화^(共和)라 하였다. 태자 정^(靜)이 소공의 집에서 성장하자 소공과 주공이 그를 왕으로 옹립하니 그가 선왕^(宣王)이다.

선왕이 붕어하고 아들 유왕^(幽王) 궁생^(宮涅)이 즉위했다. 유왕 2년에는 서주의 도성과 삼천^(三川) 유역에 지진과 가뭄이 들어 경제적으로 어려움이 있었고 유왕은 어리석고 무능하였다. 유왕은 포사^(褒姒)를 총애하여 신후^(申后)와 태자 의구^(宜臼)를 폐하고 포사를 왕후로 포사의 아들 백복^(伯服)을 태자로 세웠다. 유왕이 신후를 폐하고 태자를 쫓아내자 태자 의구의 외할아버지 신후^(申侯)는 노하여 증^(繒)나라와 견융^(犬戎)과 함께 유왕을 공격했다. 마침내 유왕을 여산^(驪山) 아래에서 죽이고 포사를 사로잡았다. 이에 서주^(西周)는 멸망하였다.

2) 동주^(東周)

① 춘추시대^(春秋時代)

동주(기원전 771년~256년)는 다시 춘추시대(기원전 770년~403년)와 전국시대(기원전 403년~221년)로 구분할 수 있다.

천하일색 포사에 빠져 나라를 망하게 만든 유왕^(幽王)이 죽자 유왕의 원래 태자였던 의구를 옹립하니 그가 평왕^(平王)이며 평왕은 즉위하자 융구^(戎寇)를 피해서 호경^(鎬京)에서 낙읍^(洛邑, 낙양)으로 도읍을 옮겼다. 낙읍이 지역적으로 호경보다 동쪽에 위치하여 동주^(東周)라 하고 이전 호경을 수도로 한 시대를 서주^(西周)라고 부르게 되었다.

평왕 때 주 왕실은 쇠약해졌고 제후들 가운데 강한 나라가 약한 나라를 겸병

하였다. 이 동주의 전반기는 제후들이 패자를 칭하며 다투던 시대로 춘추시대라고 한다. 춘추시대라는 이름은 공자(孔子)가 편찬한 『춘추』(春秋)라는 역사서에서 유래하였다.

이때는 주나라가 겨우 낙읍 근처에만 통치권이 미치는 소국으로 변하였고 권위도 없어 강대한 제후들에게 협조를 구하는 처지가 되었다. 춘추시대는 힘이 제후들에게 옮겨진 시대이다. 이리하여 패자들이 차례로 나타났는데 이른바 춘추오패(春秋五覇)라고 하는 제환공(齊桓公), 송양공(宋襄公), 진문공(晉文公), 진목공(秦穆公), 초장왕(楚莊王)이다. 그러나 일부는 송양공, 진목공을 빼고 오왕(吳王) 부차(夫差)와 월왕(越王) 구천(句踐)을 넣기도 한다.

제일 먼저 제나라 환공은 지금의 산동성 북부를 근거로 천하의 명신 관중(管仲)을 재상으로 삼아 내정을 개혁하고 국력을 키워 주나라를 대신하여 패자 노릇을 하였다. 관포지교(管鮑之交)가 유명하다.

두 번째로 패자가 된 자는 19년이나 망명 생활을 했던 진문공 중이(重耳)이다. 그는 산서(山西) 분하(汾河) 유역을 근거로 국력을 키워 패자가 되었다. 개자추(介子推)의 일화가 널리 알려져 있다.

다음은 진목공이다. 진나라는 함양을 중심으로 서쪽에 치우쳐 있었으나 동진의 야심을 품고 인근의 서융을 정복하고 나라의 힘을 키워 패자가 되었다.

다음으로 남쪽에 치우쳐 있던 초나라는 초장왕 시대를 맞이하여 견융족을 토벌한 뒤 패자로 추대되었다.

이때부터 초(楚)나라와 진(晉)나라의 싸움이 시작되었고 남쪽에서는 장강(長江) 하류의 오왕 합려의 아들 부차가 먼저 패자를 칭하였고 월나라의 월왕 구천이 일어나 두 나라 간의 치열한 경쟁이 벌어졌다 결국에는 월나라 구천이 최후의 승자가 되어 춘추시대 대단원의 막을 내렸다. 오나라와 월나라의 전쟁에서 월왕 구천을 도운 대부 문종(文種)과 범려(范蠡) 그리고 오왕 부차를 도운 초나라 사람 백비^(伯嚭)와 오자서^(伍子胥), 제나라 사람 손무^(孫武)의 일화가 유명하고 월왕 구천의 와신
상담^(臥薪嘗膽)의 얘기도 회자^(膾炙)된다.

② 전국시대^(戰國時代)

전국시대는 서한 말 유향^(劉向)이 편찬한 역사서『전국책』^(戰國策)에서 유래한 이름
이다. 전국책은 주^(周)의 위열왕^(威烈王) 23년부터 진왕^(秦王) 정^(政, 秦始皇) 26년 천하통일까
지 다루고 있다.

주나라가 수도를 낙양으로 옮기고 20대를 내려오면서 그 힘은 계속 약해졌
다. 춘추시대는 비록 형식적이긴 하였지만 그래도 주나라를 왕으로 받들었으
나 전국시대에는 모든 제후들이 스스로를 왕이라고 칭했다. 주나라는 이름만
천자였지 실제로는 조그만 약소국에 지나지 않았다. 또 춘추 말기에 이르러 권
력의 핵심이 제후 왕에서 제후국의 경대부^(卿大夫)에게 옮겨가자 경대부들이 왕을
교체하기도 하고 직접 왕이 되기도 하였다.

전국시대에는 전국칠웅^(戰國七雄)이라고 불리는 일곱 나라가 중원의 자리를 놓고
다툼을 벌였다. 칠웅은 제^(齊), 초^(楚), 연^(燕), 진^(秦), 한^(韓), 위^(魏), 조^(趙)나라이다. 그 중
에서 서쪽 대국 진나라를 막기 위해서 동족 여섯 나라는 안간힘을 다했다. 국
제 정세를 교묘하게 저울질한 합종책^(合從策, 蘇秦)과 연횡술^(連衡術, 張儀)을 써서 차례로 승
패가 거듭하였으나 진나라는 날로 강대해졌다. 진나라는 조나라를 장평^(長平)전
투에서 대파하고 그 이후 한나라를 시작으로 위나라, 초나라, 조나라, 연나라,
그리고 마지막으로 제나라를 멸망시켜 기원전 221년 진나라 진시황은 천하통
일을 이루었다.

전국시대에는 위대한 정치가와 사상가를 많이 나왔는데 특히 제자백가^(諸子百家)
는 모두 이 시기에 출현하여 후대에 중국의 철학, 사상, 문학 등에 대단한 영향
을 미쳤다. 이 시기에 제나라 맹상군^(孟嘗君), 위나라 신릉군^(信陵君), 조나라 평원군^{(平}

^{原君}, 초나라 춘신군^(春申君)의 사공자와 유세가 소진^(蘇秦)과 장의^(張儀), 변법가 상앙^(商鞅), 여씨춘추를 편찬한 여불위^(呂不韋), 인정^(仁政)사상가 맹자^(孟子), 노장사상가 장자^(莊子), 공자의 유학을 발전시킨 사상가 순자^(荀子), 법가 이론의 집대성자 한비자^(韓非子), 묵가^(墨家)의 창시자이자 사상가 묵자^(墨子) 등 수많은 인재가 나왔다.

제3장

천간지지론

1

간지(干支)의 기원

간지(干支)란 천간(天干)과 지지(地支)를 합하여 줄인 말로서, 하늘이 변화하여 흘러가는 기운을 다섯 가지로 분류한 천간 10자와 땅의 기운이 변화하는 것을 음양오행의 열두 가지로 나눈 지지로 구성된다. 보통 천간은 십간(十干), 지지를 십이지(十二支)라고 부른다.

천간과 지지의 정확한 기원은 자세하게 파악하기는 어렵다. 이것에 관한 오래된 문헌으로는 연해자평(淵海子平)에 간지를 사용하기 시작한 시점과 근거에 대해서 기술한 것이 보인다. 그 내용은 다음과 같다.

"남몰래 간교하고 남을 속이는 재주가 생기고 요괴가 출연하여 황제(黃帝)시대에 치우(蚩尤)신이 시끄럽고 어지럽게 난리를 피웠다. 마땅히 이때에 황제가 백성의 고통을 심히 걱정하시어 마침내 탁록(涿鹿)의 들판에서 치우와 전쟁을 하니 흘러나오는 피가 백리나 되었지만 능히 다스릴 수가 없었다. 황제가 이에 심신을 깨끗이 하고 단을 쌓아 하늘에 제사하고 방구(方丘)에서 땅 귀신에게 예를 다하니,

하늘에서 십간과 십이지를 내려 주셨다. 황제가 이에 십간을 둥글게 펼쳐 하늘의 형상을 본뜨고, 십이지를 네모로 펼쳐 땅의 모양을 본뜨니, 비로소 간(干)으로 천(天)을 삼고 지(支)로는 지(地)를 삼아서 천간 지지를 밝혔다. 이에 황제는 제후들의 세력을 합하여 치우를 직문으로 쫓아내어 죽인 연후에 능히 다스릴 수 있었다. 그 후에 대요씨(大撓氏)가 후세 사람을 근심하여 말씀하시기를 '아! 황제께서는 성인임에도 불구하고 오히려 능히 그 악살(惡殺)을 다스릴 수 없었는데, 만일 후세 사람들이 재앙을 만나고 고통을 입으면 장차 어찌하겠는가?'라고 하시며 마침내 십간과 십이지를 분배하여 육십갑자(六十甲子)를 정리했다고 한다."

간지의 생성 기원은 황제와 치우의 전쟁을 배경으로 한다. 주역의 상을 복희씨가 만들었다고 전해지듯이 천간과 지지도 고대의 위대한 성인이 만든 것으로 전해지는 것이다. 모두 인간의 지혜와 상상력을 통하여 대우주의 자연법칙을 해석하고자 한 것임을 알 수 있다.

2

천간(天干)의 분석

천간(天干)은 오행이 각각 양과 음으로 나뉘어 갑(甲), 을(乙), 병(丙), 정(丁), 무(戊), 기(己), 경(庚), 신(辛), 임(壬), 계(癸)의 10개의 에너지로 되어 있다. 갑, 병, 무, 경, 임은 양(陽)의 에너지이고, 을, 정, 기, 신, 계는 음(陰)의 에너지를 가지고 있다.

음양(陰陽)	양(陽)	음(陰)	양(陽)	음(陰)	양(陽)	음(陰)	양(陽)	음(陰)	양(陽)	음(陰)
천간(天干)	갑(甲)	을(乙)	병(丙)	정(丁)	무(戊)	기(己)	경(庚)	신(辛)	임(壬)	계(癸)
오행(五行)	목(木)		화(火)		토(土)		금(金)		수(水)	

⊙ 천간의 양陽의 심리

* 말수가 많고 말이 빠르며 활동이 많고 빠른 편이며 매사에 적극적이고 활기차다.
* 겉으로 드러내는 표현력이 풍부하고 솔직하며 사교적이고 다수의 사람을 폭넓게 사귄다.
* 사람이 많이 모이는 장소나 시끄러운 장소에 쉽게 적응하며 말과 행동이 동시에 일어나고 즉흥적으로 결론을 끌어낸다.
* 글보다는 말이 편하고 타인의 의견을 중시하고 일반적인 의견을 선호한다.

⊙ 천간의 음陰의 심리

* 말수가 적고 느리며 활동이 적고 느린 편이며 좋아하는 일에 대해서는 힘이 생기고 활력이 넘친다.
* 마음속으로 담아두고 쉽게 표현하지 못하며 낯을 가리고 소수의 사람과 사귄다.
* 사람들이 많이 모이는 장소는 싫어하고 조용한 곳을 좋아하며 신중하게 생각하고 자신의 머리에서 결론이 난 이후에야 대화를 이끈다.
* 말보다는 글이 편하며 타인의 의견보다는 자기의 마음속에 주관이 존재한다.

십간$^{(十干)}$의 심리를 구체적으로 알아보자.

1. 갑목$^{(甲木)}$

갑목은 양목$^{(陽木)}$이고 갑목 에너지가 자연 물질계에서 생명체로서 나타난 모양은 지지의 인$^{(寅)}$이다.

설문해자$^{(說文解字)}$에서 '갑$^{(甲)}$은 동쪽이 처음(으뜸)이며, 양기$^{(陽氣)}$가 처음으로 움직이기 시작한다. 나무가 껍질을 이고 있는 모양을 상형 하였다.'라고 하였고, 사기$^{(史記)}$ 율서$^{(律書)}$에는 '甲은 만물이 껍질을 쪼개고 나오는 것이다.'라고 하였다. 물상은 소나무, 동량목, 통나무, 대림목, 대들보, 열매나무 등이다.

* 갑목은 누군가를 짓밟고 설치면서 성공하고 싶은 것이 아니라 남에게 인정받으면서 멋있고 괜찮게 성공하고 싶은 욕망이 있다.
* 조직 생활에서도 타이트한 조직보다 조금은 자유롭고 나에게 맡겨주고 인정해주면서 독립적인 것을 좋아한다.
* 매사에 추진력과 리더십을 발휘하고 책임을 다하나, 다른 사람한테 간섭이나 구속받는 것을 대단히 싫어한다. 그래서 너무 간섭하지 말고 일정한 거리를 두는 것이 좋다.
* 성질이 곧고 강하며 이상이 높고 진취적인 기질이 있다. 그래서 억압이 강하게 오면 뿌리가 뽑혀 나가도 절대 꺾이거나 다른 사람에게 굽히려 하지 않고 끝까지 버틴다.
* 자신은 솔선수범한다고 하나 다른 사람이 보기에는 지나치게 나서거나 내세우기를 좋아하는 것 같아 공격받거나 경쟁자가 생길 수가 있다.

* 갑목 여자는 자유주의자이고 구조화된 것을 싫어하는 편이라 치마를 즐기지 않고 화장을 잘 하지 않는 털털하고 약간의 중성적 느낌이 있다. 또한 대부분 활동적이고 생활력이 강한 편이나 가정을 책임지는 가장이거나 장녀 역할을 할 수도 있다.
* 박력과 배짱이 있어 강자에게 강하게 대항하고, 약자에게는 인정을 베푼다. 그러나 시작만 있고 끝이 불분명하여 하는 일에 용두사미가 많다.
* 갑목 일간은 정치인이 많다. - 김대중 전 대통령(갑목일간에 수다), 정치인 김두관(갑목일간에 수다), 정치인 우상호(갑목일간에 수다), 정치인 안희정(갑목일간에 수다), 성시경(갑목일간에 수다), 윤도현(갑목일간에 수다), 김성주(갑목일간에 토다), 김희선(갑목일간에 화다)

2 을목(乙木)

을목은 음목(陰木)이고 을목의 기운이 지지에서 물질적으로 나타나면 묘목(卯木)이라 한다.

설문해자에서 '을(乙)은 봄에 초목이 구부러져 나오는데 음기가 여전히 강하기 때문에 그 나오는 모습이 구불구불한 모습을 상형하였다.'라고 하였고, 사기 율서에는 '乙은 만물이 힘들게 생겨나는 모습을 말한다.'라고 하였다. 물상은 화초, 초목, 새싹, 채소, 묘목, 넝쿨식물, 잔디, 곡식 등이다.

* 을목은 겉으로는 부드럽고 유약해 보이나 무슨 일이든 무리하지 않는 편으로 다른 사람과 어울리기를 좋아하고 화합을 잘하며 갑목에 비해서 조직 생활에 잘 적응한다.

* 남에게 간섭받는 것을 싫어하며 내적인 면이 강해 외부에서의 일에 민감한 반응을 나타내고 약간 회피적이고 우유부단하고 생각이 많고 결단력이 떨어져 결정장애가 있다.

* 끈질긴 생명력에 환경적응 능력이 뛰어나서 큰 태풍이 오면 바짝 엎드렸다가 태풍이 지나가면 다시 살아난다. 즉, 어떠한 난관에도 굴하지 않고 참고 견디는 끈기가 대단하다.

* 사치스럽고 담쟁이넝쿨처럼 누군가에게 의지하고 의존하려는 기질이 있어 남자의 경우 약간 마마보이 같은 느낌이 든다.

* 표정은 아무 사심 없이 친절하게 대해주는 것 같으나 고집이 세어 남의 말을 잘 듣지 않고 속으로는 삐딱하거나 잘 삐지며 여성스런 성격에 변덕이 심해 비위 맞추기가 힘들 수 있다.

* 자신의 장점을 잘 드러내지 않고 분위기에 순응하고, 처세술이 뛰어나고 순간 대처 능력이 뛰어나나 결정적인 순간에 판단 능력이 떨어지며 감정 기복이 심하다.

* 복덕수기격(福德秀氣格)은 사주의 천간에 을목(乙木)이 3개 있는 경우 또는 지지에 사·유·축(巳·酉·丑) 3글자가 모두 있는 경우이다. 인덕이 있고 명예를 얻으며 명예직이나 관직에 진출하면 자신의 능력을 크게 발휘할 수 있다.

* 조용필(을목일간에 목다), BTS 뷔(을목일간에 수다), 지드래곤(을목일간에 화다), 윤아(을목일간에 화다), 손흥민(을목일간에 화다), 문재인 전 대통령(을목일간에 수다), 정치인 안철수(을목일간에 수다), 정치인 손학규(을목일간에 수다), 정치인 강금실(을목일간에 수다), 다이애나(을목일간에 화다)

병화는 양화^(陽)이고 지지에서 사화^(巳火)일 때도 있고 오화^(午火)일 때도 있다.

설문해자에서 '병^(丙)은 남쪽에 위치하고 만물이 분명한 모습을 이루게 되면 음기가 처음으로 일어나고 양기가 사라지려고 한다. 丙은 일^(一)과 입^(入)과 경^(冂)으로 구성되었고 일^(一)은 양^(陽)이다.'라고 하였고, 사기 율서에서는 '丙은 양도^(陽道)가 밝게 드러나는 것이다.'라고 하였다. 물상은 태양, 용광로, 화산, 큰불, 발전기, 폭발물, 컴퓨터, 통신 등이다.

* 병화는 쾌활하며 정열적이고 적극적이며 솔직하고 예의 바르며 감정이 풍부하다. 또한 말을 잘하나 음성이 시끄럽고 자기의 이야기를 주도적으로 하면서 허풍과 과장이 심하다.
* 일방적으로 행동하고 고집이 세며, 말이 너무 많거나 아는 체나 잘난 척을 많이 하고, 자기가 하고 싶은 말을 참지 못하여 다른 사람의 비밀을 지켜주지 못하는 등 구설수가 따르는 경우가 많다.
* 공평하며 모든 사람에게 골고루 잘해주고, 누구에게나 자기감정을 잘 표현하고, 상대가 마음에 들면 자기의 모든 것을 아끼지 않고 주는 스타일로 사람들과 쉽게 친해진다.
* 여성의 경우 정열적이며 활동력이 강하고 사람과의 관계가 원만하여 밖에서는 인기가 좋고 사회 활동은 다양하게 많이 하나 집안 살림을 소홀히 하는 경향이 있다.
* 병화는 이목구비가 뚜렷하여 얼굴 모습이 시원스럽고 눈빛이 빛나며 이마가 넓고 원형일 가능성이 높다. 또한 말을 많이 하는 사람은 입이 클 가능

성이 높다.

* 화가 많으면 저돌적이거나 폭발적인 성격. 즉, 욱하는 기질과 히스테리 기질이 있고, 무모한 모험이나 투기와 같은 변화변동을 즐기고, 펼쳐만 놓고 마무리를 못 하는 경향이 있다.

* 추성훈(병화일간에 화다), 김병만(병화일간에 화다), 장민호(병화일간에 화다), BTS 정국(병화일간에 화다), 백지영(병화일간에 목다), 한석규(병화일간에 토다), 이승엽(병화일간에 토다), 박지만(병화일간에 수다)

4. 정화(丁火)

정화는 음화(陰火)이고 지지에서 오화(午火)일 때도 있고 사화(巳火)일 때도 있다. 설문해자에서 '정(丁)은 여름에 만물이 왕성하다는 뜻이다.'라고 하였고, 사기 율서에는 '丁은 만물이 성한 것을 말한다.'라고 하였고, 한서(漢書) 율력지(律曆志)에서는 '丁은 만물이 성한 것이다.'라고 하였다. 물상은 촛불, 모닥불, 화롯불, 전등, 형광등, 가로등, 가스레인지, 난로 등이다.

* 정화는 조용한 불빛으로 부드럽고 섬세하며 따뜻하고 온화한 성격이며 예의가 바르고 자기를 낮추며 상대를 공경할 줄 아는 겸손한 사람이다.

* 훈훈한 인정을 베풀며 타인에 대한 배려가 깊고 심성이 착하고 위아래를 잘 구분할 줄 알아서 많은 사람이 따르고 좋아하여 대인관계가 원만하나 자신의 실리는 잘 챙기지 못하는 편이다.

* 유머가 있고 재치가 있어 주위를 밝고 부드럽게 만들며, 거짓말은 싫어하고 잘못된 일을 참지 못하는 편이다. 그러나 평소에는 약하게 보이거나 무

관심한 것처럼 보이다가 어느 순간 갑자기 폭발하는 경향이 있다.

* 바람에 흔들리는 등불처럼 예민하고 민감하여 타인의 말에 쉽게 동화되고 흔들린다. 또한 본인은 수심과 근심이 많아 군중 속에 고독을 느끼며, 누구를 한번 미워하면 다시 쉽게 돌아서지 않는 성격이 있다.

* 음화이기 때문에 병화에 비해서는 다른 사람 이야기를 잘 듣는 편이고, 말이나 표현하는 솜씨가 화려하지 않고 타인을 생각하면서 말을 한다.

* 정화 남자는 대체적으로 고지식하고 잔꾀를 부리지 않는데 상대방이 부정한 행위를 할 경우 혐오하거나 옳고 그름을 따지는 편이다. 정화 여자는 활발하며 외향적이고 생활력이 강하며 일을 하면 몸을 아끼지 않고 열심히 한다. 이런 여성은 전업주부보다는 직업을 가지고 자신의 능력을 발휘하는 것이 좋을 것이다.

* 정화는 갸름한 얼굴일 가능성이 높다. 대체적으로 미인이 많은 편이고 예술계나 교육계에 종사하는 경우가 많다.

* 유재석(정화일간에 화다), 임영웅(정화일간에 화다), 김성은(정화일간에 금다), 장동건(정화일간에 목다), 유준상(정화일간에 수다), 제산 박재현(정화일간에 수다),

5. 무토(戊土)

무토는 양토(陽土)이고 지지의 진토(辰土)와 술토(戌土)가 양토이다.

설문해자에서는 '무(戊)는 중궁(中宮)이다. 육갑(六甲)의 오룡(五龍 오행)이 서로 얽혀 있는 모양을 상형하였다.'라고 하였고, 한서 율력지에는 '戊에서 무성해진다.'라고 하였다. 물상은 들판, 논, 황야, 태산, 운동장, 제방, 성곽, 담장, 축대, 과수원, 골

프장 등이다.

* 무토는 태산과 같이 웅장하고 믿음직스럽고 중후하며, 언행이 신중하고 온
  후하면서도 아량이 넓고 흔들림 없는 품격이다.
* 성실하고 믿음직하고 책임감이 강하여 신용과 충정을 지킨다. 모든 사람을
  포용하고 관대하게 대하며 중용을 지키고 편애하지 않아서 화해를 잘 시키
  고 중간 소개 역할이나 중재자의 역할을 잘한다.
* 여러 사람과 잘 어울리며 친화력이 있어서 주위에 많은 사람이 모여들고
  이들의 자문에 잘 응하고, 윗사람을 잘 보필하고 아랫사람을 포용하고 통
  솔하는 타입이다.
* 우유부단하고 줏대가 없을 수 있고, 또한 자기 주관이 너무 강하여 남의 말
  을 듣지 않는 아집과 고집불통인 면이 강하고 융통성이 부족하고 보수적인
  타입이다.
* 고정관념이 있어서 자기의 생각의 틀에서 벗어나지 못하고, 자신의 이상과
  현실이 잘 맞지 않아 갈등을 느끼는 경우가 있다.
* 행동이 느리고 순간적인 대처 능력이 떨어지고, 속마음을 잘 털어놓지 않
  고 과거사를 논하고 꽁하는 성격이 있다.
* 무토가 많은 사람은 아파트보다는 정원이 있는 단독주택을 선호하는 경향
  이 있다.
* 노무현 전 대통령(무토일간에 화다), 정두홍 무술감독(무토일간에 수다),
  정치인 반기문(무토일간에 토다), 김어준(무토일간에 수다), 박휘순(무토일
  간에 화다), 옥소리(무토일간에 수다), 최진실(무토일간에 수다), 안재욱(무
  토일간에 토다), 골퍼 박세리(무토일간에 금다)

기토는 음토^(陰土)이고 지지의 축토^(丑土)와 미토^(未土)가 음토이다.

설문해자에서는 '기^(己)는 중궁^(中宮)이다. 만물이 오그라들어 구부러진 모양을 상형 하였다.'라고 하였고, 한서 율력지에는 '근에서 다스려진다.'라고 하였다. 물상은 화단, 잔디밭, 전답, 화분 흙, 마당, 오솔길, 모래, 공원, 도로, 작은 분지, 평야 등이다.

* 기토는 작은 정원과 같아서 부드럽고 순박하고 조용하며 자기주장을 잘 드러내지 않으며 포용력이 있고 사교성이 좋아 적을 만들지 않는다.

* 언어 능력이 발달하여 표현력이 뛰어나고, 언행이 일치하여 신중하게 처신하며 성실하고 계획적이고 치밀하여 자기관리에 능숙하다.

* 일을 추진하는 데 있어서 좀처럼 자기주장을 잘 내세우지 않으며 남의 심정을 헤아려주고 은근한 고집과 부드러운 추진력으로 밀고 나간다.

* 겉으로는 활발한 것 같지만 마음의 상처를 쉽게 받고, 자기 실속을 챙기는 자기중심적이고 이기주의자적인 성격이 있다. 신경이 예민하고 까다로운 면이 있어 타인의 강압이나 억압에 심하게 스트레스를 받고 적응하지 못하는 경우가 있다.

* 자기 속마음을 털어놓지 않거나 자기감정을 쉽게 들어내지 않고 감추는 것이 많다. 또한 핀잔을 듣거나 꾸지람을 당하면 소심해서 큰일을 그르치는 경우도 있다.

* 연인관계에서 자기의 감정이나 속마음을 시원스레 나타내지 못하고 속으로 고민하고 애정 표현을 못해서 손해를 보거나 헤어지는 경우가 있다.

*김동현(기토일간에 수다), 정치인 정몽준(기토일간에 수다), 김영삼 전 대통령(기토일간에 토다), 정치인 이회창(기토일간에 화발달), 정치인 트럼프(기토일간에 화다), 김용준(기토일간에 금다), 조관우(기토일간에 화다), 이홍렬(기토일간에 화다), 유리(기토일간에 수다), 김생민(기토일간에 화다)

7. 경금(庚金)

경금은 양금(陽金)이고 지지에서 신금(申金)이 양금이다.

설문해자에서는 '경(庚)은 서쪽에 위치하며 가을에 만물이 열매를 맺는 모양을 상형 하였다.'라고 하였고, 사기 율서에는 '庚은 음기가 만물을 바꿔 놓는 것이다.'라고 하였다. 물상은 바위, 광석, 강철, 중장비, 유람선, 유조선, 기계, 농기구, 기차, 비행기, 펌프, 무기 등이다.

* 경금은 차갑고 단단하며 변화의 계절이므로 개혁을 상징하고 바꾸고 변화시키기를 좋아한다. 또한 냉정하여 사교적이지는 못하지만 한번 믿었던 사람에게는 충성하며 배반하는 일이 드문 의리파이다. 그러나 너무 의리를 따지다 보니 자기 실속이 적다. 주위 사람들로부터는 좋은 사람이라는 소리를 듣지만, 집안 식구들에게는 좋은 소리를 듣지 못하는 경우도 있다.
* 원리원칙을 중시하고 계획성이 탁월하여 시작한 일은 신속하게 처리한다. 끊고 맺음의 결단력과 소신이 강하여 마음먹은 일에 대해서는 강하게 밀어붙이는 추진력이 있다.
* 부지런하고 머리가 총명하며 자신의 능력에 대하여 확신과 자긍심이 있다. 혁명이나 개혁에 강한 기질을 보여주어서 가끔 혁명가라고 부르기도 한다.

* 공과 사를 분명히 가리며 의협심이 강하고 강자에게 맞서서 약자를 도와주는 정의로움이 있고 동료애나 소속감이 유달리 강하다.
* 자기중심적이고 융통성이 없으며 타인의 의견을 무시하고 비타협적이다. 때로는 자신감이 넘쳐서 잘난 척하면서 난폭하게 보여 다른 사람이 경계하거나 쉽게 접근하지 못한다.
* 뚝심이 매우 강하고 오행 중에서 고집이 가장 세다. 이런 고집은 함부로 움직이지 않으나 한번 움직여서 하겠다고 하면 끝장을 보고, 한번 안 하겠다고 하면 절대로 하지 않는다.
* 이성 관계에서 쉽게 정을 주거나 정들지 않으나, 일단 사랑하면 헤어나지 못하는 경우가 많다. 그러나 남녀 모두 완벽주의를 추구하고 융통성이 없어서 상대가 흐트러진 모습이나 계획성 없이 행동하면 용납하지 못하는 경향이 있다.
* 박정희 전 대통령(경금일간에 수다), 정치인 노회찬(경금일간에 화다), 박명수(경금일간에 금다), 최수종(경금일간에 수다), 박수홍(경금일간에 수다), 신지(경금일간에 수다), 퀸와사비(경금일간에 수다), 골프 김미현(경금일간에 화 · 수다), 장신영(경금일간에 수다), 홍은희(경금일간에 금다), 김성근 감독(경금일간에 수다), 임수경(경금일간에 토다)

8. 신금(辛金)

신금은 음금(陰金)이고 지지에서 유금(酉金)이 음금이다.

설문해자에서는 '신(辛)은 가을에 만물이 자라서 성숙하게 된다는 뜻이고 금(金)은 단단하면서 맛이 맵다. 너무 매우면 눈물이 나온다.'라고 하였고 사기 율서에서는 '신(辛)은 만물이 새롭게 태어나는 것이다. 그 때문에 신(辛)이라 한다.'라고 되어있다. 물상은 보석, 시계, 바늘, 칼, 수저, 금은, 침, 만년필, 금고, 조약돌, 구슬, 유리 등이다

* 신금은 생각이 깊고 안정적이고 깨끗하고 냉정하며 지혜로우며 현명하고 침착하다. 또한 외모가 빼어나거나 아름답다.
* 경금에 비해서 훨씬 부드러우며 신금도 의리나 정의와 개혁을 내세우나 훨씬 세련되고 견고하다. 또한 자존심이 강하고 명예를 소중히 여겨 잘못된 관례나 제도는 철저하게 개혁하려고 한다.
* 일을 처리할 때는 정확하면서도 치밀하고 절제력이 있고 완벽하면서도 단호하게 처리한다.
* 예민하고 섬세하고 깔끔하며 까다롭고 논리적이고 분석적이며 원리 원칙적이고 계획적이어서 타인의 실수를 용납하지 않는다. 이런 행동이 강하게 나타날 때는 무서울 정도의 냉혹함과 심한 독설을 퍼붓는다.
* 까다롭고 냉정한 성격으로 이기적이고 고집스러우며 자기주관적이고 자기중심적이며 자만심이 강하여 대인관계에서 다른 사람의 눈총이나 비난을 받거나 문제가 많이 따른다. 또한 냉소적이고 부정적인 성격이며 타인에 대해 비판적이고 작은 것 하나하나 꼼꼼하게 따지고 잔소리가 심하다.
* 남녀 모두 용모가 단정하고 언행이 부드럽고 거칠지 아니하며 외모에 신경을 쓰고 세련되게 유행에 앞서가는 스타일로 인기가 많다.
* 여자들은 정리 정돈을 잘하고 반듯하지 않은 것을 싫어하기 때문에 깔끔하게 치운다. 또한 손해 보는 것을 싫어하고 함부로 돈을 쓰지 않으며 정리 정돈을 잘하는 살림꾼이다. 반면에 남자들은 깔끔하게 치우지는 않고 정리 정돈도 잘하지 않으면서 잔소리로 청소를 다 하려고 하고 자기가 잔소리한

것을 몇 번이고 확인하는 경우가 있다.

* 유시민(신금일간에 화다), 이명박 전 대통령(신금일간에 금다), 태종 이방원(신금일간에 화다), BTS 랩 몬스터(신금일간에 금다), 태연(신금일간에 토다), 정은지(신금일간에 화다), 이경규(신금일간에 화다), 김태희(신금일간에 목다)

9. 임수(壬水)

임수는 양수(陽水)이고 지지에서 해수(亥水)일 때도 있고 자수(子水)일 때도 있다.

설문해자에서 '임(壬)은 북쪽에 위치하고 음(陰)이 극에 달하면 양(陽)이 생겨난다. 사람이 임신한 모양을 상형 하였고 해(亥)에서 잉태하여 자(子)가 생겨나는 순서를 이어간다는 뜻이다.'라고 하였고, 사기 율서에는 '임(壬)은 임신하다(妊)라는 뜻이고 양기(陽氣) 아래에서 만물을 잉태하고 길러주는 것을 말한다.'라고 하였다. 물상은 바다, 강물, 호수, 저수지, 소나기, 먹구름, 수돗물, 생수, 사우나 물, 자궁, 정자, 난자 등이다.

* 임수는 두뇌 회전이 빠르고 총명하며 창의력과 아이디어가 탁월하고 기획력도 뛰어나고 선견지명과 마음을 읽는 능력이 뛰어나다. 심오한 지혜 또한 지니고 있다.
* 바다와 강물 같아서 포용력이 있고 대범하고 흐르는 물처럼 큰 세상에 진출하려는 기상이 있으며 모든 것을 받아들이는 자세와 친화력이 있어 대인 관계가 무난하다. 또한 부지런하고 실천적이고 활동적이다.
* 쉬지 않고 노력하는 자세로 탐구하고 연구하여 모든 방면에 아는 것이 많

고, 재치가 있고 임기응변에 능하며 재주가 많아 모든 일에 자신감이 강하고 적극적이다.

* 생각이 많아 쓸데없는 걱정이 많고, 깊은 바닷속처럼 속마음을 내비치지 않아 비밀이 많아 보이고 타인을 무시하고 허세를 잘 부린다.

* 자칫하면 자기 자신을 너무 과신하여 일을 잘 저지르고, 또한 자주 변하여 신뢰감이 떨어진다. 목적 달성을 위하여 수단과 방법을 가리지 않는 술책이 잘못하면 사기성으로 변하는 수가 있다.

* 남녀 모두 사교적이고 부드러운 분위기를 잘 만들어서 바람기가 많으며 한번 틀어지면 냉정하고 차갑게 돌아서서 두 번 다시 되돌아서지 않는 경우가 많다.

* 임·수 두 글자가 나란히 있으면 임임병존(壬壬竝存)이라 한다. 이 경우 도화(桃花)이므로 인기를 가지고 하는 방송, 연예, 예술 관련 직업이 좋다.

* 정치인 임종석(임수일간에 화다), 정치인 박지원(임수일간에 화다), 박진영(임수일간에 수다), 박군(임수일간에 목다), 서태지(임수일간에 수다), 이찬원(임수일간에 토 발달), 김신영(임수일간에 수다), 전지연(임수일간에 수다), 이상벽(임수일간에 토 발달)

10. 계수(癸水)

계수는 음수(陰水)이고 지지에서 자수(子水)일 때도 있고 해수(亥水)일 때도 있다.

설문해자에서는 '물이 사방에서 땅속으로 흘러 들어가는 모양을 상형하였다.'라고 했고, 사기 율서에서는 '癸라는 말은 헤아리다(揆)는 뜻이고 만물을 헤아려 볼 수 있다는 말이다.'라고 하였다. 물상은 이슬비. 시냇물, 샘물, 생수, 하수도, 눈, 수증기, 안개, 구름, 서리 등이다.

* 계수는 두뇌가 총명하고 재주가 있고 지혜롭고 아이디어가 특출하며 임기 응변에 능하다. 한편으로는 온화하고 다정하며 여려서 누구에게나 일단 마음을 주면 확실하게 잘해준다.

* 섬세하고 꼼꼼하며 치밀하다. 또한 항상 변화에 민감하여 적응력이 뛰어나고 어느 장소에서나 자신을 잘 드러내지 않으며 친절하고 원만하여 지도자가 되기보다는 참모나 보조자의 역할이 더 어울린다.

* 물처럼 자유롭게 변신하고 적응할 수 있는 능력이 있어서 환경 변화에 잘 적응하고 변화하는 능력이 있고, 평소에 조용히 노력하고 상대방의 심리 파악을 잘하며 마음도 자상한 편이다. 또한 어떠한 문제가 생기면 명석한 두뇌와 지혜로 원인을 찾아 해결하는 해결사 역할을 잘한다.

* 자기감정을 잘 드러내지 않고 비밀스럽게 감추는 것이 많아 속마음을 알기 어렵고, 신경이 예민하고 까다로우며 우울한 생각이 많을 수 있고, 변덕스러워 이중적인 성격을 보일 때가 있다.

* 자신과 가족을 위해 이익이 있는지를 따져 수단과 방법을 가리지 않고 목적을 향해 도전한다. 그러나 아는 것에 비해 의지력과 끈기가 약하고 실천력이 부족하여 줏대가 없어 보이고 타인에게 배신당하기 쉽다.

* 오행 중에서 가장 생각이 많고 의존적이고 머릿속에 걱정이 많아서 알코올 중독, 도박 중독 등 중독에 빠질 위험성이 크다. 특히 계수 남자는 미래에 대한 불안감을 다른 오행에 비해 많이 가지고 있어서 자칫 이 미래 불안감을 술로 회피하거나 도박이나 주식 등으로 일확천금을 노리는 경우가 많다.

* 계수 두 글자가 나란히 붙어 있으면 계계병존(癸癸竝存)이라 한다. 이 경우 도화

^(桃花)이므로 방송, 예체능 계통의 직업을 가지면 유리하다.

* 신동엽(계수일간에 수다), 이병헌(계수일간에 화다), 빅뱅 태양(계수일간에 화다), 김민종(계수일간에 수다), 박경림(계수일간에 수다), 이정은(계수일간에 수다), 류현진(계수일간에 목다), 박원순(계수일간에 화다), 정치인 송영길(계수일간에 수다), 도종환(계수일간에 화ㆍ수다), 김연아(계수일간에 화다)

3

지지(地支)의 분석

　십천간(十天干)은 하늘 기운의 에너지 파동이며 10개로 구성되어 있고, 십이지지(十二地支)는 땅의 기운으로 천간의 에너지가 땅에서 변화하는 과정을 표현한 것이다. 자(子), 축(丑), 인(寅), 묘(卯), 진(辰), 사(巳), 오(午), 미(未), 신(申), 유(酉), 술(戌), 해(亥) 12개의 글자로 표현하였다. 연월일시가 표시된 사주에서도 연지는 12년에, 월지는 12개월에, 일지도 12일에 시지도 두 시간 간격으로 12개로 구분하여 순환 사이클을 갖는다.

　북주(北周) 말엽과 수나라(隋) 초기의 음양학과 산술학의 대가인 소길(蕭吉)이 쓴 오행대의(五行大義)에서는 '갑(甲), 을(乙)로 시작해서 해(日)에 이름 붙여진 것을 간(幹)이라 하고, 자(子), 축(丑)으로 시작해서 달(月)에 이름 붙인 것을 지(支)라고 한다고 하고 하늘에 대한 일들은 일(日. 천간)을 쓰고, 땅에 대한 일들은 진(辰. 지지)을 쓰는데 음양이 구별되기 때문에 간(干)과 지(支)의 이름(別離)이 있는 것이다.'라고 하였다.

음양(陰陽)	음(陰)					양(陽)	음(陰)					양(陽)
	양(陽)	음(陰)	양(陽)	음(陰)	양(陽)	음(陰)	양(陽)	음(陰)	양(陽)	음(陰)	양(陽)	음(陰)
지지(地支)	자(子)	축(丑)	인(寅)	묘(卯)	진(辰)	사(巳)	오(午)	미(未)	신(申)	유(酉)	술(戌)	해(亥)
오행(五行)	수(水)	토(土)	목(木)		토(土)	화(火)		토(土)	금(金)		토(土)	수(水)
십이지신 (十二支神)	쥐	소	호랑이	토끼	용	뱀	말	양	원숭이	닭	개	돼지
계절(季節)	겨울(冬)		봄(春)			여름(夏)			가을(秋)			겨울

1. 자(子) – 쥐(鼠)

설문해자(說文解子)에서 '자(子)는 11월에 양기가 움직여서 만물이 자라난다는 뜻이다. 사람은 이 글자를 가지고 호칭을 삼는다. 상형(象形)이다.'라고 하였다. 사기(史記) 율서(律書)에 '자(子)는 번성한다(滋)는 뜻이다. 만물이 아래에서 자라남을 말한다.'라고 하였다. 한서(漢書) 율력지(律曆志)에는 '자(子)에서 자라난다.'라고 하였다. 회남자(淮南子) 천문훈(天文訓)에서는 '자(子)는 검어진 것이다(兹).'라고 하였다. 오행대의(五行大義)에서는 '자(子)는 낳는 것이니(孳), 양기가 움직임에 만물이 새끼 낳고 싹트는 것이다.'라고 풀이하였다.

* 자수(子水)는 음양오행으로 보면 양수(陽水)이지만 지장간의 정기(正氣)로 계수(癸水)를 갖고 있어 육친을 볼 때는 음과 양을 바꾸어 음수(陰水)로 표출한다.
* 방향은 정북(正北)에 위치하고, 겨울을 다스린다. 차갑고 어둡고 추워서 만물의 활동이 거의 없는 환경이며 완전하게 응결된 수의 기운이다.

* 음수(陰水)이니 천간의 계수(癸水)와 상통하며, 자시(子時)는 밤 11시 30분부터 새벽 1시 30분까지이다. 자월(子月)은 절기상 대설(大雪)로부터 동지(冬至)를 지나 소한(小寒) 전까지이다. 양력 12월 초(12월 7~8경)부터 1월 초(1월 5~6경)까지이다.

* 자는 도화(桃花)에 속하고, 지장간(支藏干)은 壬 · 癸로 이루어져 있으며 맑고 깨끗한 물, 차가운 이슬, 씨앗, 처음, 시작, 정액에 해당한다.

* 사주에 자를 가지고 있는 사람은 감수성이 예민하고 지혜롭고 총명하며, 또한 끼가 있고 사람들에게 인기가 많고 사람들과 어울리기를 좋아하여 주변에 늘 사람이 많다. 하지만 은밀하게 비밀이 많고 소극적인 면이 있다.

2. 축(丑) − 소(牛)

설문해자에서 '축(丑)은 묶는다는 뜻이다. 12월이면 만물이 움직인다. 손의 모양을 상형하였다. 태양이 축의 방향에 있을 때 또한 손을 움직이기 시작하는 때이다.'라고 하였다. 한서 율력지에서 '축에 이빨을 묶는다.'라고 하였다. 회남자 천문훈에서 '축은 묶는다(紐)는 뜻이다.'라고 하였다. 석명(釋名)에서는 "축은 묶는다는 뜻이다. 한기(寒氣)가 저절로 꺾이는 것이다."라고 하였다. 오행대의에서는 '축은 끈(紐)이고, 끈은 연결하는 것이니, 계속 싹터서 연달아 자라는 것이다. 그러므로 자(子)에서 싹터서 축에서 어금니같이 맺혀지는 것이다.'라고 풀이하였다.

* 축토(丑土)는 음토(陰土)이고, 천간의 기토(己土)와 상통한다.
* 방향은 북동간방(北東間方)에 위치한다. 만물이 꽁꽁 얼어 생명체의 성장이나 번식이 어렵고 활동하기 힘든 땅이다. 하지만 지하 땅 밑에서는 얼음이 녹

아 뿌리들은 봄을 대비하고 있다.

* 축시(丑時)는 새벽 1시 30분부터 새벽 3시 30분까지이다. 축월(丑月)은 절기상 소한(小寒)으로부터 대한(大寒)을 거쳐서 입춘(立春) 전까지이다. 양력 1월 초(1월 5~6일경)부터 2월 초(2월 4~5일경)까지이다.

* 축은 화개(華蓋)에 속하고, 지장간은 癸 · 辛 · 己로 이루어져 있으며 성실성, 대기만성, 동토, 천액성(天厄星)에 해당한다.

* 축이 있는 사람은 이해심과 포용력이 있어 사람들이 편안하게 느끼며, 고집스럽고 꾸준히 노력하는 스타일로 대기만성형이다. 그러나 성실하기는 한데 개성이 없고 간혹 미련하다는 소리를 듣는다.

3. 인(寅) – 호랑이(虎)

설문해자에서 '인(寅)은 나오려고 꿈틀댄다는 뜻이다. 정월(正月)이면 양기(陽氣)는 움직여 황천(黃泉)을 떠나 위로 나오려고 하지만, 음기(陰氣)가 여전히 강하다. 위에서 덮어서 아래에서 꿈틀거리지 못하게 만드는 모양을 상형하였다.'라고 하였고, 사기 율서에 보면 '인은 만물이 꿈틀거리며 생기는 것이다.'라고 하였다. 회남자 천문훈에서는 '북두칠성이 인의 방향을 가리키면 만물이 움직인다.'라고 하였다. 한서 율력지에서는 '인에서 자란다.'라고 하였다. 오행대의에서는 '인은 옮기는 것(移)이며 또한 이끄는 것(引)이다. 물건의 싹이 점차 몸 밖으로 토해져서, 이끌리고 처져 땅으로 옮겨 나오는 것이다.'라고 풀이하였다.

* 인목(寅木)은 양목(陽木)이고, 천간의 갑목(甲木)과 유사한 의미의 지지이다.
* 방향은 동북간방(東北間方)에 위치한다. 씨앗의 싹이 겨울 땅속에서 점차 밖으

로 솟아나오는 계절이며, 어린이에 비유하면 밝아오는 새벽의 기상으로 배우고 성장하는 시기이다.

* 인시(寅時)는 새벽 3시 30분부터 아침 5시 30분까지이다. 인월(寅月)은 절기상 입춘(立春)으로부터 우수(雨水)를 지나서 경칩(驚蟄) 전까지이다. 양력 2월 초(2월 4~5일경)부터 3월 초(3월 5~6일경)까지이다.

* 인은 역마(驛馬)에 속하고, 지장간은 戊 · 丙 · 甲으로 이루어져 있으며 새벽, 의약, 법, 손기술, 성장에 해당한다.

* 인이 있는 사람은 활동적이고 자신감이 넘치고 움직임이 많으며 다른 사람에게 간섭받는 것을 싫어한다. 의리파적인 기질이 강해 어려운 사람을 보면 도와주고 불의를 보면 참지 못하는 면도 강하다. 또한 추진력이 강해 밀어붙이는 힘이 있으나 자칫 무리하는 경향이 있다.

4. 묘(卯) – 토끼(兎)

설문해자에서 '묘(卯)'는 머리에 쓴다는 뜻이다. 2월이면 만물이 땅을 뚫고 나온다. 문을 여는 모양을 상형하였다. 그러므로 2월이 천문(天門)이 된다.'라고 하였다. 사기 율서에서 '묘는 무성하다는 말로서, 만물이 무성한 것을 이른다.'라고 하였다. 한서 율력지에서는 '묘에서 뒤집어쓴다.'라고 하였다. 회남자 천문훈에서는 '묘는 무성한 모습이다.'라고 하였다. 오행대의에서는 '묘는 덮는 것(冒)이니, 물건이 나서 커져 땅을 덮는 것이다.'라고 풀이하였다.

* 묘목(卯木)은 음목(陰木)이고, 천간의 을목(乙木)과 같은 의미의 지지이다.
* 방향은 정동(正東)에 위치한다. 토목이 싹 터 올라 성장과 확장성이 왕성한 왕

지^(旺地)로서, 모든 생명체가 밖으로 나와 왕성하게 활동하는 때이다.

* 묘시^(卯時)는 아침 5시 30분부터 오전 7시 30분까지이다. 묘월^(卯月)은 절기상 경칩^(驚蟄)으로부터 춘분^(春分)을 거쳐서 청명^(淸明) 전까지이다. 양력 3월 초(3월 5~6일경)부터 4월 초(4월 4~5일경)까지이다.

* 묘는 도화^(桃花), 천문^(天門)에 속하고, 지장간은 甲·乙로 이루어져 있으며 모든 만물이 대문을 여는 시기, 신경, 손가락에 해당한다.

* 묘를 가지고 있는 사람은 호기심이 많고 눈이 맑고 논리적이고 수학적인 머리를 자랑한다. 주변 환경에 잘 적응하고 한번 친해지면 쉽게 마음을 풀어놓는다. 하지만 친해지기 전까지는 의심하면서 마음을 쉽게 드러내지 않는 경향이 있다. 일을 할 때 시작은 잘하지만 마무리가 약하다.

5. 진^(辰) — 용^(龍)

설문해자에서 '진^(辰)은 진동한다는 뜻이다. 3월은 양기가 움직여 우레와 번개가 치고 백성들이 농사를 지을 때이며 만물은 자라난다.'라고 하였다. 사기 율서에서 '진은 만물이 꿈틀거리며 일어나는 것을 뜻한다.'라고 하였다. 한서 율력지에서는 '진에서 아름다움을 떨친다.'라고 하였다. 회남자 천문훈에서는 '진은 진동시키는 것이다.'라고 하였다. 석명에서는 '진은 편다^(伸)는 뜻이다. 만물이 펴고 일어나 나오는 것이다.'라고 하였다. 오행대의에서는 '진동하는 것^(震)이니, 빠르게 진동해서 옛 몸체를 벗어나는 것이다.'라고 풀이하였다.

* 진토^(辰土)은 양토^(陽土)이고, 천간의 무토^(戊土)에 대응하는 지지이다.
* 방향은 동남간방^(東南間方)에 위치한다. 수의 정기를 따뜻한 기운으로 바꾸어주

는 역할을 하며, 목의 기운을 성장시킨다. 또한 목의 상승하는 기세를 조절하여 과거 에너지를 저장하고 마무리하는 역할을 한다. 진토는 가색지토^(稼穡之土)이다.

✱ 진시^(辰時)는 오전 7시 30분부터 오전 9시 30분까지이다. 진월^(辰月)은 절기상 청명^(淸明)으로부터 곡우^(穀雨)를 지나서 입하^(立夏) 전까지이다. 양력 4월 초(4월 4~5일경)부터 5월 초(5월 5~6일경)까지이다.

✱ 진은 화개^(華蓋), 괴강^(魁罡)에 속하고, 지장간은 乙 · 癸 · 戊로 이루어져 있으며 농사짓기 좋은 땅, 물의 창고, 곤룡포에 해당한다.

✱ 진이 있는 사람은 자신에 대한 신념과 자존심이 강하고 적극적이지만 현실과 상상 속을 오가는 공상 사색적인 사람이다. 또한 매사에 원리원칙을 중시하고 끊고 맺는 것이 정확하고 주위 사람을 의식하지 않는 행동을 거리낌 없이 한다.

6. 사^(巳) – 뱀^(巳)

설문해자에서는 '사^(巳)는 그친다는 뜻이다. 4월에 양기가 이미 나오고 음기가 이미 숨고 나면 만물이 드러나서 무늬^(문장,文章)를 이룬다. 그러므로 사는 뱀^(巳)의 모양을 가지고 상형한 것이다.'라고 하였다. 사기 율서에서는 '사는 만물이 다하였다는 말이다'라고 하였다. 한서 율력지에서는 '사는 사에서 성한다.'라고 하였다. 회남자 천문훈에서는 '사는 생겨나는 것이 이미 정해진 것이다.'라고 하였다. 오행대의에서는 '사는 그치는 것^(巳)이니, 옛 몸체를 씻어내어 여기에서 미치게 되는 것이다.'라고 풀이하였다.

* 사화^(巳火)는 음양오행으로 보면 음화^(陰火)이지만, 지장간의 정기^(正氣)로 병화^(丙火)를 가지고 있어 육친으로 볼 때는 음양이 바뀌어 양화^(陽火)의 작용을 하게 된다.

* 방향은 남동간방^(南東間方)에 위치한다. 금의 장생지로서 가을을 약속하고, 사^(巳) 지장간 중에 무토^(戊土), 경금^(庚金), 병화^(丙火)가 모두 양^(陽)으로 되어있어 에너지가 최고조에 이른다. 이 때에 만물을 무성하게 만들고 꽃을 피워서 결실을 맺으려고 준비한다.

* 양화^(陽火)이니 천간의 병화^(丙火)와 같은 의미로 본다. 사시^(巳時)는 오전 9시 30분부터 오전 11시 30분까지이고, 사월^(巳月)은 절기상 입하^(立夏)로부터 소만^(小滿)을 거쳐서 망종^(芒種) 전까지이다. 양력 5월 초(5월 5~6일경)부터 6월 초(6월 5~6일경)까지이다.

* 사는 역마^(驛馬)에 속하고, 지장간은 戊·庚·丙으로 이루어져 있으며 살상, 의^(義), 꽃, 이중성에 해당한다.

* 사를 가지고 있는 사람은 두뇌가 명석하고 총명하며, 아주 열정적이지는 않지만 자유분방한 발상과 화려한 것을 좋아하며 유혹에 약하고 허영심이 많다. 또한 약간 섹시한 느낌이 있으면서 음란한 느낌도 있으며 감정 기복이 있어 보인다.

7. 오^(午) – 말^(馬)

설문해자에서는 '오^(午)는 거스른다는 뜻이다. 5월이면 음기가 양을 거스르고 땅을 뚫고 나온다. 상형이다.'라고 하였고, 사기 율서에서는 '오란 음양이 교차하는 것이다. 그래서 오라고 한다.'라고 하였다. 한서 율력지에서는 '오에서 거슬러 퍼진다.'라고 하였다. 회남자 천문훈에서는 '오는 거스른다^(忤)는 뜻이다. 음기가 아래에서부터 위로 올라와 양기가 서로 거스른다.'라고 하였다. 오행대의에서는 '오는 짝을 지는 것^(仵)이며, 또한 꽃받침이 붙는 것이다. 한여름인 5월에 만물이 성대해져서 가지와 꽃받침이 짝지고 퍼지는 것이다.'라고 하였다.

* 오화^(午火)는 음양오행으로 보면 양화^(陽火)에 속하지만, 지장간의 정기^(正氣)로 정화^(丁火)가 음화^(陰火)이므로 암간^(暗干)을 취용하여 육친으로 볼 때는 음과 양을 바꾸어 음화^(陰火)로 표출한다.

* 방향은 정남^(正南)에 위치한다. 화^(火)의 생장^(生長)이 다하여 성장이 멈추는 때로서 만물이 숙성시키고 결실을 만드는 작용을 한다.

* 음화^(陰火)이니 천간의 정화^(丁火)와 같은 의미로 본다. 오시^(午時)는 오전 11시 30분부터 오후 1시 30분까지이고, 오월^(午月)은 절기상 망종^(芒種)으로부터 하지^(夏至)를 지나서 소서^(小暑) 전까지이다. 양력 6월 초(6월 5~6일경)부터 7월 초(7월 7~8일경)까지이다.

* 오는 도화^(桃花), 현침^(懸針)에 속하고, 지장간은 丙·己·丁으로 이루어져 있으며 예의, 도덕, 언어, 문자, 교육, 정신에 해당한다.

* 오가 있는 사람은 자신감이 넘치고 활동적이어서 다른 사람 눈에 잘 띈다. 그러나 실속은 많은 편이 아니다. 또한 자신의 감정표현을 잘하는 편이며 정이 많고 예의를 잘 지킨다.

설문해자에서는 '미(未)는 맛이 든다는 뜻이다. 6월이면 맛이 든다. 오행 중에 목(木)은 미에서 시들게 된다. 나무에 가지와 잎이 중첩되어 있는 모양을 상형하였다.'라고 하였다. 사기 율서에서는 '미란 만물이 모두 자라서 맛이 생긴다는 뜻이다.'라고 하였다. 회남자 천문훈에서는 '미는 어둡다(昧)는 뜻이다.'라고 하였다. 한서 율력지에서는 '미에서 어두워진다.'라고 하였다. 오행대의에서는 '미는 어두운 것(昧)이다. 음의 기운이며 자라남에 만물이 점차 쇠퇴해져서 몸체가 어둡게 덮이는 것이다.'라고 풀이하였다.

* 미토(未土)는 음토(陰土)이고, 천간의 기토(己土)와 상통하는 지지이다.
* 방향은 남서간방(南西間方)에 위치한다. 1년 중에서 지상에서 가장 더운 때이고, 사·오·미(巳·午·未)로 이어져 온 여름을 마무리하는 시기로 성장을 멈춘 만물이 조금씩 쇠퇴하고 조토(燥土)로서 가을의 결실을 준비한다.
* 미시(未時)는 오후 1시 30분부터 오후 3시 30분까지이다. 미월(未月)은 절기상 소서(小暑)로부터 대서(大暑)를 거쳐서 입추(立秋) 전까지이다. 양력 7월 초(7월 7~8일경)부터 8월 초(8월 7~8일경)까지이다.
* 미는 화개(華蓋), 현침(懸針), 천문(天文)에 속하고, 지장간은 丁·乙·己로 이루어져 있으며 미각, 마른 땅(燥土), 목의 창고를 뜻한다.
* 미를 가지고 있는 사람은 대인관계가 원만하고 무리 속에서 자신이 주체적으로 결정하기보다는 무리를 따라서 순응하며 화해 분위기를 조성하려고 한다. 꾸준하고 허실이 없으며 척박한 현실에서도 꿋꿋하게 살아간다. 또한 마음이 여린 편이고 타인에게 좋고 싫음을 잘 표현하지 않으며 감정표

현도 서투르다.

설문해자에서는 '신^(申)은 편다는 뜻이다. 7월에는 음기가 몸을 이루어 스스로 폈다 오므렸다 하게 된다. 구^(臼)으로 구성되었으며 스스로 유지한다는 뜻이다. 관리들은 신시^(申時)를 기준으로 식사를 하고 업무를 보았는데 그것이 신단^(申旦)의 정치이다.'라고 하였다. 사기 율서에서는 '신은 음이 일하는 것을 말한다. 펼쳐 지면 곧 만물이므로 신^(申)이라고 한다.'라고 하였고, 한서 율력지에서는 '신은 신 에서 굳건하다.'라고 하였다. 회남자 천문훈에서는 '신이란 그것을 펼쳐내는 것 이다.'라고 하였다. 오행대의에서는 '신은 펴는 것^(伸)이다. 신은 이끌어 당기는 것이며 크는 것이니 쇠퇴하고 늙은 것을 이끌어서 성숙시키는 것이다.'라고 하 였다.

* 신금^(申金)은 양금^(陽金)이고, 천간의 경금^(庚金)에 해당하는 기운이다.
* 방향은 서남간방^(西南間方)에 위치하며, 여름과 가을의 길목이다. 즉, 가을의 시 작으로 만물의 성장을 억제하고 수축하고 응고하여 결실을 이루는 시기이 다.
* 신시^(申時)는 오후 3시 30분부터 오후 5시 30분까지이다. 신월^(申月)은 절기상 입 추^(立秋)로부터 처서^(處暑)를 지나서 백로^(白露) 전까지이다. 양력 8월 초(8월 7~8일 경)부터 9월 초(9월 7~8일경)까지이다.
* 신은 역마^(驛馬), 현침^(懸針)에 속하고, 지장간은 戊 · 壬 · 庚으로 이루어져 있으 며 포장, 수렴, 교통, 모방, 새긴다, 만물의 교역 방향에 해당한다.

* 신이 있는 사람은 활동적이고 임기응변이 뛰어나며 처세가 좋고, 언어능력이 발달해 대인관계에 능하고 조직 생활에 잘 적응하는 편이다. 하지만 감정이 들쭉날쭉 기복이 심하며 어느 순간 코너에 몰리면 자기를 포기하는 경우가 있다. 또한 이기주의적인 성격이 강한 일면이 있다.

10. 유^(酉) – 닭^(鷄)

설문해자에서 '유^(酉)'는 나아간다는 뜻이다. 8월에 기장이 익으면 술을 빚을 수 있다.'라고 하였다. 사기 율서에는 '유는 만물이 늙었음을 말한다.'라고 하였다. 한서 율력지에 '유에서 익는다.'라고 하였다. 회남자 천문훈에서는 '유는 배부르다^(飽)라는 뜻이다.'라고 하였다. 오행대의에서는 '유는 늙는 것^(老)이며 또한 익었다는 것이니 만물이 극도로 늙어서 성숙한 것이다.'라고 풀이하였다.

* 유금^(酉金)은 음금^(陰金)으로서 천간의 신금^(申金)에 해당하는 기운이다.
* 방향은 정서^(正西)에 위치하며, 가을의 왕지^(旺支)인 유월^(酉月)은 강성한 음기가 양기를 압박한 금기^(金氣)의 결정체로서 단단해지며 결실을 거두는 때이다. 나뭇잎에 단풍이 들기 시작한다.
* 유시^(酉時)는 오후 5시 30분부터 오후 7시 30분까지이다. 유월^(酉月)은 절기상 백로^(白露)로부터 추분^(秋分)을 거쳐서 한로^(寒露) 전까지이다. 양력으로 9월 초(9월 7~8일경)부터 10월 초(10월 8~9일경)까지이다.
* 유는 도화^(桃花)에 속하고, 지장간은 庚·辛으로 이루어져 있으며 왕지^(旺支), 공주병, 왕자병, 미남미녀, 술, 발효유, 금은보석에 해당한다.
* 사주에 유가 있으면 직관력이 발달하고 꿈이 잘 맞고 앞일을 예지하는 초

능력이 생겨서 상대가 원하는 것을 정확히 알아내기도 한다. 또한 의리와 절개를 지키고 맺고 끊는 것에 냉철하며 까다롭고 고집이 세며 아름답게 자신을 치장하려는 성향이 강하다.

11. 술^(戌) – 개^(犬)

설문해자에서 '술^(戌)은 없어진다는 뜻이다. 9월이면 양기가 약해져서 만물이 다 자라고 양은 내려가 땅으로 들어간다. 오행에서 토^(土)는 무^(戊)에서 나고 술에서 성해진다.'라고 하였다. 사기 율서에 '술은 만물이 다 없어진다는 뜻이다.'라고 하였고, 한서 율력지에서는 '술에서 다 들어간다.'라고 하였다. 회남자 천문훈에서는 '술은 없어진다^(滅)는 뜻이다.'라고 하였다. 오행대의에서는 '술은 멸하는 것^(滅)이며 죽는 것이다. 음력 9월에 전부 죽이니, 만물이 모두 멸하게 되는 것이다.' 라고 풀이하였다.

* 술토^(戊土)는 양토^(陽土)이며, 천간의 무토^(戊土)에 해당하는 기운이다.
* 방향은 서북간방^(西北間方)에 위치한다. 음기^(陰氣)가 천지에 꽉 차고 만물의 기운이 휴면기 상태와 같아 술토는 추수를 하며 종자나 씨앗을 창고에 보관하고 있는 상태이다. 건조한 가을 흙속에 화^(火)를 저장하고 있다가 인목^(寅木)에게 넘겨준다.
* 술시^(戊時)는 오후 7시 30분부터 오후 9시 30분까지이다. 유월^(酉月)은 절기상 한로^(寒露)로부터 상강^(霜降)을 지나서 입동^(立冬) 전까지이다. 양력 10월 초(10월 8~9일경)부터 11월 초(11월 7~8일경)까지이다.
* 술은 화개^(華蓋), 천문^(天文), 괴강^(魁罡)에 속하고, 지장간은 辛 · 丁 · 戊로 이루어

져 있으며 열기 있는 땅, 화의 창고, 수기를 막아주는 땅, 조토^(燥土)에 해당한다.

＊ 술을 가지고 있는 사람은 책임감이 강하고 낙천적이며 온순하고 순박하고 애정 표현은 솔직하고 담백하다. 자신이 좋아하는 사람에게는 충성을 다하지만 그렇지 않은 사람에게는 냉정하고 못되게 구는 성격도 가지고 있다. 또한 말싸움을 할 때는 대단하나 다투고 나면 뒤 끝이 없다.

12. 해^(亥) – 돼지^(豚)

설문해자에서 '해^(亥)는 뿌리^(荄)라는 뜻이다. 10월에 미미한 양^(陽)이 일어나 성한 음^(陰)과 접한다.'라고 하였다. 한서 율력지에서 '해에서 다하여 닫는다.'라고 하였고, 회남자 천문훈에서는 '해는 닫는다^(閡)는 뜻이다.'라고 하였다. 사기 율서에서는 '해는 막히고 감춘다는 뜻으로 양기가 땅속에 감추는 까닭에 해라 한 것이다.'라고 하였고, 오행대의에서는 '해는 씨앗^(核)이며 문을 잠그는 것이다. 10월에 만물이 닫히고 숨어서, 모두 씨를 맺고 감추는 것이다.'라고 풀이하였다.

＊ 해수^(亥水)는 음양오행으로 보면 음수^(陰水)이지만, 지장간의 정기^(正氣)인 임수^(壬水)가 양수^(陽水)이므로 육친으로 볼 때는 해^(亥)중에 임수^(壬水)를 취용하여 음양을 바꾸어 양수^(陽水)의 작용을 하게 한다.

＊ 방향은 북서간방^(北西間方)에 위치한다. 해월^(亥月)이 겨울의 시작이다. 음의 기운이 강하여 만물을 깊이 거두어들여서 모든 생명체가 씨앗의 형태가 된 때로서 다음 생의 새로운 삶을 위한 과정이다. 즉 마지막인 동시에 시작이다.

＊ 양수^(陽水)이니 천간의 임수^(壬水)와 같은 의미로 본다. 해시^(亥時)는 오후 9시 30

분부터 오후 11시 30분까지이다. 해월$^{(亥月)}$은 절기상 입동$^{(立冬)}$으로부터 소설$^{(小}$
$^{雪)}$을 거쳐서 대설$^{(大雪)}$ 전까지이다. 양력 11월 초(11월 7~8일경)부터 12월 초
(12월 7~8일경)까지이다.

* 해는 역마$^{(驛馬)}$, 천문$^{(天文)}$에 속하고, 지장간은 戊 · 甲 · 壬으로 이루어져 있으며
마지막 시간, 씨앗, 목의 장생처에 해당한다.

* 사주에 해가 있는 사람은 겨울을 여는 힘으로 활동성과 독립 정신이 강하
고, 남이 안 하는 일을 자유로운 사유로 성공시킨다. 또한 수 성격에 약간
금 성격이 추가되어서 걱정도 하지만 한편으로는 세련된 멋이 있으나 차가
운 면도 존재한다. 정신적인 일에 관심이 많고 영적 능력이 뛰어나다.

지지의 시간

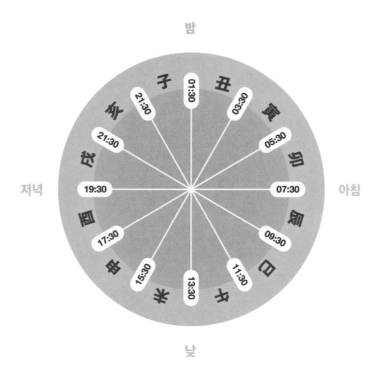

지지의 방위

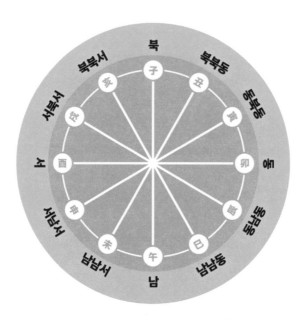

4

육십갑자(六十甲子)

1. 간지의 결합 육십갑자

십천간(十天干)인 갑 · 을 · 병 · 정 · 무 · 기 · 경 · 신 · 임 · 계는 우주에 존재하는 거대한 에너지인데 하늘의 기운이 변화하는 과정을 표현한 것으로, 양(陽)의 기운이면서 음과 양을 가지고 있다. 십이지(十二支)인 자 · 축 · 인 · 묘 · 진 · 사 · 오 · 미 · 신 · 유 · 술 · 해는 천간의 에너지가 땅에 있는 모든 것에 형체를 갖게 하고 변화가 일어나게 하는 과정인데, 음(陰)에 속하며 양과 음을 가지고 있다.

이러한 십천간 10자와 십이지 12자가 결합하여 짝을 이룬다. 천간의 시작인 갑(甲)과 지지의 시작인 자(子)가 차례로 짝을 이루어 나가면, 60개의 간지 결합이 이루어진다. 60번째에 계해(癸亥)로 끝나고 다시 갑자(甲子)로 시작하여 계해(癸亥)까지 반복되는데 이것을 60갑자(六十甲子)라고 한다. 이렇게 천간과 지지가 짝을 이루어 결합할 때는 반드시 양 천간은 양 지지와 음 천간은 음 지지와 맺어진다. 즉, 양 천간은 火의 운동인 인 · 오 · 술(寅 · 午 · 戌) 삼합과 水의 신 · 자 · 진(申 · 子 · 辰) 삼합

운동을 하는 지지와만 짝을 하여 결합하고, 음 천간은 木의 운동인 해·묘·미 ^(亥·卯·未) 삼합과 金의 사·유·축^(巳·酉·丑) 삼합운동을 하는 지지와만 짝을 이룬다.

옛날에는 나이가 60이 되면 환갑^(還甲) 또는 회갑^(回甲)이라 하여 성대하게 잔치를 벌이고 축하했는데 수명이 짧던 시대에 자신이 태어난 해로부터 60년이 지나 다시 태어난 해를 맞이한 것에 대한 커다란 축하의 의미이다.

* 간지^(干支)는 은^(殷)나라 갑골문^(甲骨文)의 해석에 의해서 왕의 이름에 천간을 사용한 것과 육십갑자^(六十甲子) 간지를 달력의 날짜 즉, 역일^(曆日) 사용하였음이 밝혀졌다. 또한 그해의 간지를 기년^(紀年)하는 경우에도 하^(夏)나라는 인간이 깨어나 일어나 는 인월^(寅月)을, 은^(殷)나라는 땅이 열리는 축월^(丑月)을, 주^(周)나라는 하늘이 열리는 자월^(子月)을 세수로 삼았다.

한 해의 첫머리를 인월^(寅月)로 하는 세성기년법^{(歲星紀年法. 목성이 머무는 12차의 별자리 이름으로 그해의} ^{이름을 지은 것)}을 유안^(劉安)의 회남자^(淮南子)에서는 "천유^(天維. 하늘의 근본)에서 원^(元)을 세우는 것 은 항상 인^(寅)으로써 시작하고 오른쪽에서 한 해를 일으켜 옮겨가는 것이다. 해마다 옮겨서 12년 만에 대주천^(大周天)하고 끝마치면 다시 시작하는 것이다." 라고 하였다. 따라서 하늘의 12개 구획을 12지^(支)로 하고 이를 십간^(十干)과 연결 하여 육십갑자로 해를 구분하여 표시한 것이다.

갑자순(甲子旬)	甲子	乙丑	丙寅	丁卯	戊辰	己巳	庚午	辛未	壬申	癸酉
갑술순(甲戌旬)	甲戌	乙亥	丙子	丁丑	戊寅	己卯	庚辰	辛巳	壬午	癸未
갑신순(甲申旬)	甲申	乙酉	丙戌	丁亥	戊子	己丑	庚寅	辛卯	壬辰	癸巳
갑오순(甲午旬)	甲午	乙未	丙申	丁酉	戊戌	己亥	庚子	辛丑	壬寅	癸卯
갑진순(甲辰旬)	甲辰	乙巳	丙午	丁未	戊申	己酉	庚戌	辛亥	壬子	癸丑
갑인순(甲寅旬)	甲寅	乙卯	丙辰	丁巳	戊午	己未	庚申	辛酉	壬戌	癸亥

＊갑자(甲子)부터 시작하여 오른쪽으로 계유(癸酉)까지 10개를 갑자순(甲子旬)이라고 하고, 갑술(甲戌)부터 시작하여 오른쪽으로 계미(癸未)까지 10개를 갑술순(甲戌旬)이라고 하고, 갑신(甲申)부터 시작하여 계사(癸巳)까지 10개를 갑신순(甲申旬)이라고 하고, 갑오(甲午)부터 오른쪽 순서로 계묘(癸卯)까지를 갑오순(甲午旬)이라고 하고, 갑진(甲辰)부터 오른쪽 순서로 계축(癸丑)까지를 갑진순(甲辰旬)이라고 하고, 갑인(甲寅)부터 오른쪽 순서로 계해(癸亥)까지를 갑인순(甲寅旬)이라고 한다. 순(旬)의 첫머리로 천간의 기준인 갑이 갑자, 갑술, 갑신, 갑오, 갑진, 갑인 이렇게 여섯 번 지지를 만나서 돌아오므로 육갑(六甲)이라고도 한다.

동양 고전 속의 명리학 살펴보기

● 고대 중국에서는 음양(陰陽)과 오행(五行)을 자연현상과 사회현상을 넘어서 우주 전체의 개념으로 설명하고 이것을 생활 속에 활용하였다.

음양의 개념은 자연현상에서 우주 발생의 기원을 설명할 때 쓰이고 추상적인 성향이라면, 오행은 물질적 차원과 상호간의 변화 작용도 포함하고 있으므로 사실에 입각한 성격을 가진다. 음양은 노자가 출생한 초나라 남방문화권에서 발생하여 퍼졌고 오행은 추연의 제나라 산동 해안문화권에서 활발히 연구가 이루어진 것으로 학자들은 보고 있다.

여기에서는 사주명리학 입문 과정이므로 고전에 기록된 음양오행과 상생상극을 인용하여 살펴보기로 하겠다.

● 고전에 보이는 음양(陰陽)

1. 장자(莊子) 대종사(大宗師)에는 음양을 만물을 이루는 중요한 근본으로 이해하고 있다.

"자래가 말했다. 부모는 자식에 대해 동서남북 어디든 그 명령을 따르게 만들지, 사람에게 음양(陰陽)이란 부모가 자식을 대하는 정도뿐만이 아니다. 그것이 나에게 죽음에 가까이 가기를 바라는데 내가 듣지 않으면 나는 곧 순종하지 않는 셈이다. 음양이 무슨 죄가 있겠는가. 대자연은 나에게 형체를 주고, 삶으로써 나를 수고롭게 하고, 늙음으로써 나를 편안하게하며, 죽음으로써 나를 쉬게 하네. 그러므로 나의 삶을 좋게 여긴다면 이에 나의 죽음을 좋다고 하는 게 된다네."

子來日, 父母於子, 東西南北, 唯命之從. 陰陽於人, 不翅於父母, 彼近吾死, 而我不聽, 我則悍矣. 彼何罪焉, 夫大塊載我以形, 勞我以生, 佚我以老, 息我以死. 故善吾生者, 乃所以善吾死也.

2. 노자 곽점본의 태일생수(太一生水)에서 태일은 태극(太極)으로 대우주의 모든 만물들의 근원으로 볼 수 있는데 음양이 우주론적인 뜻으로 세밀하게 설명되어 있다.

"태일이 물을 낳고, 물은 돌아가서 태일을 도와서, 이로써 하늘을 이룬다. 하늘이 되돌아가 태일을 도와서 이에 땅을 이루었다. 하늘과 땅은 [서로 도와서] 이에 신명을 이루었다. 신과 명은 다시 서로 도와서 이로써 음양을 이루었다. 음양이 서로 도와서 이에 사시를 이루었다. 사시는 다시 [서로] 도와서 이로써 창연(춥고 더움)을 창과 연은 다시 서로 도와서 이에 습조(축축함과 건조함)를 이루었다. 습과 조는 서로 도와서 한 해를 이루고 멈춘다. 그러므로 한 해는 습조의 소생이며 습조는 창연의 소생이며 창연은 [사시의 소생이며] 사시는 음양의 소생이며 음양은 신명의 소생이며 신명은 천지의 소생이며 천지는 태일의 소생이다."

太一生水, 水反輔太一, 是以成天. 天反輔太一, 是以成地, 天地 [復相輔]也
是以成神明. 神明復相輔也, 是以成陰陽. 陰陽復相輔也, 是以成四時.
四時 復[相輔]也, 是以成滄然. 滄然復相輔也, 是以成溼燥. 溼燥復相輔也,

成歲而止. 故歲者, 溼燥之所生也. 溼燥者, 滄然之所生也. 滄然者,
[四時之所生也]. 四時者, 陰陽之所生[也]. 陰陽者, 神明之所生也. 神明者,
天地之所生也. 天地者, 太一之所生也.

제4장

사주의 구성
(사주팔자 만들기)

1
사주의 개요

사주^(四柱)는 연·월·일·시의 네 기둥으로 이루어져 있다. 2023년을 천간과 지지, 곧 간지로 나타내면 계묘년^(癸卯年)이다. 또 다른 기둥들도 표시할 수 있는데, 생년^(生年)의 간지 즉, 태어난 해의 간지를 연주^(年柱), 생월^(生月)의 간지를 월주^(月柱), 생일^(生日)의 간지를 일주^(日柱), 생시^(生時)의 간지를 시주^(時柱)라고 하고, 이 네 기둥의 여덟 글자를 사주팔자^(四柱八字)라고 한다.

사주의 여덟 글자를 세분해서 분류하면 연주의 천간은 연간^(年干), 지지는 연지^(年支)로, 월주의 천간은 월간^(月干), 지지는 월지^(月支)로, 일지의 천간은 일간^(日干), 지지는 일지^(日支)로, 시주의 천간은 시간^(時干), 지지는 시지^(時支)로 나눌 수 있다.

태어난 연·월·일·시를 정확하게 알고 있으면 만세력^(萬歲曆)을 이용해서 사주팔자를 세울 수 있다. 그러나 요즘은 핸드폰 어플리케이션으로 쉽게 찾을 수 있어서 많이 사용하는데, 처음 명리학에 입문하시는 분들은 명리학의 기초원리에 익숙해지기 전까지는 만세력을 이용하여 사주팔자를 만들어가기를 권한다.

✦ 2023년 1월 6일 오후 2시 20분 생 ✦

	시주(時柱)	일주(日柱)	월주(月柱)	연주(年柱)
천간(天干)	辛 (시간·時干)	甲 (일간·日干)	癸 (월간·月干)	壬 (연간·年干)
지지(地支)	未 (시지·時支)	子 (일지·日支)	丑 (월지·月支)	寅 (연지·年支)

2

연주(年柱)

　연주는 태어난 해의 간지를 뜻한다. 2022년에 태어난 사람은 그해의 육십갑자는 임인^(壬寅)이 되며, 2023년에 출생한 사람의 연주는 계묘^(癸卯)가 된다. 연지^(年支)는 사람들이 많이 알고 있는 띠를 표현하며 12년마다 돌아온다. 이때 태어난 해는 절기가 입춘^(立春) 이후여야 한다. 즉, 연주를 세울 때는 한 해의 시작을 양력 1월 1일을 기준으로 하지 않고 입춘을 사용한다. 그러므로 음력으로 12월 말이나 1월 초에 태어난 사람은 반드시 입춘을 확인해야 한다.

　예를 들어 양력 2023년 2월 3일에 태어난 사람은 입춘인 양력 2023년 2월 4일 오전 11시 41분이 지나지 않았으므로 계묘년^(癸卯年)에 태어난 것이 아니라 전년도인 2022년 임인년^(壬寅年)에 태어난 것이 된다. 이것은 명리학이 절기^(節氣)를 기준으로 하기 때문이다.

　✦ 절기^(節氣)

　절기는 태양의 황도상 위치에 따라 계절의 구분을 하기 위해 만든 것으로, 황도에서 춘분점을 기점으로 15도 간격으로 1년을 24개의 절기로 나타낸 것이다. 황도상에서 동지(冬至)를 기점으로 동으로 15도 간격으로 점을 매기고 태양이 이 점을 순차로 한 점씩 지남에 따라서 절기 · 중기 · 절기 · 중기 등으로 매겨 나간다. 사주명리학은 24절기 중에서 12절기에 해당하는 입춘(立春) · 경칩(驚蟄) · 청명(淸明) · 입하(立夏) · 망종(芒種) · 소서(小暑) · 입추(立秋) · 백로(白露) · 한로(寒露) · 입동(立冬) · 대설(大雪) · 소한(小寒)만 사용한다.

그 외의 우수(雨水) · 춘분(春分) · 곡우(穀雨) · 소만(小滿) · 하지(夏至) · 대서(大暑) · 처서(處暑) · 추분(秋分) · 상강(霜降) · 소설(小雪) · 동지(冬至) · 대한(大寒)은 12중기(中氣) 또는 12기(氣)라고 하는데 서양 점성술에서 사용한다.

✦ 24절기(節氣) ✦

인월(寅月)	* 입춘(立春) : 2월 3일 ～ 5일경	* 우수(雨水) : 2월 18일 ～ 20일경
묘월(卯月)	* 경칩(驚蟄) : 3월 5일 ～ 7일경	* 춘분(春分) : 3월 20일 ～ 22일경
진월(辰月)	* 청명(淸明) : 4월 4일 ～ 6일경	* 곡우(穀雨) : 4월 19일 ～ 21일경
사월(巳月)	* 입하(立夏) : 5월 5일 ～ 7일경	* 소만(小滿) : 5월 20일 ～ 22일경
오월(午月)	* 망종(芒種) : 6월 5일 ～ 7일경	* 하지(夏至) : 6월 21일 ～ 24일경
미월(未月)	* 소서(小暑) : 7월 6일 ～ 8일경	* 대서(大暑) : 7월 22일 ～ 24일경
신월(申月)	* 입추(立秋) : 8월 7일 ～ 9일경	* 처서(處暑) : 8월 23일 ～ 24일경
유월(酉月)	* 백로(白露) : 9월 7일 ～ 9일경	* 추분(秋分) : 9월 22일 ～ 24일경
술월(戌月)	* 한로(寒露) : 10월 8일 ～ 9일경	* 상강(霜降) : 10월 23일 ～ 25일경
해월(亥月)	* 입동(立冬) : 11월 7일 ～ 8일경	* 소설(小雪) : 11월 22일 ～ 23일경
자월(子月)	* 대설(大雪) : 12월 6일 ～ 8일경	* 동지(冬至) : 12월 21일 ～ 23일경
축월(丑月)	* 소한(小寒) : 1월 5일 ～ 7일경	* 대한(大寒) : 1월 20일 ～ 21일경

* 대설^(大雪) – 큰 눈이 내리기 시작하고 가장 작은 단위로 압축된다.

* 소한^(小寒) – 매서운 추위가 찾아오고 얼음이 녹으며 기운이 상승하기 시작한다.

* 입춘^(立春) – 하늘에 봄기운이 시작되고 대지는 새싹의 망울이 올라온다.

* 경칩^(驚蟄) – 겨울잠을 자는 동물이 깨어나고 지상의 생물이 활동을 시작한다.

* 청명^(淸明) – 봄꽃이 만개하고 날아다니는 벌레들이 활동하기 시작한다.

* 입하^(立夏) – 하늘에 여름 기운이 시작되고 작은 열매들이 맺히기 시작한다.

* 망종^(芒種) – 만물이 펼쳐지기 시작하고 열매가 커지기 시작한다.

* 소서^(小暑) – 무더위가 시작되고 기운이 더 이상 확장하지 못하고 갇히기 시작한다.

* 입추^(立秋) – 하늘에 가을 기운이 시작되고 껍질이 단단해지기 시작한다.

* 백로^(白露) – 열매가 여물이 들기 시작하고 이슬이 내리기 시작한다.

* 한로^(寒露) – 차가운 바람이 불기 시작하고 결실을 깊은 곳에 저장 수렴한다.

* 입동^(立冬) – 하늘에 겨울 기운이 시작되고 새 생명의 잉태가 시작된다.

지지의 절기

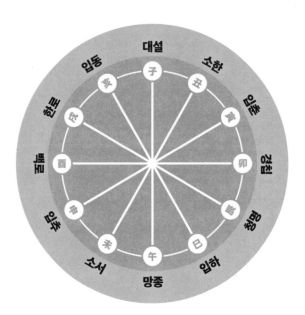

3

월주(月柱)

월주는 태어난 월의 간지를 말한다. 월주는 사주명리학에서 자신의 사회적 환경과 직업적 활동성에 대한 정보 등을 알 수 있기 때문에 비중이 매우 크다. 또한 월지(月支)를 월령(月令)이라고 하는 만큼 사주에서 월주가 중요하다.

월주를 세울 때는 만세력(萬歲曆)으로 쉽게 찾을 수 있는데 매월 상순에 오는 12절기의 절입일(節入日)을 기준으로 정해진다. 예를 들어 양력 2023년 3월 6일 오전 5시 35분(驚蟄) 이전에 태어났으면 갑인월(甲寅月)에 태어난 것이고 그 이후에 태어났으면 을묘월(乙卯月)에 태어난 것이다. 또 다른 방법은 연간(年干)을 통해서도 월간(月干)을 알 수도 있다. 이때 월지(月支)는 십이지지의 순서를 따르므로 월간만 알면 된다. 그 방법은 천간합을 알면 월주를 만들 수 있다.

◆ 월을 일으키는 법 ◆

1. 갑기합토^(甲己合土)에서 토^(土)를 생하는 화^(火)의 양^(陽)인 병화^(丙火)를 1월의 천간으로 삼는다.

   － 연주의 천간이 甲 또는 己년에 태어난 사람은 병인^(丙寅)월로부터 시작하여 다음은 정묘^(丁卯)월의 순서로 월주가 정해진다.

2. 을경합금^(乙庚合金)에서 금^(金)을 생하는 토^(土)의 양^(陽)인 무토^(戊土)를 1월의 천간으로 삼는다.

   － 연주의 천간이 乙 또는 庚년에 태어난 사람은 무인^(戊寅)월로부터 시작하여 다음은 기묘^(己卯)월의 순서로 월주가 정해진다.

3. 병신합수^(丙辛合水)에서 수^(水)를 생하는 금^(金)의 양^(陽)인 경금^(庚金)을 1월의 천간으로 삼는다.

   － 연주의 천간이 丙 또는 辛년에 태어난 사람은 경인^(庚寅)월로부터 시작하여 다음은 신묘^(辛卯)월의 순서로 월주가 정해진다.

4. 정임합목^(丁壬合木)에서 목^(木)을 생하는 수^(水)의 양^(陽)인 임수^(壬水)를 1월의 천간으로 삼는다.

   － 연주의 천간이 丙 또는 壬년에 태어난 사람은 임인^(壬寅)월로부터 시작하여 다음은 계묘^(癸卯)월의 순서로 월주가 정해진다.

5. 무계합화^(戊癸合火)에서 화^(火)를 생하는 목^(木)의 양^(陽)인 갑목^(甲木)을 1월의 천간으로 삼는다.

   － 연주의 천간이 戊 또는 癸년에 태어난 사람은 갑인^(甲寅)월로부터 시작하여 다음은 을묘^(乙卯)월의 순서로 월주가 정해진다.

음력 월(月)	절입연간 (節入年干)	갑·기년 (甲·己年)	을·경년 (乙·庚年)	병·신년 (丙·辛年)	정·임년 (丁·壬年)	무·계년 (戊·癸年)
1월	입춘(立春)	병인(丙寅)	무인(戊寅)	경인(庚寅)	임인(壬寅)	갑인(甲寅)
2월	경칩(驚蟄)	정묘(丁卯)	기묘(己卯)	신묘(辛卯)	계묘(癸卯)	을묘(乙卯)
3월	청명(淸明)	무진(戊辰)	경진(庚辰)	임진(壬辰)	갑진(甲辰)	병진(丙辰)
4월	입하(立夏)	기사(己巳)	신사(辛巳)	계사(癸巳)	을사(乙巳)	정사(丁巳)
5월	망종(芒種)	경오(庚午)	임오(壬午)	갑오(甲午)	병오(丙午)	무오(戊午)
6월	소서(小暑)	신미(辛未)	계미(癸未)	을미(乙未)	정미(丁未)	기미(己未)
7월	입추(立秋)	임신(壬申)	갑신(甲申)	병신(丙申)	무신(戊申)	경신(庚申)
8월	백로(白露)	계유(癸酉)	을유(乙酉)	정유(丁酉)	기유(己酉)	신유(辛酉)
9월	한로(寒露)	갑술(甲戌)	병술(丙戌)	무술(戊戌)	경술(庚戌)	임술(壬戌)
10월	입동(立冬)	을해(乙亥)	정해(丁亥)	기해(己亥)	신해(辛亥)	계해(癸亥)
11월	대설(大雪)	병자(丙子)	무자(戊子)	경자(庚子)	임자(壬子)	갑자(甲子)
12월	소한(小寒)	정축(丁丑)	기축(己丑)	신축(辛丑)	계축(癸丑)	을축(乙丑)

✱ 연해자평(淵海子平)에서는 "갑기의 년은 병(丙)으로 시작하여 일으키고, 을경의 해
는 무(戊)로 시작하여 일으키고, 병신의 해는 경(庚) 위에서 찾고, 정임년은 임
(壬)의 자리에서 순행하여 흐르고. 무계년은 바햐흐로 어디에서 출발하는가?
갑인(甲寅)에서부터 좋게 추구한다."라고 하였다.

＊음력 2023년 계묘년^(癸卯年) 2월 23일 축시^(丑時)생일 때 월주는?

월의 간지표를 보면 연간이 계^(癸)에 해당하므로 무계년^(戊癸年) 2월은 을묘^(乙卯)월

이 된다.

4

일주(日柱)

일주는 일간과 일지 조합의 기둥으로 자신이 태어난 날의 일진^(日辰)이 일주가 된다. 일주는 만세력을 보고 태어난 날이 음력인지 양력인지를 확인하고 그 날의 간지를 찾아 그대로 기록하면 된다.

예를 들어 양력 2023년 3월 12일은 일진이 기사^(己巳)이므로 기사가 일주가 된다. 이때 하루의 기준은 자시^(子時 : 밤 11시 30분)가 된다. 밤 11시 30분이 넘으면 다음 날로 보아야 한다. 사주풀이 할 때도 태어난 시를 자시^(子時)라고 말하는 사람은 다시 한 번 확인하여 정확하게 기록해야 한다.

5
시주(時柱)

시주는 자신이 태어난 날을 12시간으로 나누어서 사용하는데, 자시(子時)부터 시작하여 해시(亥時)로 하루가 끝나게 된다. 시주의 천간을 시간(時干)이라고 하고 지지를 시지(時支)라고 한다. 시주 기둥을 만들 때 만세력에서 일간을 기준으로 찾을 수 있지만, 또 다른 방법으로 태어난 시의 간지표를 이용해서도 찾을 수 있다. 시간은 출생한 날의 일간이 무엇이냐에 따라 결정되는데, 시지는 십이지지 순서에 따르면 된다.

1. 갑기합토^(甲己合土)에서 토^(土)를 극하는 목^(木)의 양^(陽)인 갑목^(甲木)을 시간^(時干)으로 삼는다.

- 일주의 천간이 甲 또는 己에 태어난 사람은 갑자^(甲子)시부터 시작하여 다음은 을축^(乙丑)시, 병인^(丙寅)시 … 순서로 시주가 정해진다.

2. 을경합금^(乙庚合金)에서 금^(金)을 극하는 화^(火)의 양^(陽)인 병화^(丙火)을 시간^(時干)으로 삼는다.

- 일주의 천간이 乙 또는 庚에 태어난 사람은 병자^(丙子)시부터 시작하여 다음은 정축^(丁丑)시, 무인^(戊寅)시 … 순서로 시주가 정해진다.

3. 병신합수^(丙辛合水)에서 수^(水)를 극하는 토^(土)의 양^(陽)인 무토^(戊土)를 시간^(時干)으로 삼는다.

- 일주의 천간이 丙 또는 辛에 태어난 사람은 무자^(戊子)시부터 시작하여 다음은 기축^(己丑)시, 경인^(庚寅)시 … 순서로 시주가 정해진다.

4. 정임합목^(丁壬合木)에서 목^(木)을 극하는 금^(金)의 양^(陽)인 경금^(庚金)을 시간^(時干)으로 삼는다.

- 일주의 천간이 丁 또는 壬에 태어난 사람은 경자^(庚子)시부터 시작하여 다음은 신축^(辛丑)시, 임인^(壬寅)시 … 순서로 시주가 정해진다.

5. 무계합화^(戊癸合火)에서 화^(火)를 극하는 수^(水)의 양^(陽)인 임수^(壬水)를 시간^(時干)으로 삼는다.

- 일주의 천간이 戊 또는 癸에 태어난 사람은 임자^(壬子)시부터 시작하여 다음은 계축^(癸丑)시, 갑인^(甲寅)시 … 순서로 시주가 정해진다.

생시(生時)	일간(日干)	갑기(甲己)	을경(乙庚)	병신(丙辛)	정임(丁壬)	무계(戊癸)
23:30 ~ 01:30	자(子)	갑자(甲子)	병자(丙子)	무자(戊子)	경자(庚子)	임자(壬子)
01:30 ~ 03:30	축(丑)	을축(乙丑)	정축(丁丑)	기축(己丑)	신축(辛丑)	계축(癸丑)
03:30 ~ 05:30	인(寅)	병인(丙寅)	무인(戊寅)	경인(庚寅)	임인(壬寅)	갑인(甲寅)
05:30 ~ 07:30	묘(卯)	정묘(丁卯)	기묘(己卯)	신묘(辛卯)	계묘(癸卯)	을묘(乙卯)
07:30 ~ 09:30	진(辰)	무진(戊辰)	경진(庚辰)	임진(壬辰)	갑진(甲辰)	병진(丙辰)
09:30 ~ 11:30	사(巳)	기사(己巳)	신사(辛巳)	계사(癸巳)	을사(乙巳)	정사(丁巳)
11:30 ~ 13:30	오(午)	경오(庚午)	임오(壬午)	갑오(甲午)	병오(丙午)	무오(戊午)
13:30 ~ 15:30	미(未)	신미(辛未)	계미(癸未)	을미(乙未)	정미(丁未)	기미(己未)
15:30 ~ 17:30	신(申)	임신(壬申)	갑신(甲申)	병신(丙申)	무신(戊申)	경신(庚申)
17:30 ~ 19:30	유(酉)	계유(癸酉)	을유(乙酉)	정유(丁酉)	기유(己酉)	신유(辛酉)
19:30 ~ 21:30	술(戌)	갑술(甲戌)	병술(丙戌)	무술(戊戌)	경술(庚戌)	임술(壬戌)
21:30 ~ 23:30	해(亥)	을해(乙亥)	정해(丁亥)	기해(己亥)	신해(辛亥)	계해(癸亥)

✳ 연해자평(淵海子平)에서는 "갑기일은 갑(甲)을 가하여 돌고, 을경일은 병(丙)으로 처음 시작한다. 병신일은 무(戊)를 따라 일으키고, 정임일은 경자(庚子)부터 자리 잡는다. 무계는 어디에서 출발하는가? 임자(壬子), 이것이 진실한 길이다. 그 방법은 갑기일로서 자시(子時)를 따라 갑자시(甲子時)를 일으켜서, 그 사람이 본래 태어난 시에 이르면 그친다. 나머지도 모두 이와 비슷하다."라고 하였다.

＊ 을묘일^(乙卯日)에 묘시^(卯時)일 경우 시주는?

시의 간지표를 보고 을 · 경^(乙庚)일간을 찾은 다음 묘시^(卯時)를 찾아서 연결하면 기묘^(己卯) 시주가 된다.

1) 표준시^(標準時)

태양의 일주운동 즉, 태양에 대한 지구의 자전운동을 기준으로 시각이 만들어지므로, 각 지방의 태양시는 지방의 경도에 따라 조금씩 다르다. 따라서 같은 나라 안에서도 이용하는데 편리를 주기 위해서 특정 지방의 평균시를 전국이 공통으로 사용하게 된다. 이것을 표준시라고 한다.

원래 우리나라는 영국 그리니치 천문대를 지나는 경도 0도의 본초 자오선을 기준으로 하여 정하면 동경 127도 30분이다. 그러나 현재 한국에서는 일본의 아카시 천문대를 기점으로 하는 동경 135도의 지방평균시를 표준시로 채택하고 있다. 따라서 한국 표준시인 동경 135도는 127도 선이 지나는 서울의 지방평균시보다 32분 정도 빠르게 되어 있다. 즉, 서울에서의 자시^(子時)의 시작은 오후 11시 정각이 아니라 오후 11시 32분이 되는 것이다. 그러나 사주명리학에서는 지지의 시간 배정을 지역의 시간 차이와 관계없이 공통으로 30분 늘려서 사용하고 있다. 예를 들면 자시는 23시인데 23시 30분으로 적용하여 사용하고 있다.

＊ 한국 표준시 변경을 살펴보면 1897년 이전에는 동경 120도 기준 표준시를 사용하였고, 1897년부터 1909년까지는 127.5도 한국 표준시를 사용하였다. 그 후 일제시대 1910년 4월 1일 자정부터 일본과의 시차를 없애기 위해 일본인이 동경 135도로 표준시를 변경하였다. 해방 후 1954년 3월 21일 자정부터 1961년 8월 10일 자정까지 동경 127.5도를 한국 표준시를 사용하다가

1961년 8월 10일 자정부터 현재까지 동경 135도로 한국 표준시를 사용하고 있다.

2) 일광절약시간^(서머타임)

일광절약시간제는 여름철에 인위적으로 표준시보다 시계를 1시간 앞당겨 놓은 제도이다. 일을 일찍 시작하고 일찍 잠자리에 들어 전기를 절약할 수 있는 경제적 이유와 햇볕을 장시간 쬐면 건강이 증진된다는 것을 근거하여 실시한 제도이다. 제1차 세계대전 중 독일에서 처음으로 채택되어 사용하였으나 일상생활이나 학술적인 면에서 불편하고 혼란을 초래한다는 이유로 중단한 국가가 많다.

우리나라에서 일광절약시간제가 실시되었던 해는 1948년부터 1949년, 1950년, 1951년, 1954년, 1955년, 1956년, 1957년, 1958년, 1959년, 1960년, 1987년, 1988년까지 실행되었다.

사주풀이를 할 때는 1960년대 이전에 태어난 사람은 정확한 출생 시간을 모르는 경우가 많으므로 일광절약시간을 크게 신경 쓸 필요가 없을 것이다. 그러나 88올림픽 이전 해인 1987년 5월 1일 02시부터 1987년 10월 11일 03시까지와 올림픽이 열린 해인 1988년 5월 8일 02시부터 1988년 10월 9일 03시까지 2년간은 시지를 세울 때 표준시의 차이뿐만 아니라 일광절약시간으로 인한 시간 차이를 반드시 고려해야 한다. 즉, 1987년, 1988년 일광절약시간에 태어난 사람은 기록된 시간에서 1시간을 빼서 사주에 적용해야 한다.

✦ 사주풀이에서 참고할 일광절약시간 ✦

연도	실시 기간
1987	5월 1일 02시 ~ 10월 11일 03시
1988	5월 8일 02시 ~ 10월 9일 03시

6
대운(大運)과 세운(歲運)

1. 대운

　사람의 명과 운을 말할 때 명(命)으로는 본래 타고난 여건을 보고 운(運)으로는 후천적으로 찾아오는 변화변동을 보게 되는데, 타고난 원래의 명과 후천적인 운을 합하여 운명(運命)이라고 한다. 명과 운은 떨어질 수도 없고 나눌 수 없는 관계이다. 어느 하나가 좋고 어느 것이 나쁘다고 말하며 좋고 나쁨을 논할 수 없다. 둘의 조화가 잘 이루어졌을 때 운명이 좋다고 말할 수 있을 것이다.

　어떤 역학자분이 원국과 대운을 비교하기를 사주 원국은 자동차의 성능이나 종류로 볼 수 있고 대운은 그 자동차가 주행하는 도로의 상태와 같다고 말한다. 이것은 자동차 종류나 상태가 좋아도 도로의 상태가 나쁘면 자동차의 운행이 힘들 것이고, 자동차의 성능이 떨어져도 도로가 아스팔트처럼 매끄러우면 무난한 주행을 할 수 있다는 것이다. 이렇듯 선천적인 사주 원국도 중요하지만 후천적인 운 역시 중요하다고 말할 수 있다.

대운이란 10년을 단위로 변하는 운의 길을 말한다. 후천적인 변화를 파악하는 대운은 월주를 기준으로 삼는다. 태양의 영향으로 변화하는 지구 환경은 월^(月)로 표현되어 나타난다.

삼명통회^(三命通會)에서 '운기^(運氣)는 총 10년이 된다. 무릇 3일은 36시진^(1辰은 12地支 명칭)이 있고, 곧 360일이 되어 1년의 수^(數)가 된다. 1개월은 360시진이 되고, 절기^(節氣)로 절제^(折除)하여 3600일을 계산하면 1진^(1개월)이 10년이 된다. 인생은 주천^(周天 : 행성이 일정한 주기를 가지고 태양 둘레를 도는 일)이 120세인데, 이 주기를 절제의 법으로 논한 것이다.'라고 하였다.

즉, 대운은 사람의 최대 수명 120년을 12지지에 배당하여 10년씩 흘러가도록 배치한 것이다. 이 120년을 1년으로 축소하여 보면 1년은 12개월로 나누어 볼 수 있게 되는데 120년을 12로 나누면 10년이 되고, 이 10년이 곧 한 달처럼 비유한 것인데 이런 결과로 대운의 한 기둥이 인간 운명의 10년을 지배하는 역할을 담당한다.

사주풀이를 하면서 느끼는 것이지만 대운은 5년, 10년마다 인생의 변화가 있는데 대운을 원 사주와 연결하여 풀어보면 그 변화의 흐름을 알 수 있기 때문에 인생의 변화와 굴곡에 대비하여 조금이라도 미래를 희망으로 이끌 수 있다.

2. 대운 간지 정하기

대운은 10년을 단위로 바뀌어 흘러간다. 대운 간지는 사주 연간의 음양과 남녀에 따라 월주로부터 시작한다. 연 천간이 양년생^(陽年生)이면 남성은 순행^(順行)하고 여성은 역행^(逆行)하며, 음년생^(陰年生)이면 남성은 역행하고 여성은 순행한다. 다시 말하면 양남음녀^(陽男陰女)는 순행하고 음남양녀^(陰男陽女)는 역행한다. 월주로부터 주어진 대운수 밑에 육십갑자의 간지를 순행과 역행의 순서대로 결합하면 된다.

① 양남 음녀는 순행한다. - 양남은 연간이 양(陽: 甲·丙·戊·庚·壬)이고, 음녀는 연간이 음(陰: 乙·丁·己·辛·癸)이다.
② 음남 양녀는 역행한다. - 음남은 연간이 음(陰: 乙·丁·己·辛·癸)이고, 양녀는 연간이 양(陽: 甲·丙·戊·庚·壬)이다.

* 乾命(남자)의 순행					* 坤命(여자)의 역행			
時	日	月	年		時	日	月	年
丙	庚	乙	庚		壬	庚	辛	丙
子	戌	酉	戌		午	午	丑	辰

54	44	34	24	14	4	월주	53	43	33	23	13	3	월주
辛	庚	己	戊	丁	丙	乙	乙	丙	丁	戊	己	庚	辛
卯	寅	丑	子	亥	戌	酉	未	申	酉	戌	亥	子	丑

3. 대운수(大運數) 정하기

만세력에 대운수가 표시되어 있으나 어찌하여 대운 숫자가 나왔는지는 알아둘 필요가 있다. 대운수는 출생 연월일부터 절입일까지의 기간을 가지고 구한다.

연해자평(淵海子平)에는 '무릇 대운을 일으킬 때는 모두 생일을 따른다. 양남음녀는 순행으로 세어서 미래절(未來節)에 이르고 양녀 음남은 역행으로 세어서 과거절(過去節)에서 그친다. 모두 3일을 끊고 나누어서 일세(一歲)를 정한다.'라고 하였다.

1) 양남음녀는 미래절^(未來節)로 순행

대운 간지가 월주의 다음 육십갑자부터 순서대로 순행하는 것을 말한다.

時	日	月	年
庚	丁	戊	壬
戌	丑	申	子

✦ 1972. 8. 14. 오후 8시 (양력) 乾 ➡ 남자 양년생이므로 순행대운

78	68	58	48	38	28	18	8	월주	
丙	乙	甲	癸	壬	辛	庚	己	戊	➡ 양남음녀(陽男陰女)
辰	卯	寅	丑	子	亥	戌	酉	申	– 순행(順行)

* 순행 대운이므로 생일 다음 날부터 순서대로 돌아오는 절기 백로^(白露)인 9월 7일까지 세어보면 24일이 나온다. (생일을 포함하여 세면 절기 백로를 세지 않는다.) 24를 3으로 나누면 몫이 8이므로 대운 수는 8이다. 이때 3으로 나누고 나머지 수가 1이면 버리고, 나머지 수가 2이면 몫에 1을 더해서 대운 수를 정한다. 또한 일진부터 절기까지의 날짜 수를 3으로 나눈 몫이 0일 때는 대운수를 1로 본다.

2) 음남양녀는 과거절^(過去節)로 역행

대운간지가 월주 바로 앞 육십갑자로부터 거꾸로 진행하는 것을 말한다.

‣ 1985. 01. 19. 오전 10시 12분 (양력) 坤 ➡ 여자 양년생이므로 역행 대운

時	日	月	年
丁	戊	丁	甲
巳	午	丑	子

75	65	55	45	35	25	15	5	월주
己	庚	辛	壬	癸	甲	乙	丙	丁
巳	午	未	申	酉	戌	亥	子	丑

➡ 음남양녀(陰男陽女)
 – 역행(逆行)

* 역행 대운이므로 생일 전날부터 역순으로 과거의 절기 소한^(小寒)인 1월 6일까지 세어보면 14일이 나온다. (생일을 포함하여 세면 절기 소한을 세지 않는다.) 이때 14를 3으로 나누면 몫이 4이고 나머지는 2가 된다. 나머지로 2가 나오면 몫에 1을 더하여 대운수를 5로 정한다.

4. 세운^(歲運)

세운은 1년의 길흉을 담당하니, 한 해의 안녕^(安寧)을 판단하는 기준이 된다. 대운은 10년의 운을 보는 것이고, 세운은 해당 1년의 운을 보는 것이다. 대운은

인생에서 10년이라는 긴 시간의 영향을 미치기 때문에 우리에게 다가오는 길흉의 느낌이 강하게 느껴지지 않을 수 있다. 오히려 세운이 삶 속의 길흉이 강하게 느껴질 수도 있다. 즉, 대운과 세운은 불가분의 관계를 맺고 있다. 대운이 흉한데 세운이 길할 수 있고 대운이 길한데 세운이 흉할 수 있다. 또는 세운과 대운이 모두 길하거나 모두 흉할 수도 있다. 따라서 사주원국과 대운간지와 세운간지가 어떤 작용을 하는지 즉, 오행의 생극제화^(生剋制化)의 작용을 자세히 살펴보아야 한다. 이 작용은 실전편에서 응용하도록 할 것이다.

동양 고전 속의 명리학 살펴보기

● 고전에 보이는 음양오행(陰陽五行)과 상생상극(相生相剋)

1. 추연(鄒衍)의 음양오행설(陰陽五行說)

추연은 전국시대 제나라 사람으로 전국시대 이전부터 민간에 번져 있던 즉 제나라 연나라 등 산동성 지역에 흩어져 있던 오행의 개념을 정리하여 오행설을 정립시킨 것으로 보인다.

① 사기(史記) 맹자순경열전(孟子荀卿列傳)에는 추연에 대해서 비교적 자세히 설명되어 있다.

"맹자의 후대이다. 추연은 통치자가 갈수록 사치스럽고 음란해져 덕을 숭상할 수 없음을 보고, 시경 대아처럼 덕으로 몸을 정제하면 베풂이 일반 백성에게까지 미칠 것이라 하였다. 이에 음양의 소장을 깊이 관찰하여 괴이하고 우활한 변화를 만들어 종시와 대성편 등 10여만 언을 지었다."

後孟子, 鄒衍睹有國者益淫侈, 不能尚德, 若大雅整之於身, 施及黎庶矣, 乃深觀陰陽消息而作怪迂之變, 終始大聖之篇十餘萬言

② 사기 역서(曆書)에서는 추연에 대하여 이렇게 쓰고 있다.

"전국시대에 들어와 열국은 서로 다투면서 나라를 강대하게 만들어 적을 제압하고 위급을 구하고 분쟁을 해결하는 데 몰두하였다. 그러니 어찌 역법에 신경 쓸 겨를이 있었겠는가! 당시 오직 음양가인 추연만이 오행의 이치인 오덕지전에 밝았다. 생물이 생멸하는 이치와 물질의 상호관계를 세상에 두루 퍼뜨려 제후들 사이에서 명성을 떨쳤다."

其後戰國並爭, 在於强國禽敵, 救急解紛而己, 豈遑念斯裁, 是時獨有鄒衍,
明於五德之傳, 而散消息之分, 以顯諸侯.

③ 여씨춘추(呂氏春秋) 응동(應同)편에서는 오행상극설(五行相剋說)을 근거로 한 오덕종시(五德終始) 이론을 주장하고 있는데 앞으로 진나라의 통치에도 적용해야 한다는 암시를 담고 있는 것 같다.

"모름지기 제왕이 될 자가 장차 일어나려고 하면 하늘은 반드시 먼저 아래의 백성들에게 상서로운 조짐을 보여준다.

황제(黃帝) 때는 하늘이 먼저 거대한 지렁이와 거대한 땅강아지를 보여주자 황제가 토 기운이 왕성해지리라 말하였다. 토의 기운이 우세해졌기 때문에 그때의 색은 황색을 숭상하였고 그때의 일들은 토의 덕을 본받아 하였다.

우(禹)왕 때는 하늘이 먼저 초목들이 가을이 되고 겨울이 되어도 시들지 않는 모습을 보여주자 우왕이 목 기운이 왕성해지리라 말하였다. 목 기운이 우세해졌기 때문에 그때의 색은 푸른색을 숭상하였고 그때의 일들은 목을 본받아 하였다.

탕(湯)왕 때에 이르러서 하늘이 먼저 금속 칼날이 물에서 생겨나는 현상을 보여주자 탕왕이 금 기운이 왕성해지리라 하였다. 금의 기운이 우세해졌기 때문에 그때의 색은 흰색을 숭상하였고 그때의 일들은 금을 본받아 하였다.

문왕(文王) 때에 이르러서는 하늘이 먼저 화 기운의 조짐을 보여주었다. 붉은 까마귀가 단서를 물고 주나라 사(社)에 모여들자 문왕이 화 기운이 왕성해지리라 말하였다. 화의 기운이 우세해졌기 때문에 그때의 색은 붉은색을 숭상하였고 그때의 일들은 화을 본받아 하였다.

　장차 화의 기운을 대체할 것은 반드시 수의 기운일 터인데 하늘은 먼저 수의 기운이 왕성할 조짐을 보여줄 것이다. 수의 기운이 우세해지기 때문에 그때의 색깔은 검은색을 숭상하고 그때의 일들은 수를 본받아 하게 될 것이다. 수의 기운이 이르렀는데도 알아채지 못하면 천수(天數)가 갖추어지기만 하면 장차 토의 기운으로 옮겨 갈 것이다."

凡帝王者之將興也, 天必先見祥乎下民. 黃帝之時, 天先見大螾大螻,
皇帝曰 土氣勝, 土氣勝, 故其色尙黃, 其事則土.
及禹之時, 天先見草木秋冬不殺, 禹曰 木氣勝, 木氣勝, 故其色尙靑,
其事則木. 及湯之時, 天先見金刃生於水, 湯曰 金氣勝, 金氣勝, 故其色尙白,
其事則金. 及文王之時, 天先見火, 赤鳥銜丹書集於周社, 文王曰 火氣勝,
火氣勝, 故其色尙赤, 其事則火.
代火者必將水, 天且先見水氣勝, 水氣勝, 故其色尙黑, 其事則水.
水氣至而不知, 數備, 將徙于土.
상극의 법칙 : 木剋土. 金剋木. 火剋金. 水剋火. 土剋水.

④ 사기 봉선서(封禪書)의 오덕종시(五德終始)
"진시황은 천하를 통일한 뒤 황제를 자칭했다. 이때 어떤 자가 말했다.
　황제(黃帝)는 오행 중에 토덕(土德)을 얻어 황룡과 큰지렁이가 출현했다. 하(夏)나라에서는 목덕(木德)을 얻어 청룡이 교외에 머물고 초록이 무성하였다. 은(殷)나라는 금덕(金德)을 얻어 산속에서 은이 넘쳤다. 주(周)나라는 화덕(火德)을 얻어 적색 까마귀의 상서로운 조짐이 있었다. 지금 진(秦)나라가 주나라의 천하를 변혁하였으니 수덕(水德)을 얻은 시기이다. 옛날 진문공(秦文公)이 사냥을 나갔다가 일찍이 흑룡을 얻었는데 이것이 수덕의 조짐을 얻은 것이다."

秦始皇旣並天下而帝, 或曰, 黃帝得土德, 黃龍地蚓見. 夏得木德, 靑龍止于郊,
草木暢茂. 殷得金德, 殷自山溢. 周得火德, 有赤鳥之符. 今秦變周, 水德之時,
昔秦文公出獵, 獲黑龍, 此其水德之瑞.

⑤ 반고(班固)의 한서(漢書) 예문지(藝文志) 제자략(諸子略) 음양가(陰陽家)에 추자(鄒子) 49편(四十九篇)은 서망(書亡), 추자종시(鄒子終始) 오십육편(五十六篇)은 서망(書亡)으로 기록되어 있다. 추자의 저서는 현재 전해 내려오지 않는다.

제5장

지장간,
근묘화실,
왕상휴수사

1
지장간(地藏干)

　지장간이란 사주 지지(地支) 속에 천간(天干)의 에너지 파동이 암장(暗藏)되어 있는 것이다. 글자를 풀이하면 12개의 지지 땅(地)속에 10개의 천간 기운이(干) 감추어져(藏) 있다가 된다. 지장간은 사주 분석에서 십성(十星)을 살펴볼 때나 배우자 자리를 볼 때나 격국(格局)을 잡고 용신(用神)을 설정할 때와 천간이 지지에 뿌리가 통근(通根)되었는지, 지장간이 천간에 투간(透干) 되었는지 등을 볼 때 매우 중요하게 사용된다.

지지(地支)	子	丑	寅	卯	辰	巳	午	未	申	酉	戌	亥
여기(餘氣)	壬	癸	戊	甲	乙	戊	丙	丁	戊	庚	辛	戊
중기(中氣)		辛	丙		癸	庚	己	乙	壬		丁	甲
정기(正氣)	癸	己	甲	乙	戊	丙	丁	己	庚	辛	戊	壬

1. 지장간의 여기, 중기, 정기

지장간은 하나의 지지 속에 2~3개의 천간이 숨겨져 있는데, 이것을 각각 여기(餘氣), 중기(中氣), 정기(正氣)라고 한다.

1) 여기(餘氣)

전달의 기운인 정기가 이번 달로 오면서 전달의 기운이 남아 있기 때문에 남을 여(餘)와 기운 기(氣)를 써서 여기(餘氣)라고 한다. 즉, 전달의 정기(正氣)에 해당하는 천간의 오행을 똑같이 사용한다.

위의 지장간 표를 보면서 설명하자면 丑월은 전달의 정기인 계수(癸水)를 여기로 사용하고, 묘(卯)월은 전달의 정기인 갑목(甲木)이 여기가 된다. 그러나 인(寅), 신(申)은 음양이 다른 오행이 온다. 寅월과 申월은 여기에 전달의 丑과 未의 정기인 기토(己土)가 와야 하지만 인신사해(寅申巳亥)는 계절과 삼합의 시작이기 때문에 힘차게 운동을 하는 양간 무토(戊土)로 바뀌어 온다.

2) 중기(中氣)

중기는 다음 계절과 이전 계절의 기를 함께 품고 있으며 성장기를 말한다. 또한 중기는 삼합을 나타내는 것이다. 진·술·축·미^(辰·戌·丑·未)월은 계절의 끝이고 삼합의 마지막 단계이기 때문에 음간^(陰干)이 오고, 인·신·사·해^(寅·申·巳·亥)월은 계절의 시작이고 삼합의 처음 단계이기 때문에 양간^(陽干)으로 표출한다. 자·오·묘·유^(子·午·卯·酉)월은 왕지^(旺支)로서 계절의 중앙이 되어 그 기가 왕^(旺)하므로 중기 없이 정기만 있다.

다만, 오화^(午火)는 중기에 기토^(己土)가 있는데 인오술^(寅午戌) 삼합이니 정화^(丁火)가 와야 되지만 여름 火에서 가을 金으로 가기 위해서는 화극금^(火剋金)이 되니 기토^(己土)를 넣어서 뜨거운 기운을 미리 약간 꺾어 주는 역할을 한다. 즉, 여름의 火의 기운이 아주 강해 미월^(未月)의 기토^(己土)에서 모두 약화시킬 수 없기 때문에 미리 오화^(午火)에서 조금 완화시키기 위해서이다.

3) 정기^(正氣)

본기^(本氣)라고도 한다. 지지^(地支) 자체의 고유한 기운을 가지고 있으며, 여기·중기·정기 중에서 가장 강한 기운을 가진다. 정기는 지지와 음양오행이 같은 천간을 사용한다. 예를 들면 지지 丑이 음토^(陰土)이므로 천간과 음양이 같은 오행인 기토^(己土)를 정기로 사용한다. 또한 寅은 양목^(陽木)이므로 천간과 음양이 같은 오행인 갑목^(甲木)이 정기가 된다.

단, 지지의 사화^(巳火), 오화^(午火)와 해수^(亥水), 자수^(子水)는 다르다. 사화는 음양오행으로 보면 음화^(陰火)이지만 계절의 시작이므로 여름의 양천간인 병화^(丙火)를 정기로 삼고, 오화는 음양오행으로 보면 양화^(陽火)이지만 정화^(丁火)의 음간^(陰干)을 가지고 있어 여름의 음천간인 정화를 정기로 사용한다. 또한 자수는 음양오행으로 보면 양수^(陽水)이지만 계수^(癸水)의 음간^(陰干)을 가지고 있어 겨울의 음천간인 계수를 정기로 삼고, 해수는 음양오행으로 보면 음수^(陰水)이지만 임수^(壬水)의 양간^(陽干)을 가지고 있어 겨울의 양천간인 임수를 정기로 사용한다.

2. 월률분야지장간(月律分野地藏干)

월률분야지장간은 월령(月令)이라고 말하는 월지(月支)의 지장간만을 설명한다.

✦ 월률분야지장간 사령 ✦

月	절기(節氣)	여기(餘氣)	중기(中氣)	정기(正氣)
寅	입춘(立春)	戊土 7일간 司令	丙火 7일간 司令	甲木 16일간 司令
卯	경칩(驚蟄)	甲木 10일간 사령		乙木 20일간 사령
辰	청명(淸明)	乙木 9일간 사령	癸水 3일간 사령	戊土 18일간 사령
巳	입하(立夏)	戊土 7일간 사령(5일)	庚金 7일간 사령(9일)	丙火 16일간 사령
午	망종(芒種)	丙火 10일간 사령	己土 9일간 사령(10일)	丁火 11일간 사령(10일)
未	소서(小暑)	丁火 9일간 사령	乙木 3일간 사령	己土 18일간 사령
申	입추(立秋)	戊土 7일간 사령(己7일) (戊3일)	壬水 7일간 사령(3일)	庚金 16일간 사령(17일)
酉	백로(白露)	庚金 10일간 사령		辛金 20일간 사령
戌	한로(寒露)	辛金 9일간 사령	丁火 3일간 사령	戊土 18일간 사령
亥	입동(立冬)	戊土 7일간 사령	甲木 7일간 사령(5일)	壬水 16일간 사령(18일)
子	대설(大雪)	壬水 10일간 사령		癸水 20일간 사령
丑	소한(小寒)	癸水 9일간 사령	辛金 3일간 사령	己土 18일간 사령

＊ 월률분야지장간에서 각 지지 속에 암장된 십천간(十天干)이 1년 동안 사령(司令)하는 기간을 설명한 것이다.

* ( ) 안 날짜는 연해자평^(淵海子平) 월률분야지도^(月律分野之圖)의 사령^(司令) 날짜이다.

* 십천간이 사령하는 기간에 대해서는 학자들마다 약간의 이견이 있다.

◉ 월률분야지장간의 사령 기간

✦ 寅月은 입춘부터 7일 동안 戊土가 사령하고 그다음 8일부터 7일간 丙火가 사령하고 그다음 달 경칩^(驚蟄: 3월5~7일경) 전까지 16일간 甲木 이 사령한다.

✦ 卯月은 경칩부터 10일 동안 甲木이 사령하고 11일부터 그다음 달 청명^(淸明: 4월 4~6일경) 전까지 20일 동안은 乙木이 사령한다.

✦ 辰月은 청명부터 9일 동안 乙木이 사령하고 10일부터 3일 동안은 癸水가 사령하고 그다음 달 입하^(立夏: 5월5~7일경) 전까지 18일 동안은 戊土가 사령한다.

✦ 巳月은 입하부터 7일 동안 戊土가 사령하고 그 다음 8일부터 7일간 庚金이 사령하고 그다음 달 망종^(芒種: 6월5~7일경) 전까지 丙火가 16일 동안 사령한다.

✦ 午月은 망종부터 10일 동안 丙火가 사령하고 11일부터 9일 동안 己土가 사령하고 그다음 달 소서^(小暑: 7월6~8일경) 전까지 11일간 丁火가 사령한다.

✦ 未月은 소서부터 9일 동안은 丁火가 사령하고 10일부터 3일 동안은 乙木이 사령하고 그다음 달 입추^(立秋: 8월7~9일경) 전까지 18일간 己土가 사령한다.

✦ 申月은 입추부터 7일 동안은 戊土가 사령하고 그다음 8일부터 7일 동안은 壬水가 사령하고 그다음 달 백로^(白露: 9월7~9일경) 전까지 16일 동안은 庚金이 사령한다.

✦ 酉月은 백로부터 10일 동안은 庚金이 사령하고 그다음 달 한로^(寒露: 10월8~9일경) 전까지 20일 동안은 辛金이 사령한다.

✦ 戌月은 한로부터 9일 동안은 辛金이 사령하고 10일부터 3일 동안은 丁火가 사령하고 그다음 달 입동^(立冬: 11월7~8일경) 전까지 18일간 戊土가 사령한다.

✦ 亥月은 입동부터 7일 동안은 戊土가 사령하고 그다음 8일부터 7일 동안은 甲木이 사령하고 그다음 달 대설^(大雪: 12월6~8일경) 전까지 16일간 壬水가 사령한다.

✦ 子月은 대설부터 10일 동안 壬水가 사령하고 11일부터 그다음 달 소한^(小寒: 1월 5~7일경) 전까지 20일간 癸水가 사령한다.

✦ 丑月은 소한부터 9일 동안 癸水가 사령하고 그다음 10일부터 3일간 辛金이 사령하고 13일부터 그다음 달 입춘^(立春: 2월3~5일경) 전까지 18일 동안 己土가 사령한다.

＊ 지장간 속에 있는 천간들이 30일을 기준으로 사령하는 기간 동안에 해당 천간의 氣가 아주 강하게 작용한다는 것을 나타내고 있다. 여기에서 사령^(司 令)한다는 말은 사계^(四季) 기후를 지배한다는 것으로 지장간의 한 오행이 힘을 쓰고 있을 때를 얘기하는 것이다.

＊ 월률분야지장간에서 사령하는 기간을 사생지^(四生地), 사왕지^(四旺地), 사고지^(四庫地) 별로 정리하면

− 여기^(餘氣)는 寅 · 申 · 巳 · 亥月에는 7일을 司令하고, 子 · 午 · 卯 · 酉月은 10일을 司令하고 辰 · 戌 · 丑 · 未月은 9일을 司令한다.

− 중기^(中氣)는 寅 · 申 · 巳 · 亥月은 7일을 司令하고, 子 · 午 · 卯 · 酉月은 中氣가 없으며 午月만 9일을 사령하며, 辰 · 戌 · 丑 · 未月은 3일간 司令한다.

− 정기^(正氣)는 寅 · 申 · 巳 · 亥月은 16일을 司令하고, 子 · 午 · 卯 · 酉月은 20일을 司令하고 午月만 11일을 司令하며 辰 · 戌 · 丑 · 未月은 18일을 司令한다.

3. 삼명통회^(三命通會) 논인원사사^(論人元司事)에서 용사^(用事) 되는 일^(日)의 설명

'지^(支)중에 감추어진 자가 명^(命)의 주체가 되어 인원^(人元)이라 이르고, 각 일^(事)을 맡은 신^(神)이 되어 명^(命)과 술^(術)로서 그것을 말하니, 이것이 월령^(月令) 용신^(用神)이 된다. 경^(經)에 이르기를 용신은 손상되지 않아야 하고, 일주^(日主)는 건왕^(健旺)한 것이 마땅히 최상이다.'라고 하였다.

정월에는 寅이 세워지는데, 寅중에 간토^(艮土)가 5일 용사^(用事)되고, 丙火 장생^(長生)이 5일, 甲木이 20일 사용된다.

2월에는 卯가 세워지는데, 卯중에 甲木이 7일 용사^(用事)되고, 乙木이 23일 사용된다.

3월에는 辰이 세워지는데, 辰중에 乙木이 7일 용사되고, 壬水의 묘고^(墓庫)가 5일, 戊土가 18일 사용된다.

4월에는 巳가 세워지는데, 巳중에 戊土가 7일 용사되고, 庚金 장생^(長生)이 5일, 丙火가 18일 사용된다.

5월에는 午가 세워지는데, 午중에 丙화가 7일 용사되고, 丁火가 23일 사용된다.

6월에는 未가 세워지는데, 未중에 丁火가 7일 용사되고, 甲木의 묘고^(墓庫)가 5일, 己土가 18일 사용된다.

7월에는 申이 세워지는데, 申중에 곤토^(坤土)가 5일 용사되고, 壬水 장생^(長生)이 5일, 庚金이 20일 사용된다.

8월에는 酉가 세워지는데, 酉중에 庚金이 7일 용사되고, 辛金이 23일 사용된다.

9월에는 戌이 세워지는데, 戌중에 辛金이 7일 용사되고, 丙火의 묘고가 5일, 戊土가 18일 사용된다.

10월에는 亥가 세워지는데, 亥중에 戊土가 5일, 甲木 장생(長生)이 5일, 壬水가 23일 용사한다.

11월에는 子가 세워지는데, 子중에 壬水가 7일 용사되고, 癸水가 23일 사용된다.

12월에는 丑이 세워지는데, 丑중에 癸水가 7일 용사되고, 庚金 묘고(墓庫)가 5일, 己土가 18일 사용된다.

이 12지(支)는 12개월을 잡아당기고, 각 오행이 감추어져 있는데, 이것이 인원(人元)이다.

2

근묘화실(根苗花實)

근묘화실이란, 사주(四柱)라는 네 기둥 연, 월, 일, 시의 천간과 지지를 일컫는 말이다. 네 기둥의 연주(年柱)를 근(根, 뿌리), 월주(月柱)를 묘(苗, 모종), 일주(日柱)를 화(花, 꽃), 시주(時柱)를 실(實, 열매)에 비교하여 그 네 기둥을 궁(宮)으로서 설명한 것이다.

구분 \ 사주	시주(時柱)	일주(日柱)	월주(月柱)	연주(年柱)
근묘화실	실(實)	화(花)	묘(苗)	근(根)
인생	노년기, 내생	장년기, 결혼 전후	청년기, 중년기	초년기, 전생
육친	자녀, 자손	본인, 배우자	부모, 형제자매	조상, 조부모
나이	40세 ~ 사망		21세 ~ 40세	1세 ~ 20세
계절	겨울	가을	여름	봄
격	정(貞)	이(利)	형(亨)	원(元)
인간관계	후배, 종업원	동료, 협조자	상사, 관리자	회장, 대표자
공간	미래 공간	현재 공간	과거 공간	오래된 공간

1. 근(根) – 年柱

근은 네 기둥의 첫 시작이 되므로 초목의 뿌리에 해당한다. 육친으로는 조상 혹은 조부모, 인생으로는 태어나기 이전의 전생(前生)과 초년기에 해당하며, 변화 변동이 있으면 집안 내의 일, 조부모나 조상신과 관련된 일, 국가나 사회에 관한 일 등이 발생한다. 연주를 조상궁(祖上宮) 또는 조부모궁(祖父母宮)이라고 한다.

2. 묘(苗) – 月柱

묘는 출생 당시의 계절을 말하는 것이고, 월은 일주가 서서히 커가는 단계가 되므로 모종인 싹에 해당한다. 육친으로는 부모와 형제에 해당하며, 인생으로는 청년 혹은 중년기에 해당된다. 변화변동이 생기면 나의 직업에 관한 일, 부모나 형제에 관계된 일, 직장 동료에 관한 일 등이 발생한다. 월주는 부모궁(父母宮)또는 직업궁(職業宮)이라고도 한다. 월은 그 사람의 가정환경과 사회적 환경과 직업을 알아볼 수 있는 곳이다.

3. 화(花) – 日柱

화는 자기 자신을 말하고, 크게 성장하고 제일 화려한 꽃에 해당한다. 육친으로는 자신과 배우자에 해당하고, 인생으로는 결혼 전후와 장년기에 해당한다. 변화변동이 생기면 나의 배우자에 관한 일이나 배우자와의 갈등에 관련된 일, 내 신상이나 자신의 내부 갈등 등의 일이 발생한다. 일간(日干)은 나로 대표되고 밖에서 보이는 나이며, 일지(日支)는 나의 배우자가 되며 나의 성향 등을 볼 수 있다. 일주를 배우자궁(配偶者宮)이라고 하며 자신과 배우자와 관계된 일이나 집안 문제와 관련된 일을 통변하므로 가정궁(家庭宮)이라고도 한다.

4. 실(實) – 時柱

실은 인생의 황금기를 서서히 지나 노년의 황혼기에 접어드는 때이다. 나의 일생의 결과 또는 나의 자식을 말하고, 결실을 맺는 열매이자 열매가 떨어지는 때이다. 육친으로는 자식과 손자, 나의 아랫사람이나 후배가 되고, 인생으로는 노년기이고 죽음 이후의 내생(來生)에 해당한다. 변화변동이 생기면 자식이나 아랫사람에 관련된 일이나 미래에 관한일 등이 생긴다. 시주를 자식궁(子息宮) 또는 자손궁(子孫宮)이라고도 한다.

3

왕상휴수사(旺相休囚死)

왕·상·휴·수·사는 계절에 따라 오행의 기운이 변화하는 것을 旺·相·休·囚·死로 구분하여 표시한 것이다. 사계절 언제나 오행의 기운은 항상 존재한다. 그러므로 木의 계절에는 木 기운이 왕(旺)하지만 다른 火·土·金·水의 기운이 사라지는 것이 아니다. 다만 계절에 따라 오행 기운의 강약이 달라지고, 계절이 지난 오행은 사라지는 것이 아니라 상태를 바꾸어서 자기의 계절이 오기를 기다린다. 이런 오행 기운의 변화를 왕상휴수사로 나타낸 것이다.

✦ 계절에 따른 오행의 왕상휴수사 ✦

오행(五行)	천간(天干)	봄(春)	여름(夏)	가을(秋)	겨울(冬)	환절기(四季)
목(木)	갑을(甲乙)	왕(旺)	휴(休)	사(死)	상(相)	수(囚)
화(火)	병정(丙丁)	상(相)	왕(旺)	수(囚)	사(死)	휴(休)
토(土)	무기(戊己)	사(死)	상(相)	휴(休)	수(囚)	왕(旺)
금(金)	경신(庚辛)	수(囚)	사(死)	왕(旺)	휴(休)	상(相)
수(水)	임계(壬癸)	휴(休)	수(囚)	상(相)	왕(旺)	사(死)

1. 왕상휴수사의 설명

1) 왕(旺) → 오행 자신과 같은 기운인 때를 만난 것, 즉 일주와 월령이 같은 오행일 때이다.

2) 상(相) → 자신을 월령이 생해주는 때를 만난 것, 즉 일주를 월령이 생을 해줄 때 월령의 오행은 상이 된다.

3) 휴(休) → 자신이 월령을 생하여 기운이 빠지는 때를 만난 것, 즉 일주가 월령을 생하고 있을 때 월령의 오행은 휴가 된다.

4) 수(囚) → 자신이 월령을 극할 수 있는 때를 만난 것, 즉 일주가 월령을 극할 때 월령의 오행은 수가 된다.

5) 사(死) → 자신이 월령으로부터 극을 받아 약해지는 때를 만난 것, 즉 일주를 월령이 극을 할 때 월령은 사가 된다.

2. 삼명통회의 왕상휴수사

1) 덕(德)이 성대한 때를 탄 것을 왕(旺)이라고 말한다.

2) 봄은 木이 왕(旺)한 것과 같다. 왕하면 火를 生하고 火는 이에 木의 아들이 되고 아들은 아버지의 업을 잇는다. 그러므로 火는 상(相)이 된다.

3) 木은 水를 사용하여 生 한다. 나를 태어나게 한 것은 부모이다. 가령 아들을 이을 때를 얻으면 고명현혁(高明顯爀)의 땅에 오르게 되고 나를 태어나게 한 자는 마땅히 물러감을 알아야 한다. 그러므로 水는 휴(休)가 된다.

4) 휴(休)는 아름다움의 극진함이 없고 휴는 일이 의미 없는 것이 그러하다. 火는 능히 金을 극할 수 있고, 金은 이에 木의 귀(鬼)가 되는데 火에 극제(剋制)를 당하여 능히 설시(設施)하지 못한다. 그러므로 金이 수(囚)이다.

5) 火는 능히 土를 生한다. 土는 木의 재성(財星)이 된다. 재성은 감추어져 숨어 있는 물건(隱藏之物)이다. 초목(草木)이 발생하면 土가 흩어져 티끌이 된다. 봄(春)이 木이 되는 까닭으로 土를 극하면 사(死)가 된다.

① 여름에는 火가 왕(旺)하다.

② 木은 火를 生하니 즉 木은 상(相)이다.

③ 火는 土를 生하니 즉 土는 휴(休)이다.

④ 火가 金을 剋하니 즉 金은 수(囚)이다.

⑤ 水는 火를 剋하니 즉 水는 사(死)이다.

동양 고전 속의 명리학 살펴보기

● 고전에 보이는 음양오행(陰陽五行)과 상생상극(相生相剋)

2. 황제내경(黃帝內經)

황제내경(黃帝內經)은 전국시대로부터 한나라 전까지의 의학서적들을 모아서 당대의 의학 성취와 결합하여 편찬한 책이다. 그러므로 책이 이루어진 연대는 서한말기(西漢末期)일 가능성이 높다.

인체를 자연과 유기적 관계로 보고 인체의 생리현상, 병리현상, 진단치료에 이르기까지 음양오행설에 그 기반을 두고 있다.

① 황제내경 소문(素門) 음양응상대론(陰陽應象大論)

"황제께서 말씀하시기를 음양은 하늘과 땅의 도리요 만물의 벼리이며 변화의 부모이며 낳고 죽이는 근본과 시작이며 신명의 곳집이니, 병을 치료함에 있어서도 반드시 근본에서 구해야 한다.

고로 양(陽)을 쌓아 하늘로 삼고 음(陰)을 쌓아 땅으로 삼으니, 음은 고요하고 양은 성급하고 양은 만물을 낳고 음은 형체를 키운다. 양은 만물을 죽이고 음은 갈무리 한다. 양은 정(精)을 기로 탈 바꾸어 양기를 발생시키고 음은 기를 형으로 바꾸어 형체를 이루게 한다.

한기가 극에 달하면 열이 생기고 열이 극에 달하면 한기가 생긴다. 한기는 탁

^(濁)을 생하고 열기는 청^(淸)을 생하니, 청기가 아래에 있으면 먹는 음식을 그대로 설사하고 탁기가 위에 있으면 창자가 팽창한다. 이것이 음양이 반대로 작용하여 병이 거슬러 생긴 것이다."

黃帝曰, 陰陽者, 天地之道也, 萬物之綱紀, 變化之父母, 生殺之本始,
神明之府也, 治病, 必求於本.
故積陽爲天, 積陰爲地, 陰靜陽躁, 陽生陰長, 陽殺陰藏, 陽化氣, 陰成形,
寒極生熱, 熱極生寒, 寒氣生濁, 熱氣生淸, 淸氣在下, 則生飱泄, 濁氣在上,
則生䐜脹, 此陰陽反作, 病之逆從也.

3. 황제사경^(黃帝四經)

1973년 중국 호남성 장사 지방의 한나라 초기 고분인 마왕퇴^(馬王堆)에서 발견된 백서^(帛書)이다. 흰 비단에 쓰여진 20여 종의 고문서가 나왔는데 그 중 경법^(經法), 경^(經), 칭^(稱), 도원^(道原) 등으로 구성된 것을 『황제사경』이라 부른다.

① 황제사경 칭^(稱)편에서 음양^(陰陽)

"무릇 논설을 펼칠 때는 반드시 음양의 관점에서 대의를 [밝힌다].

하늘은 양이고 땅은 음이다. 봄은 양이고 가을은 음이다. 여름은 양이고 겨울은 음이다. 낮은 양이고 밤은 음이다. 큰 나라는 양이고 작은 나라는 음이다. 강한 나라는 양이고 약한 나라는 음이다. 일이 있음은 양이고 일이 없음은 음이다. 펴는[伸] 것은 양이고 굽히는[屈] 것은 음이다. 임금은 양이고 신하는 음이다. 위는 양이고 아래는 음이다. 남자는 양이고 [여자는 음이다. 아버지]는 양이고 [자식은] 음이다. 형은 양이고 동생은 음이다. 연장자는 양이고 연소자는 [음이다]. 지위가 높은 자는 [양이고] 지위가 낮은 자는 음이다. 영달함(達)은 양이고 곤궁함(窮)은 음이다. 장가들고 자식을 낳는 것은 양이고 상(喪)을 당하는 것은 음이다. 남을 제어하는 것은 양이고 남에게 제어당하는 것은 음이다. 손님은 양이고 주인은 음이다. 군대를 지휘하는 자(師)는 양이고 전쟁에 종군하는 자(役)는 음이다. 말하는 것은 양이고 침묵하는 것은 음이다. 주는 것은 양이고 받는 것은 음이다.

양에 속하는 것은 모두 하늘을 본받는다. 하늘은 올바름을 귀하게 여기며, 올바름을 벗어난 것을 어그러짐(詭)이라 하고, □□ □□[천도는] 되돌아간다. 음에 속하는 것들은 모두 땅을 본받는다. 땅의 덕은 편안하고 느긋하고 바르고 고요하며, 유약한 절조로써 먼저 자신을 안정시키고 주는 것을 잘하고 다투지 않는다. 이것이 땅의 법도이고 암컷의 절조이다."

凡論必以陰陽□大義. 天陽地陰. 春陽秋陰. 夏陽冬陰. 晝陽夜陰. 大國陽, 小國陰. 重國陽, 輕國陰. 有事陽而无事陰. 信(伸)者陽者屈子陰. 主陽臣陰. 上陽下陰. 陽男[女陰. 父]陽[子]陰. 兄陽弟陰. 長陽小[陰]. 貴[陽]天陰. 達陽窮陰. 取(娶)婦姓(生)子陽, 有喪陰. 制人者陽, 制人者制於人者陰. 客陽主人陰. 師陽役陰. 言陽黑(默)陰. 予陽受陰. 諸陽者法天, 天貴正, 過正曰詭 □□□□祭乃反. 諸陰者法地, 地[之]德安徐正靜, 柔節先定, 善予不爭. 此地之度而雌之節也.

제6장

합·충·형·파·해

1

합(合)

합(合)이란 합하다, 화목하다, 모으다, 끌려가다는 뜻을 가지고 있다. 서로 만나거나 합하여 세력을 이루게 되는 관계로 음과 양이 만나 합하니 남녀가 만나거나 부부의 도를 이룬 것으로 생각하면 될 것이다. 그러나 합은 긍정적인 의미만 있는 것이 아니라 합하여 흉한 일이 생길 수도 있다.

삼명통회(三命通會)에서는 '합(合)은 화해의 의미가 있다. 양이 양을 보면 이 두 양은 서로 경쟁하여 극(剋)하게 되고, 음이 음을 보면 이 두 음은 부족하여 극(剋)하게 되고, 음이 양을 보면 합을 도모하게 된다.'라고 하고 있다.

합에는 천간합(天干合)과 삼합(三合), 육합(六合), 방합(方合) 등 지지합(地支合)이 있고, 상태에 따라 암합(暗合), 쟁합(爭合), 투합(妬合), 진합(眞合), 가합(假合), 명합(明合) 등이 있다.

1. 천간의 합(天干合)

천간합은 간합(干合)이라고도 하고, 십간이 반드시 여섯 번째와 합하므로 육합
(六合)이라고도 한다. 천간합은 음은 양, 양은 음과 같이 다른 음양이 만나서 새로
운 오행이 만들어진다.

즉, 천간합은 양 천간은 자신이 극하는 음 천간과 합하고, 음 천간은 자신을
극하는 양 천간과 합한다. 천간합을 보면 갑기합화토(甲己合化土)일 때 양간 갑목은
음간 기토를 목극토(木剋土)하고, 을경합화금(乙庚合化金)일 때는 음간 을목을 양간 경금
이 금극목(金剋木)하는 것과 같다.

✦ 천간합 ✦

* 갑기합화 토(甲己合化 土) ➡ 중정지합(中正之合)
* 을경합화 금(乙庚合化 金) ➡ 인의지합(仁義之合)
* 병신합화 수(丙辛合化 水) ➡ 위엄지합(威嚴之合)
* 정임합화 목(丁壬合化 木) ➡ 인수지합(仁壽之合)
* 무계합화 화(戊癸合化 火) ➡ 무정지합(無情之合)

甲 乙 丙 丁 戊 己 庚 辛 壬 癸

✱ 천간합에서 천간이 합화(合化)를 하기 위해서는 변화하는 오행을 도와주어 강
한 기운이 있는 경우에만 합화가 생긴다. 그렇지 않을 경우 단지 합(合)하기
만 할 뿐 화(化)하지는 않는다. 특히 일간의 경우 연간, 월간, 시간의 타 오행
과 합은 하더라도 예외적인 경우가 아니면 합화하는 경우는 드물다. 일간

은 나를 이루는 중심이자 사주의 주인공이기 때문이다.

◉ 삼명통회에서는 십간합(十干合)을 이렇게 설명하고 있다.

1) 갑기합(甲己合)

"甲과 己는 이름이 중정지합(中正之合)에 해당한다. 甲은 양목(陽木)이다. 그 성(性)은 인(仁)이 되고 처한 곳은 십간의 머리에 위치한다. 己는 음토(陰土)로 진정순독(鎭靜純篤)하고 물(物)을 생하는 덕(德)이 있다. 그러므로 甲己는 중정지합(中正之合)이라 한다. 이 합이 되면 주인을 공경하고 중대하게 존중하고 너그럽고 후하게 하고 더하지도 않고 덜하지도 않는다. 가령 살(煞)을 차고 오행이 기(氣)가 없으면 성내는 것이 많고 화내는 것을 좋아하고 성(性)이 강경하여 굽힐 줄 모른다."

2) 을경합(乙庚合)

"乙과 庚은 이름이 인의지합(仁義之合)에 해당한다. 乙은 음목(陰木)으로 그 성(性)은 어질고 크게 부드럽고, 庚은 양금(陽金)으로 굳세고 힘이 강하고 굽힐 줄 모른다. 굳세고 부드러움이 서로 구제되어 인의(仁義)를 아우르는 바탕이 된다. 그러므로 주인은 결단성 있고 용감하게 지킬 수 있다. 부드럽게 아첨하는 말에 현혹되지 않고, 오직 인(仁)만 주선하고 오직 의(義)로 진퇴하고 오행이 왕성하게 생하면 뼈대가 빼어나고 형체가 깨끗하다."

3) 병신합(丙辛合)

"丙과 辛은 이름이 위제지합(威制之合)에 해당한다. 丙은 양화(陽火)가 되고, 불빛이 빛나고 스스로 성(盛)하다. 辛은 음금(陰金)으로 칼날을 이기고 살(煞)을 좋아한다. 그러므로 丙辛은 위제지합(威制之合)이라 한다. 주인의 의용(儀容)이 위엄 있고 엄숙하여 많은 사람들이 무서워하고 두려워하며 혹독(酷毒)하고 뇌물을 좋아하고 음란한 것을 좋아한다."

4) 정임합(丁壬合)

"丁과 壬은 이름이 음닐지합(淫暱之合)에 해당한다. 壬은 순수한 음(純陰)의 水로서 삼광(三光)이 비치지 못하고, 丁은 감추어진 음(純陰)의 火로 스스로 어두워 밝히지 못한다. 그러므로 丁壬은 음닐지합(淫暱之合)이라고 하는 것이다. 주인은 눈이 밝고 신비롭고 요염하다. 정이 많고 마음을 쉽게 움직이고, 고상하고 깨끗하게 일을 하지 못하고, 습관이 천하여 뜻이 없고, 잠자리를 기뻐하고 색에 빠지고, 나에게는 소중한 본보기로 삼고 저쪽에게는 탐욕이라 본다."

5) 무계합(戊癸合)

"戊와 癸는 이름이 무정지합(無情之合)에 해당한다. 戊는 양토(陽土)이다. 이는 늙고 추한 남편이고, 癸는 음수(陰水)로 쇠하여 가냘픈 아내로, 늙은 양과 작은 음이 된다. 비록 합하여 무정(無情)하지만 주인이 혹은 좋고 혹은 추한데, 가령 戊가 癸를 얻으면 아리따운 태도로 아양을 떠는 신(神)이 있어 아름다운 모습의 여자를 얻는다. 남자는 젊은 여자에게 장가가고, 부인은 아름다운 지아비에게 시집간다. 만약 癸가 戊를 얻으면 생김새가 예스럽고 질박하고, 늙어 속세의 티끌에 따르게 된다. 남자는 늙은 부인에게 장가가고, 부인은 늙은 지아비에게 시집가게 된다. 경(經)에서 이르기를 戊가 癸를 얻어 합하는 것은 젊은이와 어른이 합하는 것으로 이것을 무정(無情)하다 하였다."

간혹 십간이 반드시 여섯 번째와 합하는 것은 어떤 이유에서인가 묻는데, 내가 답하여 보면 천지의 수(數)는 각 5개에 불과한데, 상 5위는 생수(生數)가 되고, 하 5위는 성수(成數)로 생수와 성수가 서로 만난 연후에 합이 된다.

◉ 주역 계사전^(繫辭傳)에 의하면 생수^(生數)는 1·2·3·4·5 성수^(成數)는 6·7·8·9·10
으로 구분되며 이들 생수와 성수가 각각 합하게 되는데 1-6, 2-7, 3-8,
4-9, 5-10이 합하게 되어 변화가 생기게 된다. 그 변화는 오행을 생성하는
것이다. 즉, 1은 水를 생하고 6은 水를 성하고^(丙辛水), 2가 火를 생하고 7이 火
를 성하며^(戊癸火), 3이 木을 생하고 8이 木을 성하며^(丁壬木), 4가 金을 생하고 9가
金을 성하며^(乙庚金), 5가 土를 생하고 10이 土를 성한다^(甲己土). 이것이 앞장에서
익힌 오행의 상징 배속에서 숫자의 오행 배속이다.

2. 지지의 합^(地支合)

지지의 합은 지지에서 이루어지는 합으로 음^(陰)과 양^(陽)의 만남이며 오행과 오
행이 묶여서 기^(氣)가 같이 모이는 것을 의미한다. 지지합은 인간사와 사회적 환
경인 주거와 직업과 근무환경 등에 변화가 생긴다. 그래서 합을 한 경우에는
그 조건을 잘 살펴야 한다.

합해서 화^(化)가 될 수 있는지 없는지, 합을 방해하는 세력이 있는지, 합을 도
와 합을 쉽게 하는 세력이 있는지 등의 변화 작용을 정확하게 읽어야 사주풀이
를 할 때 확실하고 오류 없이 할 수 있다.

1) 육합^(六合)
육합도 천간의 합처럼 음과 양이 만나 6개의 합이 이루어지는데 기^(氣)적인 합
보다 질^(質)적인 합이다.

* 자축합화 토(子丑合化 土) ➡ 극합(剋合) → 토극수(土剋水)
* 인해합화 목(寅亥合化 木) ➡ 생합(生合) → 수생목(水生木)
* 묘술합화 화(卯戌合化 火) ➡ 극합(剋合) → 목극토(木剋土)
* 진유합화 금(辰酉合化 金) ➡ 생합(生合) → 토생금(土生金)
* 사신합화 수(巳申合化 水) ➡ 극합(剋合) → 화극금(火剋金)
* 오미합화 화기운(午未合化 火氣運) ➡ 생합(生合) → 화생토(火生土)

✦ 생합은 도우면서 관계를 깊게 할 수 있는 진정한 합이라고 한다면 극합은 어쩔 수 없는 또는 방해하기 위한 합이 되므로 극합보다 생합이 더 잘된다고 본다.

육합의 구성 모양

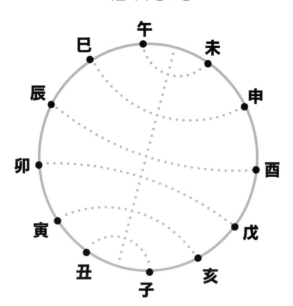

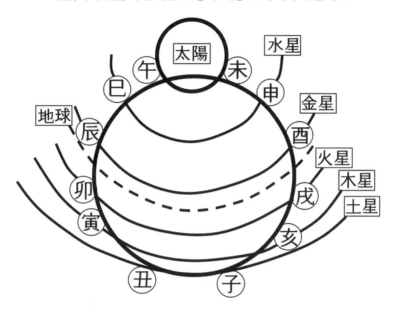

지합(지지육합)의 변하는 오행과 태양계 배치와의 일치도

⊙ 삼명통회에서 육합에 대해 설명한 내용이다.

"12월은 丑이 되는데 이때 현효(玄枵)가 임해(壬亥)의 사이에 같이 있다. 그래서 현호는 子에 있게 된다. 이것이 子丑 합이 된 까닭이다."

"정월은 寅이 되는데 이때 추자(娵訾)가 壬亥 사이에 존재한다. 추자로서 亥의 진에 있게 된다. 이것이 寅과 亥가 합이 된 까닭이다."

"2월은 卯가 되는데 이때 강루(降婁)는 壬亥의 사이에 있게 되고 강루는 戌에 위치한 별이 되니 卯와 戌이 합이 된 까닭이다."

"3월은 辰이 세워지고 이때 대량(大梁)이 壬亥의 사이에 있게 되고 대량은 酉에 위치한 별이 되니 이것이 辰과 酉가 합이 된 까닭이다."

"4월은 巳가 세워지고 이때 실침(實沈)이 壬亥의 사이에 있게 되고 실침은 申에 위치한 별이 되니 이것이 巳와 申이 합하는 수^(數)가 된다."

"5월은 午가 세워지고 이때 순수^(鶉首)가 壬亥의 사이에 있고 순수는 未에 위치한 별이 된다."

"6월은 未가 세워지고 이때 순화^(鶉火)는 壬亥의 사이에 있고 순화는 午에 위치한 별이 되니 午와 未가 합하는 수^(數)가 된다."

"7월은 申이 세워지고 이때 순미^(鶉尾)가 壬亥의 사이에 있게 되고 순미는 巳에 위치한 별이 되니 그래서 巳와 申은 합하게 된다."

"8월은 酉가 세워지고 이때 수성^(壽星)은 壬亥의 사이에 있고 수성이 辰의 위치가 되니 그래서 辰과 酉가 합이 된 까닭이다."

"9월은 戌이 세워지고 이때 대화^(大火)는 壬亥의 사이에 있고 대화는 卯의 위치가 되니 이런 까닭에 卯와 戌이 합하게 된다."

"10월은 亥가 세워지고 이때 석목^(析木)은 壬亥의 사이에 있고 석목은 寅의 위치가 되니 이런 까닭에 寅과 亥가 합한다."

"11월은 子가 세워지고 이때 성기^(星紀)는 壬亥의 사이에 있고 성기는 丑의 위치가 되니 이런 까닭에 子와 丑이 합하게 된다."

"12월은 丑이 세워지고 이때 원효^(元枵)가 壬亥의 사이에 있게 되어 일, 월이 회동^(會同)하는 수^(數)를 얻게 된다."

"12차^(次)에 대해서 고대인들은 태양, 달, 별의 운행과 절기의 변화를 설명하기 위하여 황도 부근의 하늘을 서쪽에서 동쪽으로 향하는 방향으로 하여 성기, 현효, 추자, 강루, 대량, 실침, 순수, 순화, 순미, 수성, 대화, 석목의 12등급으로 나누고 그것을 12차라고 하였다."

2) 삼합(三合)

삼합은 사계절의 생(生), 왕(旺), 묘(墓)에 해당하는 지지가 모여 합국을 이루고 특정 오행의 기운으로 변하는 것이다. 삼합의 구성은 각 계절의 시작인 寅, 申, 巳, 亥의 4생지(四生支)를 앞에 두고, 계절의 가장 왕성한 시기인 子, 午, 卯, 酉 4왕지(四旺支) 가운데 두고, 마지막에 각 계절을 마무리하는 시기인 辰, 戌, 丑, 未의 4묘지(四墓支)를 둔다. 이때 삼합화(三合化)하는 오행은 4왕지의 지장간 정기(正氣)를 따른다. 삼합국(三合局)이 되면 국의 오행이 강력한 에너지가 생겨서 영향력이 대단해진다.

＊ 해 · 묘 · 미 목국(亥·卯·未木局) → 합하여 목으로 변한다.

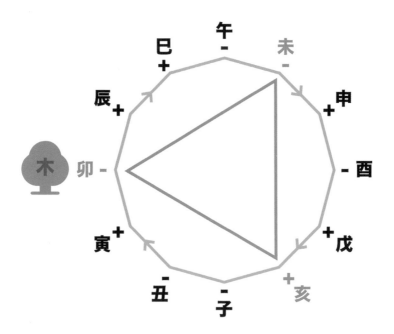

＊ 인 · 오 · 술 화국^(寅·午·戌火局) → 합하여 화로 변한다.

＊사・유・축 금국^(巳・酉・丑 金局) → 합하여 금으로 변한다.

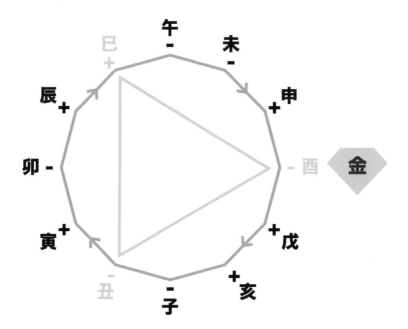

* 신 · 자 · 진 수국^(申 · 子 · 辰 水局) → 합하여 수로 변한다.

① 삼합의 3개의 지지가 화^(化)하는 것을 살펴보면 지장간^(支藏干)과 밀접한 관계가 있다. 삼합의 시작은 생^(生)으로 지장간 중기^(中氣)에 양간^(陽干)이 존재하고, 가장 왕성한 것이 왕^(旺)으로 지장간 정기^(正氣)에 음간^(陰干)이 있고, 마무리 시기를 묘^(卯)·고^(庫)라고 하며 지장간 중기^(中氣)에 음간^(陰干)이 있다.

* 해묘미^(亥卯未) 삼합 목국^(木局)을 살펴보면 亥의 지장간^(戊·甲·壬) 속에는 중기에 甲木이 있고, 卯의 지장간^(甲·乙) 속에는 정기에 乙木이 있고, 未의 지장간^(丁·乙·己) 속에는 중기에 乙木이 있어 목^(木)으로 삼합을 이룬다.
* 인오술^(寅午戌) 삼합 화국^(火局)을 살펴보면 寅의 지장간^(戊·丙·甲) 속에는 중기에 丙火가 있고, 午의 지장간^(丙·己·丁) 속에는 정기에 丁火가 있고, 戌의 지장간^(辛·丁·戊) 속에는 중기에 丁火가 있어 화^(火)로 삼합을 이룬다.
* 사유축^(巳酉丑) 삼합 금국^(金局)을 살펴보면 巳의 지장간^(戊·庚·丙) 속에는 중기에 庚金이 있고, 酉의 지장간^(庚·辛) 속에는 정기에 辛金이 있고, 丑의 지장간^(癸·辛·己) 속에는 중기에 辛金이 있어 금^(金)으로 삼합을 이룬다.
* 신자진^(申子辰) 삼합 수국^(水局)을 살펴보면 申의 지장간^(戊·壬·庚) 속에는 중기에 壬水가 있고, 子의 지장간^(壬·癸) 속에는 정기에 癸水가 있고, 辰의 지장간^(乙·癸·戊) 속에는 중기에 癸水가 있어 수^(水)로 삼합을 이룬다.

✦ 삼합과 지장간 ✦

삼합(三合)	해묘미(亥卯未)	인오술(寅午戌)	사유축(巳酉丑)	신자진(申子辰)
국(局)	목국(木局)	화국(火局)	금국(金局)	수국(水局)
지장간(支藏干)	亥의 중기 甲 卯의 정기 乙 未의 중기 乙	寅의 중기 丙 午의 정기 丁 戌의 중기 丁	巳의 중기 庚 酉의 정기 辛 丑의 중기 辛	申의 중기 壬 子의 정기 癸 辰의 중기 癸

지지 삼합의 반합(半合)		
해묘합 목(亥卯合 木)	묘미합 목(卯未合 木)	해미합 목(亥未合 木)
인오합 화(寅午合 火)	오술합 화(午戌合 火)	인술합 화(寅戌合 火)
사유합 금(巳酉合 金)	유축합 금(酉丑合 金)	사축합 금(巳丑合 金)
신자합 수(申子合 水)	자진합 수(子辰合 水)	신진합 수(申辰合 水)

② 반합은 삼합을 이루는 지지 중에 두 글자만 있어도 합을 이루는데 삼합의 기운은 다소 약해진다. 명리학자에 따라서 약간의 차이를 보이는데 반합은 두 글자 중에 왕지가 꼭 있어야 반합이 된다고 주장하는 학자와 세 글자 중에서 두 글자만 있어도 반합이 성립된다고 주장하는 학자가 있다. 후자도 삼합의 강도는 약하지만 운 등에서 오면 기운이 강해질 수 있다.

3) 방합(方合)

방합은 방위가 같은 지지가 모인 것으로 방위의 합이자 계절의 합이다. 방합은 같은 동족 간의 결합으로 오행의 힘이 가장 강하다. 대운이나 세운에서 사주 원국과 방합을 하면 이동, 이사, 전출, 출장, 이민, 유학 등을 하게 된다.

✦ 방합 ✦

* 인묘진합 목국(寅卯辰合 木局) → 동방(東方) → 봄 1. 2. 3 월
* 사오미합 화국(巳午未合 火局) → 남방(南方) → 여름 4. 5. 6 월
* 신유술합 금국(申酉戌合 金局) → 서방(西方) → 가을 7. 8. 9 월
* 해자축합 수국(亥子丑合 水局) → 북방(北方) → 겨울 10. 11. 12 월

지지 방합의 반합(半合)	
인묘합 목(寅卯合 木)	묘진합 목(卯辰合 木)
사오합 화(巳午合 火)	오미합 화(午未合 火)
신유합 금(申酉合 金)	유술합 금(酉戌合 金)
해자합 수(亥子合 水)	자축합 수(子丑合 水)

① 방합은 세 글자가 다 있어야 합이 되며 두 글자만 있으면 해당 오행이 혼잡(混雜)한 것으로 보는 학자들이 있고, 다른 의견의 학자는 예를 들어 해자축(亥子丑)에서 해자(亥子), 자축(子丑), 해축(亥丑) 등과 같이 두 글자만 있어도 반합이 성립되며 세 글자의 방합보다는 약하다고 보는 의견이 대립한다.

2

충(沖)

충(沖)은 비다, 꺼리다, 부딪치다 등의 뜻이 있다. 충은 충돌하여 깨지고 손상되는 것으로 주로 흉한 것으로 보게 된다. 그러나 충이 나쁜 것만은 아니다. 나쁜 작용을 하는 세력을 억제하고 유연하게 해주어 그 흉한 작용이 약해지므로 좋은 변화를 줄 수도 있다. 따라서 충은 부정적인 면만 있는 것이 아니라 좋을 수도 있고 나쁘게 작용할 수도 있는 것이다.

충이 적당하여 사주에 좋게 작용하면 합격, 당선, 발전, 승진 등으로 변하게 되나 충이 나쁘게 작용하면 사고, 실직, 질병, 수술, 관재 등이 나타난다.

1. 천간충(天干沖)

천간충은 칠충(七沖)이라고 하며 자신으로부터 천간 글자의 일곱 번째와 충을 한다. 양과 양 또는 음과 음이 만나면 조화를 이루지 못하고 부딪친다. 또한 오

행 중에서 내가 극하는 것과 나를 극하는 것과 충을 하고, 방위상으로는 반대
방위와 충을 한다.

천간충의 구성 모양

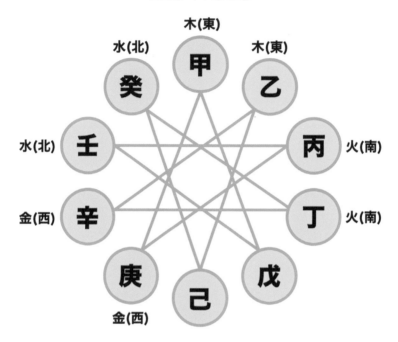

1) 천간의 충은 갑경충^(甲庚沖), 을신충^(乙辛沖), 병임충^(丙壬沖), 정계충^(丁癸沖) 4개가 있다.
이 4개의 충 이외에도 戊-甲, 己-乙, 庚-丙, 辛-丁, 壬-戊, 癸-己를 충으로
보는 경우가 있는데 이는 정반대 방향의 에너지가 아니므로 충이라 하지 않고
상극이라 한다. 즉, 천간이 편관^(偏官)을 만나 극제^(剋制)되는 것은 충과 구분이 쉽지
않기 때문이다.

2) 천간에서 합과 충이 같이 있다면 선합후충^(先合後沖)으로 합이 먼저 형성된다
고 본다.

천간충

+ 천간의 충과 극 +

천간충(天干沖)	갑경충(甲庚沖)	을신충(乙辛沖)	병임충(丙壬沖)	정계충(丁癸沖)

상극 (相剋)	무갑극 (戊甲剋)	기을극 (己乙剋)	경병극 (庚丙剋)	신정극 (辛丁剋)	임무극 (壬戊剋)	계기극 (癸己剋)

3) 삼명통회에서는 '천간충을 갑 · 을 · 병 · 정 · 무 · 기 · 경 · 신 · 임 · 계에서 제 7위에 해당하는 것이 칠살(七殺)이 되고 또 칠충(七衝)이라고 하고 강한 배척력이 발생한다. 갑경(甲庚), 을신(乙辛), 병임(丙壬), 정계(丁癸)가 되고 무기(戊己)는 충(衝)이 되지 않는다.'라고 하였다.

2. 지지충(地支沖)

지지충(地支沖)은 일곱 번째 지지와 서로 충을 하므로 천간처럼 칠충(七沖)이라고 한다. 금 · 목(金 · 木)과 수 · 화(水 · 火)가 서로 대립하면서 음은 음과 양은 양과 서로 부딪치며 발생한다. 지지충은 지지에 암장된 지장간의 작용에 의해 서로 충돌하여 피해를 입는 경향이 있다.

	목 · 금(木 · 金) (봄 가을의 충)	화 · 수(火 · 水) (여름 겨울의 충)
사생지(四生支)의 충	인신충(寅申沖)	사해충(巳亥沖)
사왕지(四旺支)의 충	묘유충(卯酉沖)	오자충(午子沖)
사고지(四庫支)의 충	진술충(辰戌沖) (辰 중에 乙), (戌 중에 辛)	미축충(未丑沖) (未 중에 丁), (丑 중에 癸)

◉ 지지충은 같은 오행끼리는 충을 하지 않는다. 그런데 진술충(辰戌沖)과 축미충(丑未沖)은 토(土)끼리 만나는데 왜 충이 되는 것일까? 이유는 진(辰)은 동방(東方)이고 술(戌)은 서방(西方)에 속해 그 속에 들어 있는 목(木)과 금(金)이 충을 하는 것이고, 축(丑)은 북방(北方)에 속하고 미(未)는 남방(南方)에 속하니 남방의 화(火)와 북방의 수(水)가 서로 충하는 것이다. 지지에 숨어 있는 지장간이 충을 하는 것이다.

지지충의 구성 모양

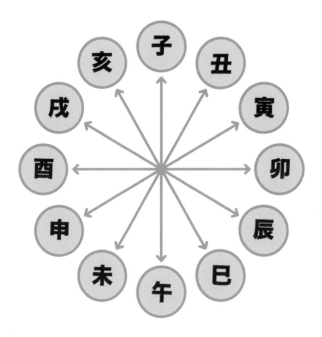

⊙ 지지충은 계절의 반대, 방향의 반대, 시간의 반대와 충을 한다. 즉, 서로 마주보는 지지끼리 충을 한다.

⊙ 삼명통회에서는 지지충의 칠살^(七煞)에 대해서 "대면하여 상충^(相沖)하는 기^(氣)를 일컫는데 또 하나의 칠살^(七煞)이라고 한다. 지지^(地支)의 7위^(位)를 취하면 충^(沖)이 된다. 마치 천간이 7위를 취하면 살^(煞)이 되는 그 의미와 같다. 가령 자오^(子午)가 대^(對)하면 충한다. 자^(子)에서 오^(午)까지는 7수^(數)가 되고, 갑^(甲)이 경^(庚)을 만나면 살^(煞)이 되는데, 갑^(甲)에서 경^(庚)까지도 7수^(數)가 된다. 수^(數)들 중에서 6은 곧 합이 되고, 7은 곧 과^(過)가 된다. 그래서 서로 충격^(衝擊)하여 살^(煞)이 된다. 역^(易)을 살펴보면 곧

원^(坤元)은 6을 사용하니, 그 수^(數)는 6은 있게 되지만 7은 없는 것이니, 7은 천지의 궁수^(窮數)로 음양의 극기^(極氣)가 된다."라고 하였다.

1) 인신충^(寅申沖)

인과 신의 충은 역마충이라고 하고, 활동성이 좋아서 앞장서서 밀고 나가거나 속도를 낸다. 그러나 성급함이 앞서서 서두르는 경향이 많고, 결과를 보기 전에 변질되는 성향이 있다. 이는 시작은 잘하지만 마무리가 약하고 스스로 고생을 사서 하는 일이 많다.

2) 사해충^(巳亥沖)

사해충은 하지 않아도 좋을 일을 만들어서 후회하거나 타인의 일을 도와준다고 간섭한 것이 구설이나 논쟁에 휘말리는 경우가 있다. 생지^(生支)로서 일이 시작되는 시점의 충으로 새로움에 대한 변화와 변동, 수정 등이 발생한다. 사해충은 정신적인 문제를 잘 일으킨다.

3) 자오충^(子午沖)

자오충은 왕지^(旺支)로서 환경과 공간이 확정된 상태에서 발생한 충이다. 현 위치 고수나 직위 유지와 같이 고유의 영역을 유지하기 위해 양보하지 않고 강하게 버티니 이것으로 인해 피해가 크다. 자오충은 환경이나 공간에 대한 변동, 지위나 자리의 변동이 생긴다.

4) 묘유충^(卯酉沖)

묘유충은 충 중에서 가장 강력한 충이다. 또한 원수 간의 충이라 하여 가장 꺼린다. 자기 실리를 찾기 위해서는 배반할 소지가 있고, 사람과의 관계에서 충돌이 많이 발생하거나 나의 호의가 오히려 비방으로 돌아와 후회하고 원한을 가지게 된다. 왕지의 충으로 묘^(卯)와 유^(酉)의 작용이 강력하여 대운이나 연운에서 사주원국과 묘유충을 하면 변화나 변동의 폭이 크고 사건 사고가 생긴다.

5) 진술충^(辰戌沖)

진술충은 진^(辰) 중의 여기^(餘氣)인 을목^(乙木)과 술^(戌) 중에 여기^(餘氣)인 신금^(辛金)이 상충하므로 겉으로는 동방^(東方)과 서방^(西方)의 싸움이 일어나고 속에서는 수·화^(水·火)의 싸움이 뒤따르게 된다. 진토^(辰土)는 새로운 일을 벌이려는 급진적 성향을 갖고 있으며, 술토^(戌土)는 현 상황을 유지하려는 보수적인 성향을 가지고 있다.

6) 축미충^(丑未沖)

축미충은 상친상소^(相親相疏)의 충이라 하여 형제나 친구, 친척들과 멀어지거나 소외당하기 쉽다. 축토^(丑土)지장간 속의 계수^(癸水)에 의해 북방^(北方)에 위치하고, 미토^(未土)는 지장간 속의 정화^(丁火)로 인해 남쪽 방향에 위치하게 된다. 겉으로는 수·화^(水·火)의 충돌로 공간의 문제가 나타나고, 속으로는 금^(金)과 목^(木)의 시간적 문제가 생긴다. 축토는 오래된 공간을 새롭게 고치려는 마음을 생기게 하며, 미토는 새로운 공간으로 이곳저곳 수정하고 고쳐야 하는 수고로움을 갖는다.

3

형(刑)

형(刑)은 '형벌하다, 제어하다, 죽이다.'라는 뜻이 있다. 형은 수술, 질병, 조정, 소송, 형액, 손상, 변화 과정을 의미한다. 사주 내에 형살(刑殺)이 있으면 이와 관련된 의약업, 변호사, 검사, 군인, 경찰, 의사, 교도관, 정육점 등의 직업을 갖는 경우를 볼 수 있다. 이처럼 형은 생왕(生旺) 하거나, 귀격(貴格)이 들거나, 천격(賤格)이 들거나에 따라 부정적 의미나 긍정적 의미를 다 가질 수 있다.

1. 형의 구성 원리

1) 삼명통회에서 형의 구성은 방합(方合)과 삼합(三合)의 결속에서 이루어진다고 설명한다. 한 오행의 기운이 강한 방합에 방합을 생해주는 삼합(三合)을 더해주면 지나치게 강하게 되어 마치 형벌을 가하는 것과 같다.

	수			화			금			목		
三合	申	子	辰	寅	午	戌	巳	酉	丑	亥	卯	未
	↕	↕	↕	↕	↕	↕	↕	↕	↕	↕	↕	↕
方合	寅	卯	辰	巳	午	未	申	酉	戌	亥	子	丑
	목			화			금			수		

2) 삼명통회의 논삼형^(論三刑)편에서 형의 구성을 설명했다.

* 신자진^(申子辰) 삼합과 인묘진^(寅卯辰) 삼위^(三位)를 더하여 申은 寅을 刑하고, 子는 卯를 刑하고, 辰이 辰을 보면 자형^(自刑)한다.

* 인오술^(寅午戌) 삼합과 사오미^(巳午未) 삼위^(三位)를 더하여 寅은 巳를 刑하고, 戌은 未를 刑하고, 午가 午를 보면 자형^(自刑)한다.

* 사유축^(巳酉丑) 삼합과 신유술^(申酉戌) 삼위^(三位)를 더하여 巳는 申을 刑하고, 丑은 戌을 刑하고, 酉가 酉를 보면 자형^(自刑)한다.

* 해묘미^(亥卯未) 삼합과 해자축^(亥子丑) 삼위^(三位)를 더하여 卯는 子를 刑하고, 未는 丑을 刑하고, 亥가 亥를 보면 자형^(自刑)한다.

* 합^(合)한 중에서 형^(刑)이 태어나니 가히 사람들에서 부부가 서로 짝을 하는 것을 뒤집어 형상^(刑傷)에 이르게 하는 것으로 사람의 일에 조화가 되는 그 이치의 하나일 뿐이다.

위의 설명과 표를 보면 寅과 巳와 申이 刑을 한다. 申은 寅을 刑하고, 寅은 巳를 刑하고, 巳는 申을 刑한다. 또 丑과 戌과 未가 刑을 한다. 戌은 未를 刑하고, 丑은 戌을 형하고, 未는 丑을 刑한다. 子卯가 서로 상형^(相刑)하고, 辰, 午, 酉, 亥는 같은 자^(字)끼리 형이 된다.

2. 형의 종류

1) 삼형^(三刑) : 인사신^(寅巳申) ➡ 무은지형^(無恩之刑)

   축술미^(丑戌未) ➡ 지세지형^(持勢之刑)

2) 상형^(相刑) : 자묘^(子卯) ➡ 무례지형^(無禮之刑)

3) 자형^(自刑) : 진진^(辰辰), 오오^(午午), 유유^(酉酉), 해해^(亥亥)

3. 형의 작용

1) 인사신 삼형

인사신 삼형이 사주에 있으면 강력한 형의 작용을 하고 인사^(寅巳), 인신^(寅申), 사신^(巳申)이 있어도 형의 작용을 한다.

* 인사신 삼형이 생왕^(生旺)하면, 중후하여 말이 적고, 욕심이 적고 정이 없고, 뜻도 없고 은혜도 잊고 어지럽히며 많은 것을 속박한다.
* 일을 빠르게 처리하려는 성질이 있어 급하게 일을 처리하려다가 실수하여 후회하는 수가 있다.
* 대인관계에서 이익이 되는 일이라면 부모, 형제, 친척, 은인, 친구들을 배신하고 서로 시기하며 미워하여 쟁송으로 이어진다.

2) 축술미 삼형

축술미 삼형은 세력을 믿는 형으로 丑 중에는 왕수^(旺水)인 癸水를 믿어 戌 중의 묘화^(墓火)인 丁火를 형한다.^(丁癸刑) 未는 왕토^(旺土)가 있어 세를 믿고는 丑 중의 왕수^(旺水)를 형한다.^(己癸刑) 또 未는 丁火의 세를 믿어 丑 중의 金을 형하고^(丁辛刑), 丑은 왕

수^(旺木)의 세를 믿고 戌 중의 火를 형하고^(丁癸刑), 戌은 辛金의 세를 믿고 未 중의 木을 형한다^(乙辛刑). 즉, 음양이 다른 丑戌未 속의 지장간들이 같은 오행인 土를 믿고 있다가 서로 형극하여 배신과 불신이 발생하는 것이다. 축술미 삼형도 축술^(丑戌), 술미^(戌未), 축미^(丑未)의 두 글자만 있어도 삼형이 된다.

* 축술미 삼형이 생왕^(生旺)하면 정신은 의기^(意氣)가 웅호^(雄豪)하고, 눈섭이 크고 얼굴이 훤하고, 직설적으로 공격하는 사람이다.
* 사주에 축술미 삼형이 있으면 평소에 잘 지내다가도 작은 이익이나 금전 관계의 다툼으로 투쟁이나 배신이 생기는 경우가 많다.

◉ 자형^(自刑)이 사주 원국에 있을 때는 성격이 까다롭고, 법률이나 의료 같은 일이 적성에 맞는다.

◉ 인사신 삼형이나 축술미 삼형이 일지, 대운, 연운에 나란히 있는 경우 예를 들면 일지에 寅이 있고, 대운에 戌이 있고 연운에 未가 나란히 있을 때 가장 크고 중요한 사건 사고가 발생한다.

◉ 적천수증주원문^(滴天髓證註原文)에서는 형살에 대해 다른 설명을 하고 있다.
"형^(刑)은 취할 가치가 없다. 亥가 亥를 刑하고, 辰이 辰을 刑하고, 酉가 酉를 刑하고, 午가 午를 刑하는 것을 자형^(自刑)이라고 하는데, 地支의 본기^(本氣)가 지지의 본기를 만난 것으로 스스로 동기^(同氣)라고 일컫는데, 어찌 서로 刑 한다고 하겠는가? 子가 卯를 刑하고, 卯가 子를 刑하는 것은 상생^(相生)이라고 할 수 있는데 어찌 서로 刑을 한다고 하겠는가? 戌이 未를 刑하고, 未가 丑을 刑하는 것은 모두 본기^(本氣)가 같은 土이다. 부당한 刑을 고쳐야 한다. 寅이 巳를 刑하는 것도 역시 五行이 상생하는 것이고, 寅申이 서로 刑한다는 것은 이미 沖이 되었는데 어찌하여 반드시 거듭하여 刑을 하겠는가. 또 子卯는 일형(一刑), 寅巳申는 이형(二刑), 丑戌未는 삼형(三刑)이라고 말한다. 그런데 삼형(三刑)이라고 통칭하여 일컫고 있다. 거기에 또다시 자형(自刑)이 있다. 이 모두 그릇된 착오이니 빼고 버려야 한다.”

❋ 형에 대해서도 학자마다 서로 의견이 다르다. 형살의 적용 여부는 명리학을 공부하시면서 임상 경험을 통해 적용 여부를 결정하시는 것이 좋을 것이다.

4

파(破)

파(破)는 '깨뜨리다, 부수다, 지우다, 쪼개지다.'라는 뜻이다. 잘못된 것을 정리하고, 다듬고, 깨뜨리고, 파괴하고, 방해하는 것이 파이다. 파는 대부분 좋지 않게 작용하지만 용(用)을 얻게 되는 상황에서는 좋게 적용된다. 다른 사람을 파하는 경우에는 사람의 몸을 수술하는 의사의 직업을 가질 수도 있다. 파는 형·충·해(刑·沖·害)가 같이 작용하면 그 영향력은 대단히 크게 되지만 형·충·해보다는 작용력이 약하다. 파에 양(陽)의 지지는 순행하면서, 음(陰)의 지지는 역행하면서 열 번째 지지를 만난다.

예를 들면 子는 양이므로 子부터 시작하여 순행하여 丑 寅 卯 辰 … 순으로 이어져 10번째 지지 酉와 만나고, 丑은 음이므로 丑부터 시작하여 역행하여 子亥 戌 酉 … 순으로 열 번째 지지 辰을 만난다.

1. 파의 종류

✦ 지지의 파 ✦

지지의 파 (地支의 破)	자(子)	축(丑)	인(寅)	묘(卯)	사(巳)	미(未)
	유(酉)	진(辰)	해(亥)	오(午)	신(申)	술(戌)

5

해(害)

해는 육합^(六合)하고 있는 사이를 중간에 방해물로 끼어 쌍방의 단합을 방해하고 피해를 주는 것으로서 이것을 육해^(六害)라고도 한다. 해의 작용은 부모, 형제 등 가까운 사람과 미워하고 싫어하는 일이 생기고, 공동으로 일할 때 생각이 같지 않아 곤란한 일을 당한다.

1. 해의 종류

✦ 지지의 해 ✦

지지의 해 (地支의 害)	자(子)	축(丑)	인(寅)	묘(卯)	신(申)	유(酉)
	미(未)	오(午)	사(巳)	진(辰)	해(亥)	술(戌)

2. 해의 작용

해는 지지 육합^(六合)과 충^(沖)의 작용에 의한 것인데, 삼명 통회에서는 "子未는 천심^(穿心)과 충되어 짝하는 정을 맺지 못하게 하여 자기 자신이 원수를 만드는 것이다. 그래서 해^(害)가 된다. 가령 子에서 태어난 사람이 午가 충 하는 것이 두려운데, 未는 도리어 午와 합하여 가고, 丑은 未가 충하는 것이 두려운데, 午는 도리어 未와 합하여 간다. 寅은 申이 충하는 것이 두려운데, 巳가 申을 합하고, 卯는 酉가 충하는 것이 두려운데, 辰이 酉와 합한다. 申이 寅과 충하는 것이 두려운데, 亥가 寅을 합하고, 酉를 卯가 충하고 戌은 卯와 합한다. 이러한 것이 모두 해^(害)가 된다."라고 설명한다.

다시 말하면 子 · 丑이 합을 하는데, 未가 丑未沖으로 그 합을 방해하므로 子는 未를 싫어하고, 寅 · 亥가 합을 하는데, 巳가 합할 亥를 충을 하여 없애니 寅은 巳를 싫어하는 것이다.

✦ 적천수증주원문^(滴天髓增註原文)의 설명이다.

"子未의 害는 오행이 서로 剋하지 않음이 없지만 丑午, 寅巳의 害는 오행이 서로 生하는 것인데 어찌 하여 해가 된다고 하는가? 또한 刑도 이미 신빙성이 부족하여, 害의 뜻을 더욱 천착^(穿鑿)하였다. 결론적으로 말하면 모든 것은 오행의 생극^(生剋)으로 논하는 것이 옳다. 破의 뜻에 이르러 害가 되지 않으면 刑이 되는 것으로 더욱 경^(經)에 속하지 않으니 삭제해버리는 것이 좋다."

동양 고전 속의 명리학 살펴보기

● 고전에 보이는 음양오행(陰陽五行)과 상생상극(相生相剋)

4. 관자(管子)

『관자』는 24권 86편이다. 관자 가운데 일부분은 관자의 사상과 언행을 관중 또는 그의 문하생이나 추종자에 의해 춘추시대에 저술한 것으로 보이나 많은 부분은 전국시대 작품으로 보인다.

① 사시(四時)편은 계절의 변화에 따른 정치를 서술한 것으로 봄, 여름, 가을, 겨울 사계절에 따라 시행해야 할 정사와 호령(號令)이 있음을 설명하고 있다. 인간사가 자연현상과 서로 영향을 주고받는다는 생각은 천인감응(天人感應) 사상이다.

음양(陰陽)이란 천지의 근본이고 사시(四時)란 음양의 근본 법칙이라고 나온다. 다시 사시에 오행을 배합하는 형태를 취한다.

"음양이란 천지의 근본 원리이다. 사시란 음양의 근본 법칙이다. 형과 덕이란 사시의 운행에 적합해야 한다. 형과 덕이 사시의 운행에 적합하면 복을 낳고, 어기면 화를 낳는다."

是故陰陽者, 天地之大理也, 四時者, 陰陽之大經也, 刑德者, 四時之合也,刑德合於時則生福, 詭則生禍.

"동방을 성(星)이라하고, 그 계절은 봄, 그 기운은 바람이라 하는데, 바람은 나무와 골격을 낳는다. 그 덕은 기쁨으로 가득 차고, 만물을 때에 맞게 나오게 한다."

東方曰星, 其時曰春, 其氣曰風, 風生木與骨, 其德喜**嬴**, 而發出節時.

"남방은 일(日)이라 하고, 그 계절은 여름, 그 기운은 양이라 하는데, 양은 오행의 화(火)와 동식물의 기(氣)를 낳는다. 그 덕은 은혜를 베풀고 즐거움을 누리는 것이다."

南方曰日, 其時曰夏, 基氣曰陽, 陽生火與氣, 其德施舍修樂.

"중앙을 토(土)라 하는데, 토의 덕은 사시를 돕고, 바람과 비로 사시의 운행을 돕고, 토기를 조절하여 생장하는 힘을 증진 시킨다. 토는 피부와 살을 낳는다. 그 덕은 화평하고 고르게 하며, 중정하고 사사로움이 없으며, 참으로 사시를 돕는다."

中央曰土, 土德實輔四時, 入出以風雨, 節土益力, 土生皮肌膚, 其德和平用均, 中正無私, 實輔四時.

"서방을 진(辰)이라 하고, 그 계절은 가을, 그 기운은 음(陰)이라 하는데, 음은 오행의 금(金)과 생물의 껍질을 낳는다. 그 덕은 근심하고 슬퍼함, 고요하고 바름,

장엄하고 화순함, 거처함에 감히 마음껏 음탕하지 않음이다."

西方日辰, 其時日秋, 其氣日陰, 陰生金與甲, 其德憂哀, 靜正, 嚴順,
居不敢淫佚.

"북방을 월(月)이라 하고, 그 계절은 겨울, 그 기운은 추위라 하는데, 추위는 오행의 수(水)와 생물의 혈(血)을 낳는다. 그 덕은 순박하고 따뜻하고 어질고, 자세하고 엄밀함이다."

北方日月, 其時日冬, 其氣日寒, 寒生水與血, 其德淳越溫恕周密.

② 오행(五行)편에서 오행(五行)은 목행어(木行御), 화행어(火行御), 토행어(土行御), 금행어(金行御), 수행어(水行御)를 따라서 이름 지은 것이다.

동지를 지나 갑자일이 되면 목행이 지배한다. 日至, 睹甲子木行御.
병자일이 되면 화행이 지배한다. 睹丙子火行御.
무자일이 되면 토행이 지배한다. 睹戊子土行御.
경자일이 되면 금행이 지배한다. 睹庚子金行御.
임자일이 되면 수행이 지배한다. 睹壬子水行御.

5. 회남자(淮南子)

『회남자』는 한(漢)나라를 개국한 유방(劉邦)의 막내아들인 회남려왕(淮南厲王) 유장(劉長)의 아들 유안(劉安)이 무제(武帝)시기에 식객을 두고 서술케 한 잡가(雜家)에 소속된 도가서(道家書)이다. 21권으로 되어 있다. 유안은 기원전 122년에 반란 계획이 드러나자 아들과 함께 자살했다.

① 회남자의 천문훈(天文訓)에서는 도(道), 우주(宇宙), 기(氣), 천지(天地), 음양(陰陽), 사시(四時), 만물(萬物)로 이어지는 우주만물의 탄생원리에 대한 흐름을 제시했다.

* "무엇을 오성이라 이르는 것인가?

동방은 목이다. 그곳을 맡은 이는 태호이고, 그를 보좌하는 이는 구망이며, 그림쇠를 가지고 봄을 다스린다. 그 신은 세성이 되고, 그 짐승은 창룡이고, 그음은 각이고, 그날은 갑과 을이다.

남방은 화이다. 그곳을 맡은 이는 염제이고, 그를 보좌하는 이는 주명이며, 저울대를 가지고 여름을 다스린다. 그 신은 형혹성이 되고, 그 짐승은 주조이며, 그 음은 치이고, 그날은 병과 정이다.

중앙은 토이다. 그곳을 맡은 이는 황제이고, 그를 보좌하는 이는 후토인데, 먹줄을 가지고 사방을 제어한다. 그 시신은 진성이 되고, 그 짐승은 황룡이며, 그 음은 궁이고, 그날은 무와 기이다.

서방은 금이다. 그곳을 맡은 이는 소호이고, 그를 보좌하는 이는 욕수인데 곱자를 가지고 가을을 다스린다. 그 신은 태백성이 되고, 그 짐승은 백호이며, 그음은 상이고, 그날은 경과 신이다.

북방은 수이다. 그곳을 맡은 이는 전욱이고, 그를 보좌하는 이는 현명이며, 저울추를 잡고 겨울을 다스린다. 그 신은 진성이고, 그 짐승은 현무이며, 그 음은 우이고, 그날은 임과 계이다."

何謂五, 東方木也. 其帝太皞, 其佐句芒, 執規而治春. 其神爲歲星. 其獸蒼龍,其音角, 其日甲乙.

南方火也. 其帝炎帝, 其佐朱明, 執衡而治夏. 其神爲熒惑. 其獸朱鳥, 其音徵, 其日丙丁.

中央土也. 其帝黃帝, 其佐后土, 執繩而制四方. 其神爲鎭星. 其獸黃龍, 其音宮, 其日戊己.

西方金也. 其帝少昊, 其佐蓐收, 執矩而治秋. 其神爲太白. 其獸白虎, 其音商, 其日庚辛.

北方水也. 其帝顓頊, 其佐玄冥, 執權而治冬. 其神爲辰星. 其獸玄武, 其音羽, 其日壬癸.

＊천문훈에서 오행의 색상을 서술한 부분

"임오일이 동지가 되면 갑자일에는 제를 받아서 목으로 용사하며, 화의 연기는 청색이 된다.

72일의 병자일에는 제를 받아서 화를 용사하며, 화의 연기는 적색이 된다.
72일의 무자일에는 제를 받아서 토로 용사하며, 화의 연기는 황색이 된다.
72일의 경자일에는 제를 받아서 금으로 용사하며, 화의 연기는 백색이 된다.
72일의 임자일에는 제를 받아서 수를 용사하며, 화의 연기는 흑색이 된다."

壬午冬至, 甲子受制. 木用事, 火煙靑.
七十二日, 丙子受制. 火用事, 火煙赤.
七十二日, 戊子受制. 土用事, 火煙黃.
七十二日, 庚子受制. 金用事, 火煙白.
七十二日, 壬子受制. 水用事, 火煙黑.

* 천문훈에서 삼진^(三辰 : 삼합)에 대해 서술한 부분

"목은 해에서 낳고 묘에서 장성하고 미에서 죽는다. 해묘미^(亥卯未)의 삼진은 모두 목이다.

화는 인에서 낳고 오에서 장성하고 술에서 죽는다. 인오술^(寅午戌)의 삼진은 모두 화이다.

토는 오에서 낳고 술에서 장성하고 인에서 죽는다. 오술인^(午戌寅)의 삼진은 모두 토이다.

금은 사에서 낳고 유에서 장성하고 축에서 죽는다. 사유축^(巳酉丑)의 삼진은 모두 금이다.

수는 신에서 낳고 자에서 장성하고 진에서 죽는다. 신자진^(申子辰)의 삼진은 모두 수이다.

그러므로 오행^(五行)이 승^(勝)하는 것은 일^(一)에서 태어나고 오^(五)에서 성장하고 구^(九)에서 마친다."

木生于亥, 壯于卯, 死于未. 三辰皆木也.

火生于寅, 壯于午, 死于戌. 三辰皆火也.

土生于午, 壯于戌, 死于寅. 三辰皆土也.

金生于巳, 壯于酉, 死于丑. 三辰皆金也.

水生于申, 壯于子, 死于辰. 三辰皆水也.

故五勝生一, 壯五, 終九.

② 지형훈^(墬形訓)은 동서남북의 산천과 수택이 땅에 실려 있는 것이니 만물의 형세와 조짐이 변화되고 육성되는 바를 기술했다.

* 지형훈에서 오행의 상극과 상생을 서술한 내용

"목은 토를 이긴다. 토는 수를 이긴다. 수는 화를 이긴다. 화는 금을 이긴다. 금은 목을 이긴다. 그러므로 벼는 봄에 나서 가을에 죽는다. 콩는 여름에 나서 겨울에 죽는다. 보리는 가을에 나서 여름에 죽는다. 냉이는 겨울에 나서 한여름에 죽는다.

목이 장성하면 수는 늙고 토가 태어난다. 금이 갇히면 토는 죽는다. 화가 장성하면 목은 늙고 토가 태어난다. 수가 갇히면 금은 죽는다. 토가 장성하면 화는 늙고 금이 태어난다. 목이 갇히면 수가 죽는다. 금이 장성하면 토는 늙고 수는 태어난다. 화가 갇히면 목이 죽는다. 수가 장성하면 금이 늙고 목이 태어난다. 토가 갇히면 화가 죽는다.

음^(소리)에는 다섯 가지의 소리^(宮, 商, 角, 徵, 羽)가 있는데 궁^(宮)이 그것을 주관한다. 색^(빛)에는 다섯 가지의 문채^(靑, 赤, 黃, 白, 黑)가 있는데 황^(黃)이 그것을 주관한다. 미^(맛)에는 다섯 가지의 변화^(酸, 苦, 甘, 辛, 鹹)가 있는데 감^(甘)이 그것을 주관한다. 위^(지위)에는 오재^(五材: 金, 木, 水, 火, 土)가 있는데 토^(土)가 그것을 주관한다."

木勝土, 土勝水, 水勝火, 火勝金, 金勝木. 故禾春生秋死, 菽夏生冬死,
麥秋生夏死, 薺冬生中夏死.
木壯水老火生, 金囚土死. 火壯木老土生, 水囚金死. 土壯火老金生, 木囚水死.
金壯土老水生, 火囚木死. 水壯金老木生, 土囚火死.
音有五聲, 宮其主也. 色有五章, 黃其主也. 味有五變, 甘其主也. 位有五材,
土其主也.

제7장

신살과 귀인

사주명리학에서 사용하는 신살을 살펴보면 겁살(劫煞), 재살(災煞), 천살(天煞), 지살(地煞), 연살(年煞), 월살(月煞), 망신살(亡身煞), 장성살(將星煞), 반안살(攀鞍煞), 역마살(驛馬煞), 육해살(六害煞), 화개살(華蓋煞)의 십이신살(十二神煞)과 귀인에는 천을귀인(天乙貴人), 문창귀인(文昌貴人), 월덕귀인(月德貴人), 천덕귀인(天德貴人), 학당귀인(學堂貴人), 태극귀인(太極貴人), 천주귀인(天廚貴人)이 있고 백호대살(白虎大煞), 괴강살(魁罡煞), 양인살(羊刃煞), 과숙살(寡宿煞), 홍염살(紅艶煞), 고란살(孤鸞煞), 급각살(急脚煞), 탕화살(湯火煞), 천라지망살(天羅地網煞), 낙정관살(落井關煞), 효신살(梟神煞), 부벽살(斧劈煞), 원진살(元嗔煞), 천문성(天門星), 현침살(懸針十煞), 삼재(三災) 등을 많이 사용한다고 볼 수 있으나 그 외에 수많은 신살과 귀인이 존재한다.

일부 상담하시는 분들 중에 돈벌이 수단으로 이것을 이용하거나 또는 명리학을 공부하시면서 원국의 이해보다 신살과 귀인을 먼저 떠올려 상담하려고 하는데 이것은 지양(止揚)해야 할 것으로 보인다. 그러나 신살과 귀인도 상담에 많은 도움을 주기도 하므로 전혀 무시해서는 안 된다. 다만 원국을 해석하고 이해하는데 보충으로 사용해야 할 것이다. 이 장에서는 변화된 현대 사회에서 적용할 수 있는 몇 가지 신살과 귀인을 살펴보겠다.

1
신살(神殺)

1. 역마살(驛馬殺)

역마살의 한자적 의미로는 역 역(驛), 말 마(馬)로서 "역참에 있는 말"이라는 뜻이 된다. 역참에 있는 말은 국가의 행정문서를 전달하는 빠른 말로 언제든지 떠날 수 있게 준비되어 있다. 전 근대 사회에서는 태어난 고향에서 사는 것을 가장 좋고 안정된 삶이라고 생각했다. 따라서 고향을 떠나 사는 삶은 고통이고 힘든 것이라 하여 살(殺)이라고 붙인 것이다.

현대에서 역마가 있는 사람은 정적인 것보다 동적인 것을 선호하여 직업도 활동적인 직업을 선택하면 좋다. 성격도 활동적이고 대인관계도 넓으며 활동하는 범위도 상당히 광범위하다. 임기응변의 재주가 뛰어나고 항상 새로운 것을 추구하고 창조적인 일을 만들어 간다.

＊지지에 생지(生地) 인, 신, 사, 해(寅申巳亥)가 있으면 역마살이라고 한다.

＊일지와 월지에 역마가 같이 있을 때 가장 역마의 영향력이 크고 연지나 시

지에 있으면 그 영향력이 약하다.

* 같은 종류의 역마가 있거나, 다른 종류의 역마가 있거나, 같이 섞여 있을 때나 역마의 개수가 많을수록 그 영향력이 강하게 나타난다.
* 직업은 외교관, 군인, 경찰, 무역업, 관광업, 운수업, 영업직, 광고업, 비행사, 스튜어디스, 통역, 신문 방송, 출판업 등이 어울린다.

2. 도화살(桃花殺)

연살(年殺), 함지살(咸池殺), 욕패살(浴敗殺)이라고도 한다. 도화살의 한자적 의미로는 복숭아 도(桃), 꽃 화(花)로서 "복숭아꽃"이 된다. 고전에서 복숭아꽃의 이미지는 고우면서도 요염한 빛을 보여서 사람의 눈을 홀리며 사람의 마음을 산란하게 하는 꽃이라고 하였다. 도화살은 이런 뜻이 숨겨진 신살의 명칭인 것이다. 예전에는 도화살을 미색을 탐하고 화려한 아름다움을 좋아하고 음란하여 성욕이 강한 것으로 보아 좋지 않게 보는 경향이 많았다.

그러나 현대에서 도화살이 있는 사람은 재주가 많고 두뇌가 뛰어나며 감각이 발달하여 새로운 것을 추구하며 독창적이고 개성이 뚜렷하다. 또한 예쁘고 화려한 것을 좋아하고 매력이 있어 사람들에게 인기가 많다.

* 지지에 왕지(旺地) 자, 오, 묘, 유(子午卯酉)가 있으면 도화살이라고 한다.
* 특히 화려하고 인기를 기반으로 하는 방송, 예술, 연예 방면에 재능을 가지고 있다.
* 일지와 월지에 도화가 같이 있을 때 역마의 영향력이 가장 강하고 연지나 시지에 있으면 영향력이 약하다.
* 같은 종류의 도화가 있거나, 다른 종류의 도화가 있거나, 같이 섞여 있을 때나 도화의 개수가 많을수록 그 영향력이 강하게 나타난다.

* 직업은 가수, 탈렌트, 연극배우, 영화배우, 성악가, 화가, 무용가, 조각가, 웹툰 작가, 디자이너, 아나운서, MC, 유흥업 등이 적성에 맞는다.

3. 화개살(華蓋殺)

화개살의 한자적 의미로는 빛날 화(華), 덮을 개(蓋), 죽일 살(殺)로서 "자기가 쌓아온 부귀와 명성을 모두 덮어버리는 액운"이라는 뜻이다. 옛날에는 화개가 공망이 되면 명예를 버리고 승려나 종교에 귀의하는 것으로 꺼리기도 하였다.

현대의 화개살은 만물을 거두어 저장하는 창고이기도 하고 새로운 것을 창조하는 진리의 창고이기도 하다. 성격은 자신이 뜻한 바를 끝까지 관철하며 지기 싫어하는 기질로 고집스러움이 있다. 은근한 끈기가 있고 행동에 자신감이 넘친다. 독립적이고 자유로운 것을 선호하며 자신을 신임하고 인정해주면 자기 능력 이상을 발휘한다. 다만 힘들이지 않고 한꺼번에 재물을 얻으려고 하다가 화를 당하는 경우가 있고 외롭고 쓸쓸한 삶을 살 수도 있다.

* 지지에 고지(庫地) 진, 술, 축, 미(辰戌丑未)가 있으면 화개살이라고 한다.
* 문화, 예술, 종교, 철학, 미술 등의 계통에 재능을 가지고 있다.
* 일지와 월지에 화개가 같이 있을 때 화개의 영향력이 가장 강하고 연지나 시지에 있으면 영향력이 약하다.
* 같은 종류의 화개가 있거나, 다른 종류의 화개가 있거나, 같이 섞여 있을 때나 화개의 개수가 많을수록 그 영향력이 강하게 나타난다.
* 직업은 사업가, 전문직, 선생님, 공무원, 학원 사업, 정치, 종교인, 예술인, 체육인 등이 어울린다.

4. 백호대살(白虎大殺)

백호대살을 한자로 뜻을 풀이하면 흰 백(白), 범 호(虎), 클 대(大), 죽일 살(殺)로 "흰 호랑이에게 물려가 죽는다"는 큰 재앙을 뜻한다. 기문둔갑 구궁(九宮) 수리에서 나온 것으로 옛날에는 여성이 배우자궁에 백호대살이 있으면서 형ㆍ충이 있으면 이혼하거나 남편이 단명한다는 등 흉살로 보았다.

현대는 전문직에서 활동하면서 생활 의식이 강한 현대적 여성이 많다. 대체적으로 독립적이고 자유롭고 약간의 고집이 있으면서 리더십이 있는 사람으로 볼 수 있다.

천간	甲	乙	丙	丁	戊	壬	癸
지지	辰	未	戌	丑	辰	戌	丑

* 사주 천간과 지지에 갑진(甲辰), 을미(乙未), 병술(丙戌), 정축(丁丑), 무진(戊辰), 임술(壬戌), 계축(癸丑)이 있으면 백호대살이라 한다.
* 의사, 군인, 경찰, 선생님, 의사, 법조인, 공무원, 전문직, 정육업, 스쿠버다이버, 격투기 선수 등이 직업 적성에 맞는다.

5. 괴강살(魁罡殺)

괴강살을 한자로 뜻을 풀이하면 으뜸 괴(魁), 북두칠성 강(罡)으로 "우두머리와 강하다"라는 뜻이 있다. 즉 힘과 권위와 권력을 의미한다. 괴강살을 가진 사람은 독립적이고 타인에게 지시받는 것을 싫어하고 추진력 있게 자신의 주장이나 의견을 밀고 나간다. 총명하고 용감하여 대중을 사로잡는 통솔력과 리더십이 뛰어나다.

한편으로는 자기중심적이고 성격이 급하고 갑자기 돌변하여 화를 불같이 내기도 하고 극단적인 행동을 하기도 한다. 괴강살이 있으면서 길한 사주는 성공하여 높은 지위에 오르거나 출세하는 경우도 있으나 흉한 사주에는 범죄 집단에 가담하거나 범죄자가 될 수도 있다.

천간	庚	庚	壬	壬	戊	戊
지지	辰	戌	辰	戌	辰	戌

* 사주 천간과 지지에 경진(庚辰), 경술(庚戌), 임진(壬辰), 임술(壬戌), 무진(戊辰), 무술(戊戌)이 있으면 괴강살이라 한다.
* 직업은 군인, 경찰, 검찰, 간호사, 의사, 정치인, 사업가, 운동선수가 어울린다.

6. 양인살(羊刃殺)

양인살을 한자로 풀이하면 양 양(羊), 칼날 인(刃), 죽일 살(殺)로 "선량한 양의 머리를 칼로 친다"라는 뜻을 가지고 있다. 양간(陽干) 갑, 병, 무, 경, 임 일간이고 지지에 겁재가 깔려 있는 경우에만 양인살이라 한다. 양간은 기(氣)가 자라는 것이고 음간은 기(氣)가 쇠하는 것이기 때문이다. 양인은 일간의 기가 지나치게 강하여 자신이 칼을 휘둘러 타인에게 해를 입히거나 자신도 칼로 해를 입을 수도 있다.

양인살의 특성은 자존심과 카리스마가 강하고 결단력이 있고 리더십을 발휘하여 대인관계를 잘하므로 친구나 동료가 많이 따른다. 하는 일에 자신감이 넘치고 지지 않는 성격을 가지고 있는 편이며 배짱과 추진력이 있어 일단 하고자 하는 일은 독불장군처럼 밀고 나간다.

한편으로는 강자에게는 순종하는 것처럼 보이지만 속으로는 절대 굽히지 않고 마음속으로는 불만이 있다. 폭력적 성향을 가지고 있고 자기의 주장을 양보하지 않아 마찰이 생겨 적을 만든다. 그러나 진취적이고 활동적이고 배짱도 남다르며 한번 마음먹고 하는 일은 밀어붙이는 힘이 강하여 자수성가하거나 사회생활에서 성공한 사람이 많다.

천간	甲	丙	戊	庚	壬
지지	卯	午	午	酉	子

* 사주 천간과 지지에 갑묘^(甲卯), 병오^(丙午), 무오^(戊午), 경유^(庚酉), 임자^(壬子)가 있을 때 양인살이라 한다.
* 무토^(戊土) 일간은 정인인 오화^(午火)가 양인으로 되어 있는데 그 이유는 오화^(午火) 중에 기토^(己土)가 겁재로서 양인이기 때문이다.
* 직업은 의사, 군인, 경찰, 검찰, 운동선수, 셰프, 요식업, 언론인, 사업가 등으로 성공하는 사람이 많다.

7. 귀문관살^(鬼門關殺)

귀문관살의 뜻을 한자적 의미로 살펴보면 귀신 귀^(鬼), 문 문^(門), 관계할 관^(關),

죽일 살(殺)로 "귀신이 문을 열고 사람과 관계를 주고받는 살"이라는 뜻이 있다. 고전에는 사주에 귀문관살이 있으면 본인의 의지와 상관없이 이상한 행동이나 말을 한다거나 변덕스럽고 까다롭고 엉뚱하고 괴팍하여 정신 질환 기질이 있는 것으로 보아 대부분 부정적으로 기록되어 있다.

현대의 해석은 머리가 영특하여 기억력이 좋고 예술적 소질이나 감수성이 탁월한 것으로 본다. 또한 감수성이 발달하고 예민하고 소심하여 모험하는 것을 두려워하고 다른 사람의 눈치를 본다. 사람을 분석하고 해석하고 판단하는 능력이 뛰어나서 누군가를 돕고 상담하고 분석하는 직업에 어울릴 수 있다.

천간	子	丑	寅	卯	辰	巳
귀문	酉	午	未	申	亥	戌

* 사주 지지에 자유(子酉), 축오(丑午), 인미(寅未), 묘신(卯申), 진해(辰亥), 사술(巳戌)이 있으면 귀문관살이라 한다.
* 귀문관살 두 글자가 붙어 있을 때와 많을수록 영향력이 크고, 하나 있을 때와 떨어져 있을 때는 영향력이 약하다.
* 사주원국이 탁하고 편중되어 있으면서 귀문관살이 있으면 이 살의 영향을 많이 받는다.
* 예민하고 소심하므로 과민성, 신경성, 우울증, 두통, 알레르기를 조심할 필요가 있다.
* 직업은 역학자, 철학자, 종교인, 예술인, 교수, 선생님, 문학인, 상담사, 카운슬러 등이 어울린다.

8. 원진살(怨嗔殺)

원진살을 대모살(大耗殺)이라고도 한다. 한자적 의미로는 원망할 원(怨), 성낼 진(嗔), 죽일 살(殺)로 "원망하고 성내면서 서로 죽이려는 살"로 이해할 수 있다. 궁합을 볼 때 많이 이용하기도 하는데 원진살이 발동하는 운이 들어올 때는 남녀 관계가 갑자기 나빠질 수도 있으니 서로 배려하고 조심하는 것이 필요하다고 볼 수 있다. 예를 들어 子未 원진살을 설명해보면 자수(子水)가 미토(未土)를 만나면 未土는 한여름의 건조하고 뜨거운 土로 水를 土剋水로 극한다. 한편 子水는 未土에게 습기(濕氣)를 제공하고 조후(調候)를 만들어 金生水 할 수 있는 조건을 만들어 주었으나 未土는 土剋水를 하여 배반하므로 원망하고 성내어 원진살이 발생하게 되는 것이다.

子未 원진살은 육친이나 친척 간에 불화하여 원한을 가지게 되어 멀리 떨어져 살아야 하는 경우가 있다. 그러나 金으로 土를 설기(洩氣)하여 土生金하고 다시 金生水 해주면 원진살을 말할 필요가 없다. 이렇듯 원진살이 있으면 무조건 나쁘다고 해석하면 안 된다. 원진살의 축오(丑午), 묘신(卯申), 진해(辰亥), 사술(巳戌)은 귀문관살과 중첩되어 있다.

* 연지와 일지를 기준으로 보는데 지지에 자미(子未), 축오(丑午), 인유(寅酉), 묘신(卯申), 진해(辰亥), 사술(巳戌)이 있으면 원진살이라 한다.

* 양남음녀(陽男陰女)는 충하는 지지 앞 첫 번째 지지가 원진에 속하고 음남양녀(陰男陽女)는 충하는 지지의 뒤 첫 번째 지지가 원진이 된다. 예를 들어 갑자년(甲子年)에 태어난 남자는 午가 子午沖 하니 午 앞의 未가 원진이 된다. 을축(乙丑)년에 태어난 남자는 未가 丑未 충하니 未 뒤의 첫 번째 지지인 午가 원진이 된다.

원진살

9. 천문성^(天門星)

천문성을 한자의 구성으로 설명하면 하늘 천^(天), 문 문^(門), 별 성^(星)으로 "하늘의 문이 열려 있다"라는 뜻으로 천문성의 대표적인 것은 술토^(戌土)와 해수^(亥水)로서 이 것은 하나만 있어도 영향력이 있다. 특히 일지에 있으면 강하게 작용한다고 하는데 그 이유는 주역의 팔괘에서 하늘을 상징하는 건괘를 지지에 대응시킨 것이 술토와 해수이기 때문이다.

천문성이 있으면 감각적으로 앞날을 보는 예지력^(豫知力)과 직관력이 뛰어나고 종교나 철학에 관심이 많다. 사람의 생명을 살리고 사람에게 희망을 주는 직업을 선택하면 좋다.

＊사주 지지에 술, 해, 묘, 미^(戌亥卯未)가 2개 이상이거나 인^(寅)과 유^(酉)는 2개가 나

란히 붙어 있어야 천문성이라 한다. 일지나 월지에 있으면 영향력이 더 크다.

* 직업은 역학자, 심리 상담가, 종교인, 의사, 한의사, 간호사, 법조인, 소방관, 경찰 등이 어울린다.

10. 현침살^(懸針殺)

현침살의 한자적 의미로 매달 현^(懸), 바늘 침^(針), 죽일 살^(殺)로 "바늘이 매달려 있다"라는 뜻을 의미하게 된다.

사주에 현침살이 있는 사람은 바늘처럼 예리하고 날카로운 성격으로 평소 관찰력이나 판단력이 좋아 주위 사람에게 무엇을 판단할 때 생각이나 감정에 치우치지 않는 조언을 잘해준다. 한편으로는 냉정하고 맺고 끊음이 분명하고 마음속의 생각을 바로 말해야 직성이 풀리는 성격으로 욱하여 상대방에게 상처를 주거나 시비가 붙어 사이가 멀어질 수도 있다.

* 사주에 갑, 묘, 오, 미, 신, 신^(甲卯午未辛申)이 4개 이상 있을 때 현침살이라고 한다.
* 직업은 한의사, 의사, 간호사, 역학자, 연예인, 예술인, 활인업, 연구원, 심리학자, 조각가, 미용사, 침술사 등이 어울린다.

2
귀인(貴人)

1. 천을귀인(天乙貴人)

천을귀인은 자미궁(紫微宮)에 있는 천일지존(天一至尊)의 신이다. 하늘의 신이 돕는다는 최고의 길신이다. 사주원국에 천을귀인이 있으면 고고한 성품으로 지혜롭고 총명하여 존경받으면서 살고 인생의 굴곡이 적고 원만하게 살아간다고 본다.

일간	甲戊庚	乙己	丙丁	辛	壬癸
천을귀인	丑未	子申	亥酉	寅午	巳卯

* 천을귀인은 일간을 기준으로 지지에 대입하여 확인한다.
* 진(辰)은 천라(天羅)가 되고 술(戌)은 지망(地網)이 되어 그 천을귀인 방위에는 임하지

않는다.

* 삼형살(三刑殺 : 寅巳申, 丑戌未), 공망, 충, 파 등에 걸리지 않아야 한다.

* 하나만 있어야 좋고 2개 이상이면 천을귀인에 충족하지 않는다.

* 일지나 시지에 있는 것이 가장 작용력이 크고 월지나 연지에 있으면 떨어
  진다.

* 지지의 어느 기둥(柱)에 있으며 어떤 육친이 귀인이지 살펴서 통변한다.

3
삼재(三災)

　삼재는 12년 만에 한 번씩 돌아오는데 3년 동안 궤도를 벗어나서 여덟 가지 재앙에 빠진다고 하여 삼재팔난(三災八難)이라고 한다. 삼재는 화재(火災), 수재(水災), 풍재(風災)이고, 팔난은 손재(損財), 주색(酒色), 질병(疾病), 부모(父母), 형제(兄弟), 부부(夫婦), 관재(官災), 학업(學業)이다.

연지(年支)	삼재(三災)
신자진(申子辰) - 水	인묘진(寅卯辰) - 木
해묘미(亥卯未) - 木	사오미(巳午未) - 火
인오술(寅午戌) - 火	신유술(申酉戌) - 金
사유축(巳酉丑) - 金	해자축(亥子丑) - 水

1. 삼재의 진행

① 삼재에서 태어난 해는 지지 삼합과 관련이 있고, 삼재가 들어오는 해는 지지 방합과 관련이 있다. 삼합의 생지를 충하는 년에 삼재가 들어온다.

② 신자진^(申子辰)年에 태어난 사람은 인묘진^(寅卯辰) 년도에 삼재가 들어온다.
＊원숭이띠, 쥐띠, 용띠 생들은 寅卯辰 년도에 연속적으로 들어온다.
＊신자진^(申子辰)년생은 삼재가 인^(寅)년에 들어와서 진^(辰)년에 나간다.

③ 해묘미^(亥卯未)年에 태어난 사람은 사오미^(巳午未) 년도에 삼재가 들어온다.
＊돼지띠, 토끼띠, 양띠 생들은 巳午未 년도에 연속으로 들어온다.
＊해묘미^(亥卯未)년생은 사^(巳)年에 들어와서 미^(未)年에 나간다.

④ 인오술^(寅午戌)年에 태어난 사람은 신유술^(申酉戌) 년도에 삼재가 들어온다.
＊호랑이띠, 말띠, 개띠 생들은 申酉戌 년도에 연속으로 들어온다.
＊인오술^(寅午戌)년생은 신^(申)년에 들어와서 미^(未)년에 나간다.

⑤ 사유축^(巳酉丑)年에 태어난 사람은 해자축^(亥子丑) 년도에 삼재가 들어온다.
＊뱀띠, 닭띠, 소띠 생들은 해자축^(亥子丑) 년도에 연속적으로 들어온다.
＊사유축^(巳酉丑)년생은 해^(亥)년에 들어와서 축^(丑)년에 나간다.

2. 삼재의 종류

① 들 삼재^(入三災) : 삼재 3년 중에서 시작하는 해
② 눌 삼재^(伏三災) : 삼재 3년 중에서 2년째 해
③ 날 삼재^(出三災) : 삼재 3년 중에서 마지막 해

✦ 오늘날 명리학에서는 잘 쓰지 않는 개념으로 생극제화의 원리에 맞지 않으므로 중요하게 여길 것은 아니다.

◉ 진소암의 명리약언^(命理約言) 제신살론^(諸神殺論)에서는 다음과 같이 말했다.

"옛 서적에서 신살을 120개나 언급해 놓았는데 하나하나 자세히 유추하여 예를 들어 놓았으나 추호도 이치에 맞지 않는 것이 10중에 7, 8개에 상당하고 또한 자^(字)마다 매양 길흉 신살이 10여 개나 모여 있으니 화복^(禍福)을 어찌 취하고 판단하겠는가? 이 모두 술가^(術家)들이 가슴속에 품은 못된 마음으로 거짓되게 지은 것인데 매양 한 권의 책이 나올 때마다 몇 종류씩 증가하였으며 어떤 말로써 사람들을 미혹시키고자 할 때는 이제 무슨 허울 좋은 이름을 세워야 하기 때문인데 때때로 여러 개의 살이 단지 이는 1개의 살인 것이다. 일찍이 살펴보니 역일^(曆日)이 실려 있는 것도 오히려 서로 따르는 폐단이 많은데 하물며 통서^(通書)나 명서^(命書)는 어찌하겠는가?"

◉ 심효첨의 자평진전^(子平眞詮) 논성진무관격국^(論星辰無關格局)의 성신^(星辰)의 1차적 길흉논리에서 다음과 같이 말했다.

"사주팔자의 격국은 전적으로 월령이 사주에 배합함에 의하여 형성된다. 성신^(星辰 : 신살)의 좋고 나쁨에 관해서는 능히 오행생극의 쓰임이 아니며 또 어찌 성

패의 권리를 갖고 있겠는가? 하물며 격국에 장애가 된다면 재·관(財官)이 미물(美物)일지라도 오히려 능히 구제가 불가할 것인데 어찌 길성(吉星)이라 논할 것인가? 격국에 쓰임이 있으면 즉 칠살(七殺) 상관(傷官)이라도 모두 아름다운 물건(美物)이 될 수 있는데 어찌 흉성(凶星)이라 이르겠는가? 이렇듯 격국이 이미 성격(成格)을 이뤘다면 고진팔살(孤辰八殺)이 가득한들 어찌 그 귀함을 손상하겠는가? 격국이 이미 파격(破格)이 되었다면 천덕귀인(天德貴人)이 가득하더라도 어찌 공(功)을 이루겠는가? 요즘 사람들은 경중(輕重)을 알지 못하고 이 길성(吉星)을 보면 즉시 용신을 물리쳐 버리고 사주는 보지도 않으면서 망령되게 귀천(貴賤)을 논하고 화복을 잘못 말하니 심히 가소롭다 할 것이다."

동양 고전 속의 명리학 살펴보기

● 고전에 보이는 음양오행(陰陽五行)과 상생상극(相生相剋)

6. 춘추번로(春秋繁露)

서한(西漢)의 뛰어난 철학가이자 중요한 사상가의 한사람인 동중서(董仲舒)는 공양춘추(公羊春秋)를 근간으로 『춘추번로』(春秋繁露)를 저술하였다. 광천현(廣川縣)사람이고 젊어서 춘추(春秋)를 공부했고 한(漢)나라 경제(景帝)때 박사(博士)가 되었고 사마천의 경학사상(經學思想)에도 영향을 주었다. 아울러 많은 제자를 가르쳤다.

전국시대에 발전한 음양오행이론을 유가(儒家)의 인의(仁義)를 배합시켜 새로운 사상인 천인상감론(天人相感論)을 통하여 천,지,인(天地人)의 세계관을 음양오행의 틀로써 구체적으로 체계화시켰다. 모든 학파를 유가중심(儒家中心)으로 통합시킴으로써 하나의 사상적 체계를 통일시켰다.

『춘추번로』는 원래 17권 82편이었는데 송나라 이후 3편이 궐실(闕失)되어 현재 79편만이 존재한다.

① 오행대(五行對)

오행대편은 동중서가 하간헌왕(河間獻王)의 "효는 하늘의 이치이고 땅의 의리라는 말은 무엇을 말하는 것 입니까?"라는 질문에 답하는 것이다.

"하간헌왕(河間獻王)이 온성(溫城) 동군(董君)에게 효경(孝經) 삼재장(三才章)에서 효는 하늘의 이치이고, 땅의 의리라고 했는데 무엇을 말한 것인가? 하고 물었다.

대답하였다. 하늘에는 오행이 있으니, 목, 화, 토, 금, 수가 이것입니다. 목이 화를 낳고 화가 토를 낳고 토가 금을 낳고 금이 수를 낳고 수가 목을 낳습니다.

수는 겨울이 되고 금은 가을이 되고 토는 마지막 여름이 되고 화는 여름이 되고 목은 봄이 됩니다.

봄은 낳는 것을 주관하고 여름은 성장하는 것을 주관하고 마지막 여름은 양육하는 것을 주관하고 가을은 거두는 것을 주관하고 겨울은 저장하는 것을 주관하니, 저장하는 것은 겨울에 이루어지는 것입니다.

이 때문에 아버지가 낳아야 그 자식이 자라게 되고, 아버지가 자라게 해야 그 자식이 양육되고, 아버지가 양육해야 그 자식이 이루는 것입니다. 아버지가 하는 것을 그 자식이 모두 받들어 이어서 행하여 감히 아버지의 뜻과 같이 이루지 않음이 없어야 사람의 도리를 다하는 것입니다.

이 때문에 오행(五行)은 오상(五常)인 것입니다. 이런 까닭에서 살펴보면 아버지가 주고, 자식이 받는 것은 바로 하늘의 도(道)입니다. 그러므로 효를 말하는 것은 하늘의 도리라고 하였으니 이것을 일컫는 것입니다."

河間獻王問溫城董君曰, 孝經曰, 夫孝天之經, 地之義, 何謂也？

對曰, 天有五行, 木火土金水是也. 木生火, 火生土, 土生金, 金生水, 水生木,

水爲冬, 金爲秋, 土爲季夏, 火爲夏, 木爲春, 春主生, 夏主長, 季夏主養,

秋主收, 冬主藏, 藏冬之所成也.

是故父之所生, 其子長之, 父之所長, 其子養之, 父之所養, 其子成之.

諸父所爲, 其子皆奉承而續行之, 不敢不致如不之意, 盡爲人之道也.

故五行者, 五行也. 由此觀之, 父授之, 子受之, 乃天之道也. 故曰夫孝者,

天之經也, 此之謂也.

② 오행지의^(五行之義)

오행지의편에서 동중서가 처음으로 음양오행^(陰陽五行)을 미루어 재이^(災異)를 말했고 춘추의 득실을 밝혔는데 바로 오행^(五行)을 미루어 인사^(人事)에 결부시킨 것이다.

"하늘에는 오행이 있으니, 첫째는 목이고, 둘째는 화이며, 셋째는 토이고 넷째는 금이며 다섯째는 수이다.

목은 오행의 시작이고 수는 오행의 끝이며 토는 오행의 가운데이니 이것은 하늘이 정해 놓은 차례이다. 목이 화를 낳고 화가 토를 낳고 토가 금을 낳고 금이 수를 낳고 수가 목을 낳으니, 이것은 아버지와 자식의 관계이다.

목은 좌측에 있고 금은 우측에 있고 화는 앞에 있고 수는 뒤에 있고 토는 중앙에 있으니, 이것은 부자간의 차례이다.

서로 받아서 오행의 기운을 펴니, 이 때문에 목은 수에서 받고 화는 목에서 받고 토는 화에서 받고 금은 토에서 받고 수는 금에서 받는다. 주는 것들은 모두 그 아버지가 되고, 받는 것들은 모두 그 자식이 된다. 언제나 그 아버지로 그 자식을 부리는 것이 하늘의 도이다.

이 때문에 목이 생긴 뒤에 화가 보살피고 금이 죽은 뒤에 수가 거두어 간직하며, 화가 목을 좋아해서 양^(陽)으로써 보살피고 수가 금을 이겨서 음^(陰)으로 마치게 되니, 땅이 하늘을 섬기는 것은 그 충성을 다하는 것이다.

그러므로 오행은 바로 효자와 충신의 행실이다."

天有五行, 一曰木, 二曰火, 三曰土, 四曰金, 五曰水.
木五行之始也, 水五行之終也, 土五行之中也, 此其天次之序也. 木生火,

火生土, 土生金, 金生水, 水生木, 此其父子也. 木居左, 金居右, 火居前,
水居後, 土居中央, 此其父子之序, 相受而布.
是故木受水而火受木, 土受火, 金受土, 水受金也. 諸受之者, 皆其父也,
受之者, 皆其子也. 常因其父以使其子, 天之道也.
是故木已生而火養之, 金已死而水藏之. 火樂木而養以陽, 水剋金而喪以陰,
土之事火, 竭其忠, 故五行者, 乃孝子忠臣之行也.

"오행의 순서는 각각 그 차례와 같고 오행의 직분은 각각 그 능력으로 이루는
것이다. 이런 까닭에 목은 동방에 있으면서 봄 기운을 주관하고, 화는 남방에
있으면서 여름 기운을 주관하고, 금은 서방에 있으면서 가을 기운을 주관하고,
수는 북방에 있으면서 겨울 기운을 주관하는 것이다.

그러므로 목은 낳는 것을 주관하고 금은 죽는 것을 주관하고, 화는 더위를 주
관하고 수는 추위를 주관해서, 사람 부리는 것을 반드시 그 차례대로 하고, 사
람에게 직분을 맡기는 것을 반드시 그 능력으로 하는 것이니, 이것이 하늘의
이치인 것이다."

五行之隨, 各如其序. 五行之官, 各致其能. 是故木居東方而主春氣,
火居南方而主夏氣, 金居西方而主秋氣, 水居北方而主冬氣.
是故木主生而金主殺, 火主暑而水主寒, 使人必以其序, 官人必以其能,
天之數也.

"토는 중앙에 있어서 천윤(天閏)이라고 하니, 토는 하늘의 팔다리이다. 그 덕이
무성하고 아름다워 한때의 일로 명칭(名稱)할 수 없다. 오행이면서 네 계절밖에 되
지 않는 것은 토가 네 계절에 겸해 있기 때문이다.

금, 목, 수, 화가 비록 각기 맡은 직분이 있으나 토의 도$^{(道)}$를 따르지 않으면 맡은 도리를 확립하지 못하니, 신맛, 짠맛, 매운맛, 쓴맛이 단맛을 따르지 않으면 살찌고 능히 맛을 이루지 못하는 것과 같다. 단맛은 오미$^{(五味)}$의 근본이고 토는 오행의 주인이니, 토기가 오행의 주인이 되는 것은 오미에 단맛이 있는 것과 같아서 얻지 못하면 이루지 못하는 것이다.

이 때문에 성인의 행동이 충$^{(忠)}$보다 귀한 것이 없으니, 토의 덕$^{(德)}$을 이르는 것이다. 관직 가운데 큰 것은 그 직분을 명칭하지 않는 것이니 재상$^{(宰相)}$이 여기에 해당하고, 천관$^{(天官)}$ 가운데 큰 것은 주관하는 것을 명칭하지 않으니 토가 이런 것이다."

土居中央, 爲之天潤. 土者, 天之股肱也. 其德茂美, 不可名以一時之事,
故五行而四時者, 土兼之也.
金木水火雖名職, 不因土, 方不立, 若酸醎辛苦之不因甘肥, 不能成味也.
甘者五味之本也, 土者五行之主也. 五行之主土氣也, 猶五味之有甘肥也,
不得不成.
是故聖人之行, 莫貴於忠, 土德之謂也. 人官之大者, 不名所職, 相其是矣.
天官之大者. 不名所主, 土是矣.

③ 양존음비$^{(陽尊陰卑)}$

양존음비편에서는 양은 귀$^{(貴)}$하고 음$^{(陰)}$은 천$^{(賤)}$하다고 하여 양존음비$^{(陽尊陰卑)}$의 의리를 천명$^{(闡明)}$하였다.

"악한 무리들은 모두 음이 되고 선한 무리들은 모두 양이 된다. 양은 덕$^{(德)}$이고 음은 형벌이 되니 형벌이 덕의 반대지만 덕에 순종하는 것이어서 이것 또한 권도(權道)의 한 종류이다. 비록 권도라고는 하지만 모두 권도에 맡겨서 이루는 것이다.

이런 까닭에 양기는 순행하고 음기는 역행하니 역행해서 순리(順理)를 따르는 것이 양이고, 순행해서 역리(逆理)로 가는 것은 음이다. 이 때문에 하늘은 음으로 권도를 삼고, 양으로 경도(經道)를 삼는 것이다. 양은 나와서 남으로 가고 음은 나와서 북으로 간다. 경도는 성한 것에 쓰이고 권도는 마지막에 쓰인다. 여기에서 하늘이 경도를 드러내고 권도를 숨기며, 덕을 먼저 하고 형벌은 나중에 내리는 것을 볼 수 있다. 그러므로 양은 하늘의 덕이요 음은 하늘의 형벌이라고 한다.

양기는 따뜻하고 음기는 차가우며, 양기는 주고 음기는 빼앗으며, 양기는 어질고 음기는 어그러지며, 양기는 너그럽고 음기는 급하며, 양기는 사랑하고 음기는 미워하며, 양기는 살리고 음기는 미워하며, 양기는 살리고 음기는 죽이는 것이다. 이런 까닭에 양은 항상 실질적인 자리에 위치하여 왕성하게 할 때에 움직이고, 음은 항상 빈자리에 위치하여 마지막에 움직이니, 하늘이 어진 것을 좋아하여 가까이 하고, 어그러지게 변하는 것을 미워하여 멀리하는 것은 덕을 크게 여기고 형벌을 작게 여기는 뜻이다. 경도를 먼저하고 권도를 뒤로 하는 것은 양을 귀하게 여기고 음을 천하게 여기는 것이다.

그러므로 음기는 여름에 땅에 들어가 아래에 위치하여 한 해의 일을 맡지 못하고, 겨울에 땅에서 나와 위에 위치하여 빈자리에 놓이게 된다. 만물을 기르고 성장시킬 때에 아래로 엎드려 있는 것은 멀리 보내서 양이 되지 못하게 하는 것이고, 일이 없는 때에 일으켜 빈자리에 놓아두는 것은 그로 하여금 준비하여 차례로 진행하게 준비시켜 천지를 닫고 막아 지키게 하는 것이다. 이 모든 것은 하늘이 양을 가까이하고 음을 멀리하며, 덕을 크게 여기고 형벌을 작게 여기는 것이다."

惡之屬盡爲陰, 善之屬盡爲陽. 陽爲德, 陰爲刑. 刑反德而順於德, 亦權之類也.
雖曰權, 皆在權成.

是故陽行於順, 陰行於逆. 逆行而順者, 陽也, 順行而逆者, 陰也.

是故天以陰爲權, 以陽爲經. 陽出而南, 陰出而北. 經用於盛, 權用於末.

以此見天之顯經隱權, 前德而後刑也. 故曰, 陽天之德, 陰天之刑也.

陽氣暖而陰氣寒, 陽氣予而陰氣奪, 陽氣仁而陰氣戾, 陽氣寬而陰氣急,

陽氣愛而陰氣惡, 陽氣生而陰氣殺. 是故陽常居實位而行於盛,

陰常居空位而行於末, 天之好仁而近, 惡戾之變而遠, 大德而小刑之意也.

先經而後權, 貴陽而賤陰也.

故陰, 夏入居下, 不得任歲事, 冬出居上, 置之空處也.

養長之時, 伏於下, 遠去之, 弗使得爲陽也. 無事之時, 起之空處, 使之備次陳,
守閉塞也.

此皆天之近陽而遠陰, 大德而小刑也.

④ 음양출입상하^(陰陽出入上下)

음양출입상하편은 천인감응사상^(天人感應思想)의 출발이 되는 부분이다. 음양의 기운이 상하로 출입 하는 것을 가지고 춘하추동^(春夏秋冬)네 계절의 교체를 설명한다.

"중춘^(仲春)월에 이르러서 양기는 정동^(正東)쪽에 있고, 음기는 정서^(正西)쪽에 있으니, 춘분^(春分)이라고 한다.

춘분은 음기와 양기가 반반이다. 그러므로 낮과 밤의 길이가 같고, 추위와 더위가 화평하지만 음기는 날마다 줄어들어 양기를 따르고, 양기는 날마다 더해져서 커진다. 그러므로 날씨가 따뜻하여 더워지고, 대하^(大夏)의 월에 처음으로 남쪽에서 서로 만나 합하여 하나가 되니, 일지^(日至)라고 한다.

나누어져 서로 가서 양기는 오른쪽으로 움직이고 음기는 왼쪽으로 움직이니, 왼쪽으로 움직이는 것은 아래로 내려가고, 오른쪽으로 움직이는 것은 위로 올라간다. 위는 덥고 아래는 추우니, 이것으로써 하늘의 여름을 보면 양기가 오른쪽으로 움직이고 음기가 왼쪽으로 움직이며, 오른쪽으로 움직이는 것은 올라가고 왼쪽으로 움직이는 것은 내려간다.

여름이 끝나면 음양이 함께 북쪽으로 돌아간다. 양기는 북쪽으로 돌아가서 신방위^(申方位)에 들어가고, 음기는 북쪽으로 돌아가서 진방위^(辰方位)에 나아가니, 이곳이 음양이 처음 땅에서 나와 땅으로 들어가는 것을 볼 수 있는 곳이다.

중추^(仲秋)월에 이르러서 양기는 정서^(正西)쪽에 있고, 음기는 정동^(正東)쪽에 있으니, 추분^(秋分)이라고 한다.

추분은 음기와 양기가 반반이다. 그러므로 낮과 밤의 길이가 같고 추위와 더위가 화평하지만, 양기는 날마다 줄어들어 음기를 따르고, 음기는 날마다 더해져서 커진다. 그러므로 계추^(季秋)에 이르러 처음으로 서리가 내리고, 맹동^(孟冬)에 이르러 처음으로 추어지며, 소설^(小雪)에는 만물이 모두 이루어지고, 대한^(大寒)에는 만물이 모두 한해를 마치니, 천지^(天地)의 공이 모두 끝나는 것이다.”

至於仲春之月, 陽在正東, 陰在正西, 謂之春分. 春分者, 陰陽相半也,
故晝夜均而寒暑平, 陰日損而隨陽, 陽日益而鴻, 故爲暖熱, 初得大夏之月,
相遇南方, 合而爲一, 謂之日至.
別而相去, 陽適右, 陰適左, 適左由下, 適右由上, 上暑而下寒, 以此見天之夏,
右陽而左陰也. 上其所右, 下其所左. 夏月盡, 而陰陽俱北還, 陽北還而入於申,
陰北還而出於辰, 此陰陽之所, 始出地入地之見處也.
至於中秋之月, 陽在正西, 陰在正東, 謂之秋分. 秋分者, 陰陽相半也,
故晝夜均而寒暑平, 陽日損而隨陰, 陰日益而鴻, 故至於季秋而始霜,

至於孟冬而始寒, 小雪而物咸成, 大寒而物畢歲, 天地之功終矣.

⑤ 오행상생^(五行相生)

오행상생편은 목, 화, 토, 금, 수로 배열되어 있다.

"천지의 기운이 합하면 하나가 되고 나누어져서는 음과 양이 되며, 갈라져서
는 네 계절이 되고 벌려 놓아서 오행^(五行)이 된다. 행^(行)은 가는 것이니, 그 가는
길은 각기 다른 것이다. 그러므로 오행이라 이르는 것이다.

오행은 각각 관장하는 다섯 가지 관직이니, 나란히 하여 서로를 낳고, 사이가
있으면 서로 이기는 것이다. 그러므로 이것을 잘 이용하여 천하를 다스리는 것
이니, 그것을 거스르면 어지러워지고 순조롭게 따르면 잘 다스려질 것이다."

天地之氣, 合而爲一, 分爲陰陽, 判爲四時, 列爲五行. 行者行也, 其行不同,
故謂之五行.
五行者, 五官也, 比相生而間相勝也. 故爲治, 逆之則亂, 順之則治.

⑥ 오행상승^(五行相勝)

오행상승은 수는 화를 이기고, 화는 금을 이기고, 금은 목을 이기고, 목은 토
를 이기며, 토는 수를 이기는 이치를 말하는 것으로 오행상극^(五行相剋)이라고도 한
다.

"목은 농사에 해당하고, 농사는 백성들이 하는 일이니, 농사에 순종하지 않
고 배반하면 사도에 명하여 처음 악을 범하여 선동한 자를 벌한다. 그러므로
금이 목을 이긴다고 하는 것이다."

夫木者農也, 農者民也, 不順如叛, 則命司徒, 誅其率正矣, 故曰金勝木.

"화는 본조(本朝)이다. 참소하고 간사하여 임금의 지혜를 현혹시키면 법을 집행하여 벌을 주는 것이니, 법을 집행하는 것은 수이다. 그러므로 수가 화를 이긴다고 하는 것이다."

夫火者, 大朝, 有邪讒熒惑其君, 執法誅之, 執法者水也, 故曰水勝火.

"토는 임금의 중앙 관직이다. 임금이 크게 사치해서 도를 지나치고 예를 잃으면 백성들이 배반하고, 백성들이 배반하면 임금이 곤궁에 처하게 된다. 그러므로 목이 토를 이긴다고 하는 것이다."

夫土者, 君之官也, 君大奢侈, 過度失禮, 民叛矣, 其民叛, 其君窮矣,
故曰木勝土.

"금은 사도이니, 사도가 나약하여 능히 사졸 무리를 잘 부리지 못한다면 사마가 그를 주벌하는 것이다. 그러므로 화가 금을 이긴다고 하는 것이다."

金者司徒, 司徒弱, 不能使士衆, 則司馬誅之, 故曰火勝金.

"수는 법을 집행하는 사구이니, 법을 집행하되 편당에 부합하여 공평하게 하지 못하고, 법에 따라 사람을 형벌하지 않는다면 곧 사영(司營)이 그를 주벌하는 것이다. 그러므로 토가 수를 이긴다고 하는 것이다."

夫水者, 執法司寇也, 執法附黨不平, [不]依法刑人, 則司營誅之, 故曰勝水.

⑦ 오행순역^(五行順逆)

오행순역편에서는 네 계절에 서로 배합되는 오행에 대해 말하고 있다.

"목은 봄에 해당하며 만물을 낳는 본성을 지녔으니, 농사의 근본이다.
화는 여름에 해당하여 만물의 성장을 주관하니, 조정안에 있는 관직이다.
토는 여름의 끝에 해당하니, 온갖 종류의 곡식을 성숙시킨다.
금은 가을에 해당하니, 만물을 죽이는 기운의 시초이다.
수는 겨울에 해당하여 만물을 감추니, 지극한 음기이다."

木者春, 生之性, 農之本也.
火者夏, 主成長, 本朝也.
土者夏中, 成熟百種.
金者秋, 殺氣之始也.
水者冬藏, 至陰也.

⑧ 치수오행^(治水五行)

치수오행편에서는 오행은 1년 365일을 다섯으로 나누어 각기 72일씩 관장한다는 것에 대해 논하였다.
『회남자』 천문훈에도 같은 내용이 있다.

"동지로부터 72일까지는 목이 용사^(用事)하는 때이니, 그 기운이 건조하고 탁하면서 푸르다.

그 다음 72일은 화가 용사하는 때이니 그 기운이 몹시 뜨겁고 붉다

그 다음 72일은 토가 용사하는 때이니, 그 기운이 습하고 탁하면서 누렇다.

그 다음 72일은 금이 용사하는 때이니, 그 기운이 몹시 담백하고 희다.

그 다음 72일은 수가 용사하는 때이니, 그 기운이 맑고 서늘하면서 검다.

그 다음이 72일이 지나면 다시 목이 용사하는 때를 얻는다."

日冬至, 七十二日, 木用事, 其氣燥濁而靑.

七十二日, 火用事, 其氣慘陽而赤. 七十二日, 土用事, 其氣溼濁而黃.

七十二日, 金用事, 其氣慘淡而白. 七十二日, 水用事, 其氣淸寒而黑.

七十二日, 復得木.

제8장

십이운성과 공망

사람의 인생도 아기로 태어나서 청년기를 거처 장년이 되고 늙고 병들어 죽게 되는 것은 어느 곳에서나 항상 존재하는 당연한 이치이다. 오행도 이 기본적이고 보편적인 것을 벗어날 수 없고 십이운성도 글자대로 풀이하면 12개의 지지라는 별(星)이 회전하면서 돌아가는 것(運)이다. 즉 십이운성은 십천간이 십이지지를 만나면서 생장하고 소멸하는 과정을 인간 삶의 생로병사 12단계로 요약하여 비유한 것이다.

십이운성은 십이지지를 따라 장생(長生), 목욕(沐浴), 관대(冠帶), 건록(建祿·臨官), 제왕(帝旺), 쇠(衰), 병(病), 사(死), 묘(墓), 절(絶·胞), 태(胎), 양(養)으로 이루어진다.

1

십이운성(十二運星)

1. 십이운성의 의미

십이운성은 계절의 변화를 위주로 만들어진 것이다. 해당 오행의 정방위(正方位)에서는 해당 천간의 십이운성도 강한 것이 들고, 해당 오행이 방위를 잃으면 해당 천간의 십이운성 역시 약한 것이 해당한다. 예를 들면 오행의 목(木)은 동방(東方)을 자신의 정방위로 하는데, 동방에 해당하는 인묘진의 위치에 십이운성의 강한 기운인 관대(冠帶), 제왕(帝王), 쇠(衰)가 각각 배당된다.

절(絶), 태(胎), 양(養), 장생(長生)은 아무것도 없는 상태에서 시작하여 태어남에 이르는 과정을 표현하고, 목욕(沐浴), 관대(冠帶), 건록(建祿), 제왕(帝旺)은 세상과 처음 인연을 맺은 생명이 자라나 삶의 정점에 이르는 과정을 표현했고, 쇠(衰), 병(病), 사(死), 묘(墓)는 전성기를 지나 쇠퇴하여 죽음을 맞아 다시 아무 것도 없는 상태로 돌아가는 과정을 표현한 것으로 볼 수 있다.

분류	십이운성의 분류별 의미
장생(長生)	태어나는 것, 세상과 처음 인연을 맺는 것을 뜻한다.
목욕(沐浴)	목욕함, 사람이 출생한 후에 목욕시켜 때를 씻고 식물의 새싹이 파랗게 돋는 것과 같다.
관대(冠帶)	관을 쓰고 허리띠를 맴, 인간이 점차 성장하여 사회생활을 시작하고 예복을 입는 것.
건록(建祿)	임관이라고도 한다. 문패를 세우고 녹봉을 받음, 직업을 갖고 사회에 진출한 것을 뜻한다.
제왕(帝旺)	왕처럼 왕성함, 활동이 가장 왕성한 시기를 뜻한다. 자신의 기운이 가장 강해질 때다.
쇠(衰)	시듦, 왕성하던 기운이 점차 줄어드는 것을 뜻한다. 전성기를 지나 기력이 쇠퇴하는 상태다.
병(病)	병듦, 원기를 잃고 병이 드는 것을 뜻한다. 노쇠가 심해져 병든 노년기를 뜻한다.
사(死)	죽음, 병이 깊어져 죽음을 맞는 것을 뜻한다. 기가 다 빠져 여력이 없다.
묘(墓)	무덤에 들어감, 죽어서 무덤에 묻히는 것을 뜻한다. 아직 그 기운의 영향이 다소 남아 있다.
절(絶.胞)	끊어짐, 시신이 부패하고 영혼이 육체를 떠나가는 것을 뜻한다. 기운마저 완전히 끊어진 것이다.
태(胎)	잉태함, 처음의 약한 기운이 드러나지 않고 미미하게 생성되기 시작한다.
양(養)	자라남, 태아가 자궁 속에서 영양분을 섭취하며 성장하고 탄생을 준비하는 상태이다.

⊙ 자평진전$^{(子平眞詮)}$에서의 십이운성 의미

1) 장생이란 사람이 처음 태어난 것과 같다.(長生者, 猶人之初生也)

2) 목욕이란 사람이 이미 태어난 후 목욕하여 때를 벗기는 것과 같다. 씨앗에서 이미 싹이 나는 것과 같아서, 전에 있던 푸른 껍질을 씻어서 없애는 것이다.(沐浴者, 猶人既生之後, 而沐浴以去垢也, 如果核既爲苗, 則前之靑殼, 洗而去之矣)

3) 관대는 형상과 기운이 점차 자라는 것으로 전에 있던 사람이 성장하여 관과 띠를 차려 입는 것과 같다.(冠帶者, 形氣漸長, 猶人之年長而冠帶也)

4) 임관은 자라면서 건장해지는 것으로 사람이 벼슬길로 나아가는 것과 같다.(臨官者, 由長而壯, 猶人之可以出仕也)

5) 제왕은 건장하고 왕성함이 최고에 달한 것으로 사람이 황제를 도우며 큰일을 할 수 있는 것과 같다.(帝旺者, 壯盛之極, 猶人之可以輔帝而大有爲也)

6) 쇠는 왕성함이 극에 달하고 나면 쇠하는 것으로 만물이 처음으로 변한다.(衰者, 盛極而衰, 物之初變也)

7) 병은 쇠하는 것이 심하다.(病者, 衰之甚也)

8) 사는 기운이 다하여 남겨진 것이 없다.(死者, 氣之盡而無餘也)

9) 묘는 만물을 낳고 자라게 하고 죽게 하는 대자연의 이치를 거두어 저장하는 것으로 사람이 흙에 묻히는 것과 같다.(墓者, 造化收藏, 猶人之埋于土者也)

10) 절은 앞의 기운이 이미 끊어지고 뒤에 오는 기운으로 이으려는 것이다.(絶者, 前之氣已絶而後氣將續也)

11) 태는 뒤의 기운으로 이어져 맺고 모여서 잉태를 이룬 것이다.(胎者, 後之氣續而結聚成胎也)

12) 양은 사람이 어머니 뱃속에서 잉태하여 양육되는 것과 같다. 이로부터 후에 장생으로 순환하여 끝이 없게 된다.(養者, 如人養胎母腹也, 自是而後, 長生循環無端矣)

2. 생왕고사절(生旺庫死絶)

십이지지의 음양은 양(陽)이 태어난 곳에서 음(陰)이 사라지는 곳이 되니 서로 바뀌며 순환하는 것은 자연의 이치이다. 양간의 생지(生地)는 음간의 사지(死地)가 된다. 이렇게 음양의 시작과 끝이 함께 하고 음양이 태어나고 죽는 것이 분리되지 않는다. 양은 모여서 앞으로 나아가기를 힘쓴다. 그러므로 주로 순행(順行)하고 음은 주로 흩어지고 뒤로 물러나면서 줄어든다. 그러므로 주로 역행(逆行)한다.

십이지지 음양의 순환 예를 들면 木은 亥에서 자라나기 시작하여(生), 卯에서 가장 왕성하다가(旺), 午에서 죽게 되고(死), 未에서 묘지로 들어가게 되고(墓), 申에서 끊어지게 되고(絶), 기(氣)만 남아 다음의 생(生)을 기다리게 된다. 火는 寅에서 태어나고^(長生), 午에서 가장 왕성하고^(旺), 戌에서 늙어 무덤에 들어가고^(墓), 亥에서 끊어지고^(絶), 子에서 수태가 되어^(胎), 寅에서 다시 장생이 된다. 土는 火와 같은 십이운성 주기를 갖게 되어 동일하게 변화하고 움직인다. 다른 오행도 이와 같은 이치이다.

1) 사생지^(四生地)의 寅, 申, 巳, 亥

인^(寅)은 火.土의 장생지이고, 신^(申)은 水의 장생지이고, 사^(巳)는 金의 장생지이고, 해^(亥)는 木의 장생지이다. 이는 오행의 생지^(生地)로 쓰이는 자리이다. 지살^(地殺), 역마^(驛馬)라고도 한다.

2) 사왕지^(四旺地)의 子, 午, 卯, 酉

자^(子)는 水의 왕지이고, 오^(午)는 火.土의 왕지이고, 묘^(卯)는 木의 왕지이고, 유^(酉)는 金의 왕지이다. 이는 水, 火, 土, 木, 金이 왕지의 자리에 있을 때 왕성한 기세를 떨친다. 목욕^(木浴), 도화^(桃花)라고도 한다.

3) 사고지^(四庫地)의 辰, 戌, 丑, 未

진^(辰)은 水의 창고이고 무덤이고, 술^(戌)은 火.土의 창고이고 무덤이며, 축^(丑)은 金의 창고이며 무덤이고, 미^(未)는 木의 창고이며 무덤이다. 즉 고지^(庫地)이고 묘^(墓)이다. 화개^(華蓋)라고도 한다.

천간ㅅ (天干)	건록 (建祿)	양인 (羊刃)	장생 (長生)	묘(墓)	고(庫)	사(死)	절(絶)
甲	寅	卯	亥	未	辰	午	申
乙	卯	辰					
丙	巳	午	寅	戌	未	酉	亥
丁	午	未					
戊	巳	午	寅			酉	亥
己	午	未					
庚	申	酉	巳	丑	戌	子	寅
辛	酉	戌					
壬	亥	子	申	辰	丑	卯	巳
癸	子	丑					

3. 십이운성 찾는 방법

① 십이운성을 포태법(胞胎法)이라고 한다. 최근에는 양간 일주 위주인 양포태(陽胞胎)만 사용하는 경우가 많다. 십이운성을 뽑을 때는 일간(日干)을 기준으로 한다.

*양 일간인 사주는 자신의 일간으로부터 시계방향으로 절, 태, 양, 장생 … 십이운성의 순서대로 세어서 해당 지지에서 정하면 된다.

*음 일간인 사주는 자신의 일간으로부터 시계 반대방향으로 절, 태, 양, 장생 … 십이운성의 순서대로 세어서 해당 지지에서 정하면 된다.

時	日	月	年
癸	戊	申	戊
丑	辰	子	申
양	관대	태	병

* 신^(申) 연지는 이 사주가 무토^(戊土) 양간이므로 해^(亥)부터 시계방향으로 절, 태, 양 … 순서대로 세어 가면 열 번째에 신^(申)이 있으므로 병^(病)에 해당한다.

* 자^(子) 월지는 양 일간이므로 해^(亥)부터 시계방향으로 절, 태, 양 … 순서대로 세어 가면 두 번째에 자^(子)가 있으므로 태^(胎)에 해당한다.

* 진^(辰) 일지는 해^(亥)부터 시계방향으로 절, 태, 양 … 순서대로 세어 가면 여섯 번째에 진^(辰)이 있으므로 관대^(冠帶)에 해당한다.

* 축^(丑) 시지는 해^(亥)부터 시계방향으로 절, 태, 양 … 순서대로 세어 가면 세 번째에 축^(丑)이 있으므로 양^(養)에 해당한다.

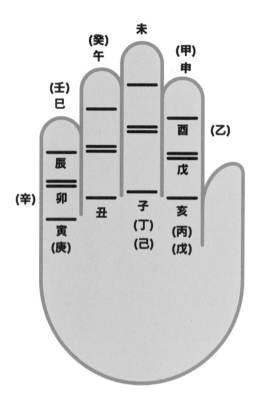

② 다른 것으로는 계절의 흐름에 따라 찾는 방법이 있다.

＊甲乙은 봄, 丙丁戊己는 여름, 庚辛은 가을, 壬癸는 겨울로 설정하고 전 계
절은 생^(生), 욕^(浴), 대^(帶)가 되고, 본 계절은 관^(冠), 왕^(旺), 쇠^(衰)가 되며, 다음 계절
은 병^(病), 사^(死), 묘^(墓)가 되고, 반대 계절은 절^(絶), 태^(胎), 양^(養)이 된다.

＊위 사주의 십이운성을 찾아보면 이러하다.

1) 연지 신^(申)은 戊土 여름의 다음 계절 신유술^(申酉戌)의 첫 번째이므로 병^(病)이 된
다.

2) 월지 자^(子)는 戊土 여름의 반대 계절인 해자축^(亥子丑)의 두 번째이므로 태^(胎)가
된다.

3) 일지 진^(辰)은 戊土 여름의 본 계절인 인오술^(寅午戌)의 첫 번째에 해당하므로
  관대^(冠帶)가 된다.
4) 시지 축^(丑)은 戊土 여름의 반대 계절인 해자축^(亥子丑)의 세 번째이므로 양^(養)이
  된다.

✦ 십이운성 조건표 ✦

日干 運星	甲	乙	丙	丁	戊	己	庚	辛	壬	癸
長生	亥	午	寅	酉	寅	酉	巳	子	申	卯
沐浴	子	巳	卯	申	卯	申	午	亥	酉	寅
冠帶	丑	辰	辰	未	辰	未	未	戌	戌	丑
健祿	寅	卯	巳	午	巳	午	申	酉	亥	子
帝旺	卯	寅	午	巳	午	巳	酉	申	子	亥
衰	辰	丑	未	辰	未	辰	戌	未	丑	戌
病	巳	子	申	卯	申	卯	亥	午	寅	酉
死	午	亥	酉	寅	酉	寅	子	巳	卯	申
墓	未	戌	戌	丑	戌	丑	丑	辰	辰	未
絕	申	酉	亥	子	亥	子	寅	卯	巳	午
胎	酉	申	子	亥	子	亥	卯	寅	午	巳
養	戌	未	丑	戌	丑	戌	辰	丑	未	辰

4. 십이운성의 통변

십이운성의 통변 내용을 분석하면 장생, 관대, 건록, 제왕은 긍정적인 내용이 많으나 쇠, 병, 사, 묘, 절, 태, 양의 통변 내용은 대부분 긍정적인 내용보다는 실망할 수 있는 부정적인 내용이 많다. 십이운성의 활용은 다시 연구하고 발전시켜야 할 여지가 많다.

2

공망(空亡)

공망의 한자적 의미를 보면 빌 공(空), 망할 망(亡)으로 "비어서 없다" 또는 빌 공(空), 방 방(房)으로 "비어 있는 방"이라고 이해할 수 있다.

하늘의 천간 10자와 땅의 지지 12자가 만나서 육십갑자를 이루어 나갈 때 갑(甲)에서 계(癸)까지 이어가면 지지의 2글자 술(戌)과 해(亥)가 남게 되어 짝이 없게 된다. 이 두 글자를 공망살(空亡殺), 공방살(空房殺), 천중살(天中殺)이라고 한다. 공망은 일주를 기준으로 연월일시를 살펴보는 것이 기본이고, 그 외 연주를 기준으로 보는 경우도 있다. 공망이 있는 지지는 그 작용력이 약해지거나 흉신이면 공망의 영향력이 강하고, 공망 지지 오행의 힘이 강하거나 길신이 공망이면 영향력이 약하다.

순중 (旬中)	육십 갑자									공망 (空亡)
甲子 旬	甲子	乙丑	丙寅	丁卯	戊辰	己巳	庚午	辛未	壬申	癸酉	戌 · 亥
甲戌 旬	甲戌	乙亥	丙子	丁丑	戊寅	己卯	庚辰	辛巳	壬午	癸未	申 · 酉
甲申 旬	甲申	乙酉	丙戌	丁亥	戊子	己丑	庚寅	辛卯	壬辰	癸巳	午 · 未
甲午 旬	甲午	乙未	丙申	丁酉	戊戌	己亥	庚子	辛丑	壬寅	癸卯	辰 · 巳
甲辰 旬	甲辰	乙巳	丙午	丁未	戊申	己酉	庚戌	辛亥	壬子	癸丑	寅 · 卯
甲寅 旬	甲寅	乙卯	丙辰	丁巳	戊午	己未	庚申	辛酉	壬戌	癸亥	子 · 丑

1. 순중공망(旬中空亡)의 이해

1) 갑자순(甲子旬)

➡ 천간의 甲과 지지의 子가 만나 결합하고 다음은 乙과 丑이 만나 결합하는 식으로 旬(열순) 즉 열 번까지 이어가면 남는 열한 번째, 열두 번째 지지는 戌과 亥가 된다. 이것이 공망(空亡)이다.

2) 갑술순(甲戌旬)

➡ 다시 천간 甲과 갑자순에서 공망에 해당하는 지지 戌가 만나 결합하는 식으로 순서대로 순(旬)까지 이어가면 남는 열한 번째, 열두 번째 지지는 申과 酉가 된다. 이것이 공망이다.

3) 갑신순^(甲申旬)

➡ 다시 천간 甲과 갑술순에서 공망에 해당하는 지지 申과 만나 결합하는 식
으로 차례대로 순^(旬)까지 이어가면 남는 지지는 午와 未가 된다. 이것이 공망이
다.

4) 갑오순^(甲午旬)

➡ 다시 천간 甲과 갑신순에서 공망에 해당하는 지지 午와 만나 결합하는 식
으로 순서대로 순^(旬)까지 이어가면 남는 지지는 辰과 巳가 된다. 이것이 공망이
다.

5) 갑진순^(甲辰旬)

➡ 다시 천간 甲과 갑오순에서 공망에 해당하는 지지 辰이 만나 결합하는 식
으로 차례대로 순^(旬)까지 이어가면 남는 지지는 寅과 卯가 된다. 이것이 공망이
다.

6) 갑인순^(甲寅旬)

➡ 다시 천간 甲과 갑진순에서 공망에 해당하는 지지 寅과 만나 결합하는 식
으로 순서대로 순^(旬)까지 이어가면 남는 지지는 子와 丑이 된다. 이것이 공망이
다.

2. 공망 찾는 방법

⊙ 일주나 연주를 기준으로 찾는 방법

時	日	月	年
甲	丁	甲	丁
辰	酉	辰	丑
일주 공망	연주 공망	일주 공망	

① 일주를 기준으로 공망을 찾을 때

➡ 일주가 丁酉이므로 순중 공망표에서 갑오순 네 번째가 丁酉 일주이다. 갑오순의 오른쪽 끝을 보면 진(辰)과 사(巳)가 공망이다. 사주 년, 월, 일, 시 지지 네 글자 중에 辰이나 巳가 있으면 공망이 되는데 위 사주에서는 월지와 시지에 辰이 있으므로 2개가 공망이다.

② 연주를 기준으로 공망을 찾을 때

➡ 연주가 丁丑이므로 순중 공망표에서 갑술순 네 번째가 丁丑 월주이다. 갑술순 오른쪽 끝을 보면 신(申)과 유(酉)가 공망이다. 사주 연, 월, 일, 시 지지 네 글자 중에 申이나 酉가 있으면 공망이 되는데 위 사주에서는 일지에 酉가 있으므로 공망이 되는 것이다.

3. 공망살의 작용

1) 지지의 공망

① 연지 공망

➡ 하는 일마다 발전이 없고 조상의 덕이 없어 어릴 때 불우하거나 유산을 물려받기 어렵다.

② 월지 공망

➡ 중년에 풍파가 많아 외로운 중년을 보내고 부모 형제의 복이 없다.

③ 일지 공망

➡ 배우자를 만나지 못하거나 배우자를 만나도 이별할 수 있다. 부부 인연이 적다.

④ 시지 공망

➡ 말년에 고독한 삶을 살게 되고 자식을 얻기 힘들거나 자식이 있어도 자식 덕이 없다.

2) 육친의 공망

① 비겁 공망

➡ 직업을 자주 바꾸게 되며 형제 친구가 무력하거나 동업자나 친구로 인해 아픔을 겪게 될 수 있다.

② 식신 공망

➡ 성격이 내성적이며 의식주가 박하고 여자는 자식과 인연이 적다. 그러나 특별한 기술을 가지고 있어 예상치 못한 재물과 부를 얻을 수 있다.

③ 재성 공망

➡ 재물 활동이나 사회 활동에서 재물욕이 없고 남자는 부인복이 떨어지고 이별하거나 늦게 결혼한다.

④ 관성 공망

➡ 남자는 관운이 없고 자식과 인연이 없으며 여자는 남편 복이 없고 늦게 결혼한다.

⑤ 인성 공망

➡ 남의 도움을 원하지 않고 독립적인 사람으로 부모덕이 없어 학업을 중단하거나 학자로 대성하기는 힘들다.

✦ 위와 같은 분석은 공망이 힘이 있는지 없는지를 확인한 다음 적용해야 할 것이다. 투출한 천간이 공망의 글자에 통근하여 힘이 있다면 공망의 영향력은 거의 없다고 볼 수 있다. 그러나 공망이 지지에만 있고 힘이 없을 때는 공망의 작용이 있다고 볼 수 있다. 이 공망살에 대해서는 일부 학자들은 이론적으로나 임상적으로 가치가 전혀 없다고 주장하기도 한다.

✦ 투출(透出) ➡ 지장간(地藏干)에 있는 오행이 천간에 노출되어 있거나 또는 지지에 있는 글자가 천간에 있는 경우를 말한다.

3) 공망과 궁합

① 공망은 궁합을 볼 때 종종 사용하기도 한다. 공망이 같은 사람끼리는 전생에 인연이 있다고 하여 남녀 간의 궁합을 잡아주기도 하는데 간혹 이루어질 수 없는 사랑일 수도 있다. 또한 동성이라도 대개 서로 가까이 지내고 다른 사람들보다 친한 면을 가지고 있다.

◉ 삼명통회에서는 공망을 이렇게 설명한다.

공^(空)은 실^(實)의 맞수가 되고 망^(亡)은 유^(有)가 맞수가 되는 것으로 말한다. 신백경^(神白經)에 이르기를 "공망은 거의 많은 종류가 있는데 십간이 비어서 보이는 일에 이르지 않는 것이 된다."라고 하였다. 동현경^(洞玄經)에 이르기를 "숨고 다하여 없어지는 것이다."라고 하였다. 그러므로 갑순^(甲旬)이 다한 곳을 공망이라 한다. 대개 이 위치에 있으면 녹^(祿)이 없어 공^(空)이라고 하고 지^(支)에 있는데 간^(干)이 없는 것을 망^(亡)이라고 한다.

갑자^(甲子)로부터 유^(酉)에 이르면 십간은 끝이다. 술.해^(戌亥)는 없는 이유이다. 나머지 오간^(五干: 甲戌, 甲申, 甲午, 甲辰, 甲寅)도 법칙을 보면 같다. 이것이 공망이 된다. 그러므로 비었지만^(空) 실체^(實)가 있고, 없지만^(亡) 있는^(有) 것이 되어 편하지 않는 이유로 흉하다고 논하게 된다.

갑자순은 수.토^(水土), 갑술순은 금^(金), 갑신순은 화.토^(火土), 갑오순은 화.토^(火土), 갑진순은 목^(木), 갑인순은 수.토^(水土)가 진공망^(眞空亡)이 된다.

◉ 연해자평에서는 공망을 이렇게 설명한다.

"일명 천중살^(天中殺)이라 한다. 갑자의 납음은 금^(金)이다. 유금^(酉金)에 이르러 십간이 만족하나 홀로 술해^(戌亥)만이 짝이 없다 이것을 공망이라 한다. 양궁^(陽宮)은 공^(空)이 되고 음궁^(陰宮)은 망^(亡)이 되므로 이 술토^(戌)은 공^(空)이 되고 해수^(亥水)는 망^(亡)이

된다. 대궁^(封宮)에 있는 진사^(辰巳)는 고허^(孤虛)가 된다. 나머지도 나란히 이와 비슷하다."

동양 고전 속의 명리학 살펴보기

● 고전에 보이는 음양오행(陰陽五行)과 상생상극(相生相剋)

7. 백호통의(白虎通義)

『백호통의』는 후한(後漢) 때 학자인 반고(班固)가 찬한 43편목으로 이루어진 책으로 백호통덕론(白虎通德論)이라고도 한다. 동한의 제3대 제왕인 장제(章帝)는 재위 4년에 북궁의 백호관(白虎觀)에서 중국 고대 여러 가지 제도와 문화에 대해 고찰하면서 오경에 있어서 금문과 고문의 다른 점을 강론하도록 하고 반고로 하여금 그 내용을 찬집하도록 명하여 백호통의를 지었다.

① 오행(五行)

"오행이란 무엇을 이르는가? 금, 목, 수, 화, 토를 말한다. 행(行)이라고 한 것은 하늘에 의해 기운이 운행된다는 뜻을 말하려는 것이다.

수는 북방에 위치한다. 북방은 음기를 띠는 곳으로 황천 아래서 만물을 양육하는 일을 맡는다. 물이라는 말은 표준이란 뜻이다. 음기의 작용이 만물을 적셔서 나무를 낳는 일을 맡는다.

목은 동방에 위치한다. 동방은 음기와 양기가 처음으로 작동하여 만물이 자라기 시작하는 곳이다. 나무라는 말은 접촉한다는 뜻이다. 양기가 약동하는 것이다.

화는 남방에 위치한다. 남방은 양기가 위에 있기에 만물이 가지를 드리우는 곳이다. 불이란 말은 온순하게 따른다는 뜻으로 만물이 드러내 널리 퍼진다는 말이다. 불이란 말은 변화한다는 뜻이다. 양기가 힘써서 부리면 만물이 변한다.

금은 서방에 위치한다. 서방은 음기가 일어나기 시작하여 만물을 금하여 못하게 하는 것이다. 쇠라는 말은 금한다는 뜻이다.

흙은 중앙에 위치한다. 중앙이란 만물을 뱉었다가 삼켰다가 하는 일을 주재하는 곳이다. 흙이란 말은 토한다는 뜻이다."

五行者, 何謂也, 爲金, 木, 水, 火, 土也. 言行者, 欲[言]爲天行氣之義也.

水爲在北方. 北方者陰氣, 在黃泉之下, 任養萬物. 水之爲言, 准也. 陰化沾濡, 任生木.

木在東方. 東方者陰陽氣始動, 萬物始生. 木之爲言, 觸也. 陽氣動躍.

火在南方. 南方者陽在上, 萬物垂枝, 火之爲言, 委隨也. 言萬物布施.

火之爲言, 化也. 陽氣用事, 萬物變化也.

金在西方. 西方者陰始起, 萬物禁止. 金之爲言, 禁也.

土在中央. [中央]者主吐含萬物. 土之爲言, 吐也.

"물맛이 짠 이유는 무엇일까? 이는 본성 때문이다. 북방이 짠맛인 이유는 만물이 짜야 그곳을 단단하게 만들 수 있어서인데, 이는 가히 다섯 가지 맛이 짠맛을 얻어야 이에 견실해지는 것과 같다.

나무의 맛이 신 이유는 무엇일까? 동방은 만물이 태어나는 곳이다. 신맛은 생명을 이루기 위한 것인데, 이는 가히 다섯 가지 맛이 신맛을 얻어야 이에 훌륭한 맛을 이루는 것과도 같다.

불의 맛이 쓴 이유는 무엇일까? 남방은 양육을 주재하는데, 쓴맛이 양육을 주재하는 것은 다섯 가지 맛이 쓴맛을 기다려서 배양되는 것과 같다.

쇠의 맛이 매운 이유는 무어일까? 서방은 완성된 사물을 죽이거나 해치는데, 매운맛이 죽이거나 해치는 것은 가히 다섯 가지 맛이 매운맛을 얻어야 사라지고 시드는 것과 같다.

흙의 맛이 단 이유는 무엇일까? 중앙은 중화이니 그래서 단맛을 내는데, 이는 가히 다섯 가지 맛이 단맛을 주체로 삼는 것과 같다.”

水味所以醎, 何? 是其性也, 所以北方醎者, 萬物醎與所以堅之也,
猶五味得醎乃堅也.
木味所以酸者, 何? 東方萬物之生也. 酸者以達生也, 猶五味得酸乃達也.
火味所以苦, 何? 南方主長養, 苦者所以長養也, 猶五味須苦可以養也.
金味所以辛, 何? 西方煞傷成物, 辛所以煞傷之也, 猶五味得辛乃委煞也.
土味所以甘, 何? 中央者中和也, 故甘, 猶五味以甘爲主也.

8. 오행대의(五行大義)

『오행대의』는 북주(北周)말엽과 수(隋)나라 초기의 음양학과 산술학의 대가 소길(蕭吉)이 오행에서부터 음양학, 천문, 지리, 동식물의 분류와 맛, 인체의 오장육부, 귀신의 오행 배속에 이르기까지 광범위하게 논술해 놓은 일세의 대작이다.

① 상생에 관한 백호통의 학설
“백호통에 이르기를 목이 화를 낳음은 목의 성질이 따뜻하여 화가 그 속에 숨어 있다가 부싯돌로 나무를 문지르면 불꽃이 생긴다. 그러므로 목이 화를 생하는 것이다.

화가 토를 낳음은 화가 뜨겁기 때문에 능히 목을 불태우고, 목이 타면 재를 이루니, 재는 토이다. 그러므로 화가 토를 생하는 것이다.

토가 금을 낳음은 금은 돌 속에 있어서 산의 진액에 의해 생기고, 토가 모여 산을 이루니, 산은 반드시 돌을 낳는다. 그러므로 토가 금을 낳는 것이다.

금이 수를 낳음은 소음의 기운이 윤택하여 진액이 흐르고, 금을 가두면 또한 물이 된다. 그래서 산에 구름이 끼고 습기가 있게 되는 것이다. 그러므로 금이 수를 낳는 것이다.

수가 목을 낳음은 수로 인하여 적셔져야 능히 살 수 있다. 그러므로 수가 목을 낳는 것이다."

白虎通云, 木生火者, 木性溫暖, 火伏其中, 鑽灼而出. 故木生火.

火生土者, 火熱故能焚木, 木焚而成灰, 灰卽土也. 故火生土.

土生金者, 金居石, 依山津潤而生, 聚土成山, 山必生石. 故土生金.

金生水者, 小陰之氣, 潤澤流津, 鎖金亦爲水. 所以山雲而從潤. 故金生水.

水生木者, 因水潤而能生. 故水生木也.

② 상극에 관한 백호통의 학설

"백호통에서 말하였다. 목이 토를 이기는 것은 전일한 것이 흩어진 것을 이기는 것이고, 토가 수를 이기는 것은 실한 것이 허한 것을 이기는 것이며, 수가 화를 이기는 것은 많은 것이 적은 것을 이기는 것이고, 화가 금을 이기는 것은 정밀한 것이 굳은 것을 이기는 것이며, 금이 목을 이기는 것은 굳센 것이 부드러운 것을 이기는 것이다."

白虎通云, 木剋土者, 專勝散. 土剋水者, 實勝虛. 水剋火者, 衆勝寡.

火剋金者, 精勝堅. 金剋木者, 剛勝柔.

제9장

십성론

십성(十星)은 사주의 중심인 일간(日干)을 기준으로 음양오행의 상생상극(相生相剋)작용을 오행의 인간적 관계로 나누면 인성(印星), 비겁(比劫), 식상(食傷), 재성(財星), 관성(官星)이 되고, 사회적 관계는 음양의 정(正). 편(偏)으로 나누어서 정인(正印), 편인(偏印), 비견(比肩), 겁재(劫財), 식신(食神), 상관(傷官), 정재(正財), 편재(偏財), 정관(正官), 편관(偏官)으로 부른다.

십성을 다르게 부르는 명칭이 있는데 사람과의 관계인 부모·형제·자식·배우자 친족(親族)과 가족(家族)관계이므로 육친(六親)이라고 표현하며, 육신(六神), 십신(十神)이라고도 표현한다. 이 다양한 명칭은 학자들이 각기 다르게 표현하는 것일 뿐 특별한 차이가 있는 것은 아니다.

중요한 것은 십성의 개념을 분석하여 개인에 대한 이해와 타인과의 관계, 성격, 직업, 재물, 가족, 사회성 등 다양하게 파악할 수 있다는 것이다. 사주를 통변하고 이해하는 데 유용하게 사용되니 꼭 알고 가야 할 것이다.

1
십성(十星)

1. 십성의 종류

십성은 각각의 독특한 성격과 기질이 있으므로 사주를 통변 할 때 그 주인공의 운명을 분석하고 이해하는 데 유용하게 사용된다. 한 오행이 다른 오행을 만나서 상생상극에 의한 변화 작용은 다섯 가지이다.

① 나와 같은 성질의 대등한 관계인 것이 비겁(比劫)이다.
② 내가 생(生)하여 내가 도와주는 관계인 것이 식상(食傷)이다.
③ 내가 극(剋)하여 내가 통제하는 관계인 것이 재성(財星)이다.
④ 나를 극(剋)하여 나를 제어하는 관계인 것이 관성(官星)이다.
⑤ 나를 생(生)하여 내가 도움을 받는 관계인 것이 인성(印星)이다.

2. 십성의 구조

위의 다섯 가지 관계를 음과 양으로 나누어서 나와 상호 작용하는 열 가지의 유형으로 분류한 것이 십성이다.

① 일간^(日干)과 같은 기운인 것을 비겁^(比劫)이라 하는데, 일간과 오행이 같고 음양이 같은 것을 비견^(比肩), 일간과 오행이 같고 음양이 다른 것을 겁재^(劫財)라고 한다.

② 일간^(日干)이 생하여 도와주는 것을 식상^(食傷)이라 하는데, 일간과 음양이 같은 것을 식신^(食神), 음양이 다른 것을 상관^(傷官)이라고 한다.

③ 일간^(日干)이 극하여 통제하는 것을 재성^(財星)이라 하는데, 일간과 음양이 같은 것을 편재^(偏財), 일간과 음양이 다른 것을 정재^(正財)라고 한다.

④ 일간^(日干)을 극하여 제어하는 것을 관성^(官星)이라 하는데, 일간과 음양이 같은 것을 편관^(偏官), 일간과 음양이 다른 것을 정관^(正官)이라 한다.

⑤ 일간^(日干)을 생하여 도움을 받는 것을 인성^(印星)이라 하는데, 일간과 음양이 같은 것을 편인^(偏印), 음양이 다른 것을 정인^(正印)이라고 한다.

십성(十星)	십성의 뜻	일간이 壬水인 경우
비견(比肩)	일간(나)과 오행이 같고 음양이 같은 것	壬 · 亥
겁재(劫財)	일간(나)과 오행이 같고 음양이 다른 것	癸 · 子
식신(食神)	일간(나)이 생해주는 것으로 음양이 같은 것	甲 · 寅
상관(傷官)	일간(나)이 생해주는 것으로 음양이 다른 것	乙 · 卯
편재(偏財)	일간(나)이 극하는 것으로 음양이 같은 것	丙 · 巳
정재(正財)	일간(나)이 극하는 것으로 음양이 다른 것	丁 · 午
편관(偏官)	일간(나)을 극하는 것으로 음양이 같은 것	戊 · 辰 · 戌
정관(正官)	일간(나)을 극하는 것으로 음양이 다른 것	己 · 丑 · 未
편인(偏印)	일간(나)을 생해주는 것으로 음양이 같은 것	庚 · 申
정인(正印)	일간(나)을 생해주는 것으로 음양이 다른 것	辛 · 酉

3. 일간의 오행이 임수(壬水)인 경우 상생상극 관계

일간의 오행이 임수(壬水)라면 일간과 오행이 같고 음양이 같은 임수(壬水)나 해수(亥水)가 사주에 있으면 비견이 되고, 일간과 오행이 같고 음양이 다른 계수(癸水)나 자수(子水)가 사주에 있으면 겁재가 된다.

일간이 생해주는 것으로 오행이 같고 음양이 같은 갑목(甲木)이나 인목(寅木)이 사주에 있으면 식신이 되고, 오행이 같고 음양이 다른 을목(乙木)이나 묘목(卯木)이 사주에 있으면 상관이 된다.

일간이 극을 하는 것으로 오행이 같고 음양이 같은 병화(丙火)나 사화(巳火)가 사주에 있으면 편재가 되고, 오행이 같고 음양이 다른 정화$^{(丁火)}$나 오화$^{(午火)}$가 사주에 있으면 정재가 된다.

일간을 극하는 것으로 오행이 같고 음양이 같은 무토$^{(戊土)}$나 진토$^{(辰土)}$, 술토$^{(戌土)}$가 사주에 있으면 편관이 되고, 오행이 같고 음양이 다른 기토$^{(己土)}$나 축토$^{(丑土)}$, 미토$^{(未土)}$가 사주에 있으면 정관이 된다.

일간을 생해주는 것으로 오행이 같고 음양이 같은 경금$^{(庚金)}$이나 신금$^{(申金)}$이 사주에 있으면 편인이 되고, 오행이 같고 음양이 다른 신금$^{(辛金)}$이나 유금$^{(酉金)}$이 사주에 있으면 정인이 된다.

다음의 그림 상생상극을 보면서 이해하면 쉬울 것이다.

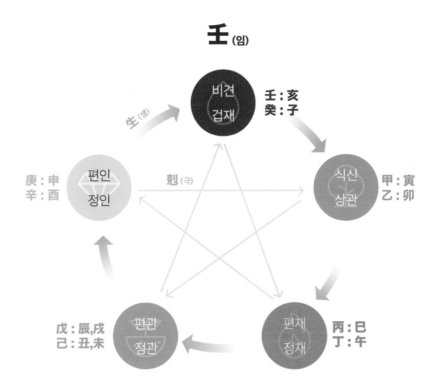

2

십성의 가족·사회·인간관계

1. 비겁(比劫)

① 남녀의 사회적 관계, 인간관계

➡ 친구, 선후배, 동업자, 형제자매, 동창생, 부하직원, 동료직원, 경쟁자, 동
  창회, 사회단체, 조합.

② 남자의 육친관계

➡ 처의 정부, 처가 식구.

③ 여자의 육친관계

➡ 남편의 여자, 시댁 식구.

④ 직업

➡ 교수, 강사, 선생님, 외교관, 공무원, 연예인, 예술가, 방송인, 아나운서, 정치인.

✦ 비겁은 경쟁을 본능적으로 가지고 있고 에너지와 체력을 활용하여 자기가 하고 싶은 일에 집착하는 개인주의적 성향이 있다. 또한 경쟁 상대와 타인을 의식하며 인정욕구가 강하다. 자존심이 강하지만 자존감은 낮아서 타인의 지배나 간섭받는 것을 싫어하고 타인이 자기를 부정적으로 볼 때 상처를 심하게 받는다.

1) 비견(比肩)

* 비견은 일간과 오행이 같고 음양이 같은 것으로, 내가 壬水 일간이라면 사주의 다른 천간에 壬水가 있거나 지지에 亥水가 있을 때 비견이라 한다. 한자적 의미로는 견줄 비(比), 어깨 견(肩) 즉, '어깨를 나란히 한다.'라는 뜻이 있다.
* 자신감과 성취욕이 강하고 추진력이 있고, 독립 정신과 의지력이 강하여 남에게 기대지 않으려는 경향이 있다. 그러나 잘못하면 융통성이 없고 고집이 있어 보일 수도 있다.
* 독립 정신이나 의지가 강하여 타인에게 기대지 않고 굽히지 않으며, 고집이 세고 행동이나 자기주장을 강하게 하여 타인과의 다툼이나 시비를 일으킨다.
* 자존심이 강하고 결단력과 추진력이 있으나, 자기만의 욕심이나 자기 위주로 독점하려는 지배적인 성향을 가지고 있다.

2) 겁재(劫財)

* 겁재는 일간과 오행이 같고 음양이 다른 것으로, 내가 壬水 일간이라면 사주의 다른 천간에 癸水가 있거나 지지에 子水가 있을 때 겁재라고 한다. 한자적 의미로는 위협할 겁(劫), 재물 재(財)로 '재물을 겁탈한다.'라는 뜻으로 양인살(羊刃殺)이라고도 부른다.

* 남에게 지기 싫어하고 승부욕도 강하여 카리스마도 있고 리더십과 결단력이 있어 강하게 추진해 가는 힘이 있다.

* 자존심을 표면에 잘 드러내지 않고 양보할 때는 양보하고 고집도 없는 것처럼 보이나 속으로는 자존심이 강하고 폭력적이고 투쟁적인데 겉으로 드러내지 않을 뿐이다.

* 이기적이고 폭력적이고 강압적인 면이 강하고, 재물에 대한 욕심이 지나쳐 투기나 도박 등을 좋아한다.

3) 비겁이 많은 사주의 특징

* 독립심과 자립정신이 강해 자신을 믿으며 성취욕과 밀어붙이는 추진력이 강하여 자수성가할 수 있는 타입이다.

* 자존심이 강하고 독선적이고 자기중심적이며 고집이 세고, 간섭받는 것을 매우 싫어하고 시비나 싸움을 마다하지 않아 친구, 동료, 형제, 부모와 화목하지 못하거나 쉽게 친해지지 못한다.

* 타인의 시선을 의식하여 남들이 나를 어떻게 보느냐에 관심이 크다. 즉, 타인이 나를 최고로 봐주기를 원한다.

* 사업을 하게 되면 스스로 돈을 관리하는 사업은 맞지 않으며 동성(同性)이 주고객인 사업이 좋다. 또한 동업은 하지 않아야 한다. 직장생활에 잘 적응하지 못하므로 돈을 직접 만지지 않으면서 자유로운 직종이 좋다.

* 비겁이 과다하게 많은 남자가 사업을 하게 되면 부부 사이가 위험해질 수 있다. 이익을 보려는 것보다 겉으로 보여지는 것을 중요하게 생각하여 동창회에 큰돈을 기부하는 등 씀씀이가 헤퍼지고 사업이 힘들어지니 부인은 이런 일을 지적하게 되고 그러면 갈등이 생겨 부부관계가 위험해진다.

* 의심이 많아 남녀 모두 의부증이나 의처증이 생기고 쉽다. 실제로 남자는 내 여자가 다른 남자를 만날 수 있고 내가 다른 여자를 만날 수 있다. 여자 또한 내 남자가 다른 여자를 만날 수 있고 내가 다른 남자를 만날 수 있다.

* 비겁이 많은 아이는 칭찬받는 것과 신체접촉 하는 것을 좋아하므로 수시로 칭찬해주고 머리를 쓰다듬어 주든지 꼭 안아주는 식의 몸으로 칭찬해주는 걸 좋아한다.

* 남자는 여자의 외모를 중시하여 아름다운 여자나 재능이 뛰어난 여자를 아내로 맞이하는 경우가 많지만, 일방적이거나 독선적인 성격으로 아내는 불만이 많거나 불안한 결혼 생활을 할 수 있다.

* 여자의 경우에는 가끔은 예쁘게 꾸미는 데 집착하여 성형 중독이나 쇼핑 중독에 걸릴 수도 있다.

* 아버지인 재성을 극하는 성질이 강해 옛날에는 아버지가 일찍 돌아가시거나 덕이 없어서 어릴 때 고생하는 경우가 많았다. 현대에는 유학이나 직장 관계로 아버지와 일찍 떨어져 지내는 경우가 많다.

時	日	月	年	:乾(남명)
癸	戊	己	乙	
丑	辰	丑	丑	

戊土 일간에 丑월생으로 비겁이 강하다. 월령 丑 속의 지장간 己土와 癸水가 투출되어 직업의 안정성은 있다. 그러나 차가운 기운이 강하여 조후가 잘되지 않았다. 대운이 역행으로 흐르므로 어렸을 때 고생했을 것이다. 현재는 미대를 나와서 IT 업계의 디자이너로 자유로운 직업인 예술 계통에서 일하고 있다.

2. 식상(食傷)

① 남녀의 사회적 관계, 인간관계

➡ 제자, 멘토, 내담자, 상담자, 대변인, 의식주, 기술, 발명, 연구, 창조, 유행.

② 남자의 육친관계

➡ 장모, 할머니.

③ 여자의 육친관계

➡ 자식, 할머니.

④ 직업

➡ 의사, 법조인, 상담사, 교수, 선생님, 사회복지사, 요리사, 연예인, 예술가, 미용사, 출판업, 광고업, 발명가.

✦ 식상은 새로운 것을 개발하고 발견하는 본능을 가지고 있고, 예민하고 섬세하며 끝없는 호기심으로 창의성이나 창조성의 감각이 뛰어난 기질을 가지고 있다. 식상은 누군가를 가르치고 도와주고 상담해주는 재능이 뛰어나다. 그러나 이것이 지나치면 상대의 반응이 없어도 조정하고 구속하려고 한다.

1) 식신(食神)

* 식신은 일간이 생해주는 것으로 음양이 같은 것이다. 내가 壬水 일간이라면 사주의 다른 천간에 甲木이 있거나 지지에 寅木이 있으면 식신이라 한다. 한자적 의미로 밥 식(食), 귀신 신(神)으로 '밥 귀신'이란 의미이며, 편관을 극제(剋制)한다고 해서 수성(壽星)이라고 한다. 옛날에는 편관을 육친 중에서 가장 나쁘게 보았는데, 칠살(七殺, 편관)을 극하는 것이 바로 식신이기 때문에 나(日干)의 생명을 살려준다고 해서 생명을 살려주는 별의 이름인 수성이라고 불렀다.

* 예의가 바르고 온화한 성품으로 명랑하며 대인관계가 원만하고 활동력이 뛰어나서 주위 사람에게 호감을 주는 형이다.

* 식복(食福)이 있음을 의미하므로 의식주를 걱정하지 않아도 되는 좋은 길신으로 타고난 명이라 할 수 있다.

* 낙천적이고 여행과 먹는 것을 탐미하는 미식가이기도 하다. 또한 문학적 소질과 풍류를 즐기는 예술적 감각이 있다.

* 결단성이 부족하여 우유부단하다는 소리를 들으며 기회가 생겼을 때 놓치

는 경향이 있다.

2) 상관^(傷官)

* 상관은 일간이 생해주는 것으로 음양이 다른 것이다. 내가 壬水 일간이라 면 다른 천간이나 지지에 乙木이나 卯木이 있으면 상관이라 한다. 한자적 의미로 상관^(傷官)은 다칠 상^(傷), 벼슬 관^(官)으로 '관^(명예)에게 상처를 준다'는 뜻이 다. 정관에 해당하는 자식, 직장, 명예, 남편을 극제^(剋制)하므로 사흉신^(四凶神)으 로 보기도 한다.

* 총명하고 박학다식하고 재주가 다재다능하며 지적인 호기심이 많아 파격 적인 아이디어를 창출해낸다.

* 말하는 것을 좋아하고 언변이 뛰어나나 자기주장이 강하며 무례하고 오만 불손한 기질이 있어 타인과의 시비와 말다툼이 발생한다.

* 정관을 공격하는 힘이기 때문에 현재 조직의 틀을 바꾸고 권위에 대해 반 발하는 운동권이나 시민사회 운동단체에 소속되어 일하거나 또는 자신이 속한 단체를 비판하는 성향을 갖고 있다.

* 강자에게는 강하지만 자기에게 기대는 약자들에게는 동정심이 발동한다. 따라서 약자를 돕고 성장시켜주는 직업에 어울린다.

3) 식상이 많은 사주의 특징

* 성격은 배려심이 많고 타인을 돕고자 하는 성향이 강하고, 동정심과 인정 이 많아 착해 보이고 순수해 보인다. 그러나 자기가 돕는 것에 비해 아무런 반응이 없으면 미련 없이 떠나는 경우도 있다.

* 과도한 포장과 허세를 부리는 경향이 많으나 이는 사기성을 담고 있는 것 이 아니라 조금 확장된 이야기를 하는 것이지 남을 속이겠다는 의도가 있

는 것은 아니다. 가끔은 허세를 부려 자기보다 못한 사람하고는 대인관계를 기피하고 사회에 명망 있는 사람과 사귀려는 경향이 있다.

* 자기가 가장 똑똑하다는 생각에 허풍을 떨면서 오만하고 상대방을 무시하거나 비판하고 혹평하는 것을 거리낌 없이 한다. 자기주장만 통과시키려는 경향이 있어 시비와 구설이 따른다.

* 식상이 많은 아이는 어렸을 때 뭔가 산만하고 허무맹랑하게 보여서 정상이 아닌 것처럼 보이기도 한다. 이는 사고력이 넓고 엄청난 상상력과 확장성 때문에 허풍이 있어 보이고 어리어리해 보일 뿐이다.

* 식상이 과도하게 많으면 상대방을 성장시키고 도와주려는 것이 잘못되어 지배하고 집착하거나 억압하려고 하는 강압성이 된다. 가스라이팅과 같은 것이라고 볼 수도 있다.

* 여자의 경우 식상이 많으면 자식이나 남편궁인 관성이 힘들다. 즉, 남편 복이 없어 이혼 확률이 높고, 유산이나 자궁외임신 등으로 자식의 출산에 문제가 있을 수 있고, 자식 출산 이후 남편과의 이혼이나 사별하는 경우가 생길 수 있다.

* 타인의 간섭이나 억압받는 것을 싫어하여 조직의 변두리에서 방관하거나 때로는 반항하여 하극상을 일으키기도 한다.

+ 사주의 예 +

時	日	月	年	:乾(남명)
庚	己	癸	甲	
午	酉	酉	子	

己土 일간에 酉월생으로 태어났다. 酉월령의 庚金이 투출하여 상관격^(傷官格)이 되었다. 신약하고 편중된 사주라고 볼 수 있고 상관격과 지지에 도화가 많아 자유로운 직업이나 방송인, 연예인, 타인을 돕고 성장시키는 직업에 어울린다. 성격은 계획적이고 원칙주의자이며 예민하고 감각이 발달하였으며 소심한 성향이라고 볼 수 있다. 실제 연예인으로 활동하고 있다.

3. 재성^(財星)

① 남녀의 사회적 관계, 인간관계
➡ 재물, 부동산, 투기, 뇌물, 증권, 현금, 유가증권, 고정자산, 금은보석, 유흥, 도박, 공간.

② 남자의 육친관계
➡ 아버지, 부인(정재), 애인(편재).

③ 여자의 육친관계
➡ 아버지, 시어머니, 시댁, 윗사람.

④ 직업
➡ 방송인, 연예인, 예술인, 체육인, 금융인, 공무원, 사업가, 군인, 정치인.

✦ 재성은 소유하고 싶은 욕망과 이루고자 하는 욕구가 강하다. 한편 즐겁고 재미있는 것은 열심히 하고 재미없고 즐겁지 않은 것은 관심과 흥미를 느끼지 않는다.

1) 편재^(偏財)

* 편재는 일간이 극하는 것으로 음양이 같은 것이다. 내가 壬水 일간이라면 다른 천간이나 지지에 丙火나 巳火가 있으면 편재라고 한다. 한자적 의미로는 치우칠 편^(偏), 재물 재^(財)로 '치우친 재물'을 의미한다. 재물에 치우쳐 있다는 것은 정상적 노력으로는 잘 채워지지 않는다는 것을 말한다.

* 정재가 올바른 방법으로 받은 월급과 같이 정상적인 재물이라면 편재는 편법 투기나 투자 같은 부정한 방식으로 얻은 재물이나 재산으로 본다. 따라서 그 재물이 주식이나 사업을 하여 증식하였거나 사기나 협박 등 강제적이거나 불법에 따른 것으로 볼 수도 있다.

* 활동적이고 대인관계와 어떤 일에 대한 구상이 좋아 사업을 크게 성공시킬 수도 있으나 열심히 노력한 대가가 아닌 일확천금과 같이 비정상적으로 한 꺼번에 얻은 재물일 수도 있다.

* 남성은 다정다감하고 유머 감각이 뛰어나서 여성들에게 인기가 있고 이로 인한 여자 문제로 부부 불화가 생기는 경우가 많다. 정·편재가 혼잡되어 있으면 다른 여자를 두거나 돈 문제로 고생한다.

* 겉으로는 통이 크고 돈을 잘 쓰는 스타일로 보이지만 돈에 대한 집착이 강하고 재물을 얻기 위해서는 수단과 방법을 가리지 않는 이중적인 모습이 보인다.

2) 정재^(正財)

* 정재는 일간이 극하는 것으로 음양이 다른 것이다. 내가 壬水 일간이라면 다른 천간이나 지지에 丁火나 午火가 있으면 상관이라 한다. 한자적 의미로는 바를 정^(正), 재물 재^(財)로 '안정적인 재물'로 본다.

* 정재는 성실하게 정당한 노력으로 재화를 소유하는 것으로 월급과 같이 안

정된 돈, 고정자산이나 부동산 같은 재산을 의미한다.

* 정재의 품격은 선비적 기질의 고귀한 인품이며 섬세하고 자상하고 도덕적이다. 또한 기획한 일을 빈틈없이 해나가며 정직하고 고지식해서 애인으로서는 재미가 없어 매력이 떨어지는 사람이다.

* 대인관계도 원만하고 가정에는 충실하여 사랑으로 이끌고, 직장을 천직으로 생각하여 안정적이며 고정적인 수입을 추구한다. 다소 인색해 보일 수 있으나 합리적이다.

* 정재가 많고 신약한 사주일 때는 재다 신약이라고 하여 부인이나 재물을 소유할 힘이 없어 어렵게 살고 부인에게 실권을 주게 된다고 말한다. 운에 따라 재물과 관련하여 그 기복이 엄청나게 큰 삶을 살게 된다.

* 정재는 배짱이 없고 꼼꼼한 성격이며 베풀고 나누는 것에 인색한 편이다. 그러나 액수는 적어도 반복적이고 정기적으로 남을 돕는 일을 한다.

3) 재성이 많은 사주의 특징

* 남자가 재성이 많으면 재미있고 즐겁고 쾌락적이고 모험적인 것에 빠지는 타입이다. 아내나 가족에게는 인색하여 돈을 쓰지 않으나 자기가 좋아하는 것에는 아낌없이 투자한다.

* 남자는 성격이 부드럽고 따뜻해 주위에 이성이 많고 인기가 많다. 멀리서 보면 바람둥이 느낌이 날 수 있다. 그러나 실질적으로는 바람을 피우는 것이 아니라 타고난 성격 자체가 부드럽고 다정다감하고 따뜻한 성향이다.

* 재다^(財多)는 정이 많아서 실속도 없으면서 다른 사람들의 일에 엮여서 끌려가는 경우가 많다. 또한 재물에 대한 욕심이 강해 자기의 여건이나 능력은 무시한 채 사업을 벌이고 망하여 주위 사람이나 가족에게 피해와 고통을 준다.

＊여자들은 사람들과 관계 맺고 즐기면서 소통하기 위하여 조금 더 적극적으로 표현하고 접근한다. 그러다 보니 보통의 여자들보다는 중성적 기질과 남성적 느낌이 난다. 직장에서는 붙임성이 있고 싹싹하게 일처리를 잘하므로 상사로부터 인정받아 승진에 유리한 경우가 많다.

＊인성은 공부와 문서를 의미하는 데 재성이 많으면 인성을 극하여 공부를 방해하는 꼴이 되어 학업에 흥미를 느끼지 못하고 학업을 중도에 포기하는 경우도 있다. 재성이 많은 아이는 이성에 관심이 많고 용돈을 마련하여 친구들과 어울리기 위해 아르바이트를 해서 돈을 벌려고 한다.

＊재다 아이들은 어렸을 때 산만해 보이거나 집중력이 떨어져 보인다. 그래서 재미와 즐거움을 동반한 공부나 예체능을 시켜야 열정적으로 열심히 한다. 이 경우 부모의 관심과 긴 시간 동안의 노력이 필요하다.

＊재다 남자는 성격이 드세고 강한 악처를 만나기 쉽다고 한다. 이러한 이유는 남녀가 서로 가지고 있는 성격이 다르기 때문이다. 즉 재다인 남자와 여자 모두 소통하려고 하는 것은 같으나 다가가는 방법이 조금 다르다. 여자의 경우는 보통 여자들보다 조금 더 적극적으로 다가가는 한편, 남자의 경우 부드럽고 다정하게 다가가서 소통한다. 이러한 연유로 재다 남자들은 여성들에게 인기가 많고 사랑받는다. 이에 부인들이 스트레스를 받으며 서서히 독해지는 것이다.

＊재성이 편중된 남자는 육친으로 인성은 어머니이고 재성은 부인에 해당하므로 부인인 재성이 어머니인 인성을 극을 하니 고부간의 갈등을 면하기 어렵다.

日	時	月	年	: 坤(여명)
癸	丁	辛	戊	
卯	酉	酉	戌	

丁火 일간에 酉월생으로 태어났다. 酉 월령의 辛金이 천간에 투출되어 편재격^(偏財格)이 되었다. 일간 정화가 약하고 재다신약이라고 볼 수도 있으나 월간에 편재가 투출되어 있고 운에서도 조후가 잘되어 있어 사업을 하여 돈을 많이 벌었으나 새어나가는 돈이 많았다. 성격은 정화의 온화하고 부드럽고 따뜻한 성격에 편재의 재물에 대한 욕심을 함께 가지고 있다. 현재 사업을 하고 있다.

4. 관성^(官星)

① 남녀의 사회적 관계, 인간관계
➡ 아랫사람, 복종하는 사람, 법, 도덕, 규범, 질서, 명예, 권력, 직장, 학교, 가정, 공문서.

② 남자의 육친관계
➡ 자식, 후계자.

③ 여자의 육친관계
➡ 남편(정관), 애인(편관).

④ 직업

➡ 의사, 한의사, 군인, 경찰, 검찰, 공무원, 회계사, 변리사, 기술사, 사업가, 정치인, 언론인.

✦ 관성은 아래 위 서열에 충실하고 질서를 유지하려는 본능이 존재한다. 권력 지향형, 명예 지향형, 자기 주도형, 대장 지향형으로 권력과 힘을 가지고 있다.

1) 편관(偏官)

* 편관은 일간을 극하는 것으로 음양이 같은 것이다. 내가 壬水 일간이라면 다른 천간이나 지지에 戊土나 辰土, 戌土가 있으면 편관이라 한다. 한자적 의미로는 치우칠 편(偏), 벼슬 관(官)으로 일간과 음양이 같으면서 동시에 나(일간)를 극하는 것은 항상 일곱 번째 천간이기 때문에 칠살(七殺)이라고 한다.

* 편관의 기질은 권위 의식과 의리를 소중히 여기고, 반항적이고 투쟁심과 의협심을 갖춘 급진적인 면이 많다.

* 자신의 목적과 명예를 위해서라면 강제성과 가혹한 행위를 하여 타인을 지배하려 하거나, 사사로운 관용은 베풀지 않을 뿐만 아니라 자기가 한 일에 대해 양심의 가책을 느끼지도 않으면서 조직을 지배하여 목적을 이룬다.

* 결단력이 있고 카리스마적인 지배 심리가 있으나 한편으로는 여유가 없으며 조급하고 불평불만이 많아 큰일을 하지 못하고, 난폭하고 사회질서를 두려워하지 않는 반사회적 기질이 있다.

* 좋아하는 사람과 싫어하는 사람이 분명하여 손해를 보기도 하지만 사람을 휘두르고 끌고 다니는 권력형 기질이 있어서 사람들이 많이 따른다. 사람들은 힘이 있고 권력이 있는 사람에게 모인다.

* 여성의 경우는 밖에 나가 활동해야 한다. 본인도 움직이고 활동하는 것을 원하는 데 가정에만 있게 되면 남편과 불화가 생긴다.

2) 정관^(正官)

* 정관은 일간을 극하는 것으로 음양이 다른 것이다. 내가 壬水 일간이라면 다른 천간이나 지지에 己土나 丑土, 未土가 있으면 정관이라 한다. 한자적 의미로는 바를 정^(正), 벼슬 관^(官)으로 올바른 관직 즉 '안정적인 관직'으로 이해하는 것이 좋다.

* 정관의 기질은 예의와 질서를 잘 지키며 정직하고 성실하여 모범적인 생활을 한다. 또한 용모가 반듯하고 품위를 지키며 맑은 정신으로 생활하고 삶의 절제를 잘하여 타인의 존경을 받는다.

* 재물보다 명예를 소중히 여기고 조직 내에서도 책임과 명분을 중시하는 공정한 일처리로 타인의 모범이 된다. 그러나 지나치게 보수적이며 융통성이 부족하고 체면과 자존심을 중시하는 스타일로 개혁하는 것을 싫어하기 때문에 기회가 생겼을 때 머뭇거리다가 시기를 놓치는 경우가 있다.

* 남성은 가족과의 관계에서 가정을 책임지는 가장으로 착하고 성실한 것은 최고일 수 있으나 말이 적고 무뚝뚝하여 재미없는 스타일로 부인이 남편의 속을 알기 어렵다. 여성의 경우는 남편이 정관에 해당하므로 현모양처로서 가정을 모범적으로 잘 돌본다.

* 정관이 3개 이상 많을 때는 정관의 힘으로 보는 것이 아니라 편관의 기질이 나타난다. 정관이 잘 발달된 정재의 상생을 받는 것을 재생관^(財生官)이라 한다. 재생관이 잘 된 사주는 관운을 좋게 하여 직장에서 아랫사람과 동료들과 융화가 잘되고 승진하거나 선출직에 당선된다.

3) 관성이 많은 사주의 특징

* 관성이 많은 사람은 권력을 지향하고 대장이 되고 싶은 기질이 있어 지배 받는 것을 매우 싫어하고 주변 사람을 지배하려고 한다. 또한 빨리 대장이 되고 싶어 하기 때문에 사람들과 부딪치면서 서두르고 급해진다.

* 모험심이 있고 돌파력과 추진력이 있어 사업 시작을 잘하며 조금 투자하고 결과를 빨리 뽑으려고 한다. 반면에 어떤 상황이 오면 판단을 빨리해 치고 빠지기를 잘한다. 즉, 망하기도 잘하고 일어나기도 잘한다.

* 관성이 많으면 언어 능력이 탁월하여 요점을 정리해서 말하기를 잘한다. 서정적인 말투를 쓰지 않고 강하고 힘 있게 말하며 돌려서 얘기하지 않는다. 눈에는 총기가 있고 목소리가 크고 소리 내서 웃는다.

* 일복이 많아 직장의 경우 궂은 일을 하거나 남들이 하지 않는 위험한 업종에서 근무하는 경우가 많다. 또한 하는 일마다 다툼이나 사고를 발생시켜 형액을 당하거나 관재구설이 있을 수 있다.

* 남자의 경우 자식이 자기 맡은 바 책임을 못 하거나, 자식 낳고 일이 잘 안 되거나, 자식과의 관계가 좋지 않거나, 자식이 생기지 않는 경우가 있다. 부인은 악처를 만나거나 무능한 처를 만나게 된다.

* 여자의 경우 카리스마가 있고 권력욕도 있으며 활동을 많이 하는데, 관성은 남편에 해당되는데 태과하게 되면 남편과 엄청나게 부딪친다. 남편 덕이 없으며 이혼하고 여러 번 결혼하거나 남편과 일찍 사별하거나 결혼하지 않고 혼자 지내는 경우도 있다.

* 여성의 경우 관성이 태과하면 이혼을 많이 하는데, 가끔은 이혼을 안 하는 경우가 있다. 남편이 나이가 많아도 권력이 있거나 성공한 사람, 나이가 적더라도 나의 말을 잘 듣고 충성하는 사람과 결혼하면 이혼하지 않고 잘 사는 경우가 많다.

* 관성이 태과한 칠살을 잘 다스리고 순화시켜 쓰는 즉 제화(制化)하는 대표적인 방법이 있는데, 먼저 식상제살(食傷制殺)은 관성이 많은 사주를 식신과 식상을 사용하여 제살(制殺)하여 위기를 기회로 만드는 것이고, 또 하나는 다른 육친이 합살(合殺)을 하여 칠살을 묶어 놓아 변하고 흉한 작용을 하지 못하게 하는 것이다. 즉, 칠살의 살성(殺生)을 약화시킨다는 의미이다.
* 관성이 많은 아이는 힘 있고 대장 노릇을 하고 싶은 기질이 있기 때문에 강압적으로 지시하는 방식으로 공부시키면 저항한다. 칭찬해주면서 책임감을 주고 학교에서 회장이나 반장과 같은 감투를 시켜주면 공부를 잘한다. 특히 여자아이는 성추행이나 성폭행에 노출될 위험이 있으니 조심해야 한다.

✦ 사주의 예 ✦

時	日	月	年	: 乾(남명)
壬	庚	甲	辛	
午	午	午	酉	

庚金 일간에 午월생으로 태어났다. 더운 계절과 낮 시간대에 태어나서 화 기운이 강하다. 정관격(正官格)으로 선비적 기질과 성실함은 있으나 융통성은 부족하다. 수 기운이 약하여 식상제살 해주지 못하는 것이 아쉽다. 부모 복이 부족하나 학생 시절 스스로 열심히 공부하여 의사가 되었다. 성격은 고집이 세고 원리원칙을 중시하고 계획적이고 의리파이나 욱하는 성격과 말을 생각하지 않고 즉흥적으로 하여 주위에서 따가운 시선을 받을 수도 있다.

5. 인성^(印星)

① 남녀의 사회적 관계, 인간관계
➡ 공부, 문서, 도장, 기록, 상장, 부동산, 계약서, 설계, 계획, 연구, 지혜, 귀인, 스승.

② 남자의 육친관계
➡ 어머니(정인), 계모(편인), 할아버지.

③ 여자의 육친관계
➡ 어머니(정인), 계모(편인), 할아버지.

④ 직업
➡ 기술자, 역술인, 언론인, 체육인, 연예인, 의사, 변호사, 선생님, 연구원, 기능인, 작곡가, 육영사업, 학원 사업, 디자이너.

✦ 인성은 의존하며 사랑받기를 원하고 모성애를 갖는 본성이다. 공부와 문서를 의미하므로 공부하고 연구하면서도 정리하며 기록하고 저장한다.

1) 편인^(偏印)

* 편인은 일간을 생해주는 것으로 음양이 같은 것이다. 내가 壬水 일간이라면 다른 천간이나 지지에 庚金이나 申金이 있으면 편인이라 한다. 한자적 의미로는 치우칠 편^(偏), 도장 인^(印)으로 '한쪽으로 치우친 자격'이라는 의미로 본다. 편인이 식신을 극 한다고 해서 엎어질 도^(倒), 밥 식^(食)을 써서 '밥그릇을

엎어버린다'는 의미의 도식(倒食)이라고도 하며 사흉신(四凶神)으로 나쁘게 본다. 또한 효신살(梟神殺)이라고도 한다.

* 편인은 두뇌 회전이 빠르므로 기획력과 창조적인 능력이 뛰어나서 능력을 인정받는다. 순발력과 재치가 뛰어나고 임기응변이 강하여 그때의 상황에 맞게 대책을 세워 빠르게 대비한다. 그래서 과거에는 흉신으로 보았으나 현대는 특수한 영역이나 개인적인 전문성을 요구하는 분야에 맞으므로 긍정적으로 본다.

* 다양한 재능을 가지고 있으나 행동과 사고방식이 독특하여 즉흥적인 일을 잘 벌이고 자신감과 추진력이 넘쳐서 시작은 잘하나 곧바로 식어서 한 가지 일에 전념하지 못하고 다른 곳에 눈을 돌려서 한번 시작한 일을 끝까지 잘 마무리하지 못하는 단점이 있다.

* 대인관계가 불안하고 안정적이지 못하고 불안감을 느끼거나 변덕이 심하여 조울증과 같은 증상이 나타나기도 한다. 겉으로는 허세를 부리기도 하고 괴상한 행동을 하기도 한다.

* 여성의 경우 지나간 일에는 집착하여 매달리지 않고, 새로운 일과 목표를 정하여 정진한다. 연애도 처음에는 정열적인 사랑을 하나 자기의 사람이 되면 급격하게 식어버리는 타입이다.

2) 정인(正印)

* 정인은 일간을 생해주는 것으로 음양이 다른 것이다. 내가 壬水 일간이라면 다른 천간이나 지지에 辛金이나 酉金이 있으면 정인이라고 한다. 한자적 의미로는 바를 정(正), 도장 인(印)으로 "올바른 자격"으로 나를 적절하게 도와주는 기운이다. 인수(印綬)라고도 부른다.

* 정인은 마음이 어질고 자애로우며 이해심과 인정이 많아서 주위 사람으로

부터 존경받는다. 또한 머리가 뛰어나고 학문을 연구하는 마음가짐이 크고 성품이 고상하고 순수하여 선비 기질이 강한 학자 스타일이다.

* 전통과 명예를 지키려는 보수적 성향이 강하고, 자존심과 고집이 세어 자기중심적인 행동을 하거나 재물보다는 명예를 추구하는 군자 같은 성향도 있으나 너무 고지식하여 융통성이 부족한 면이 있다.

* 자신의 실력을 인정해주지 않으면 그것을 참지 못하고 타인을 못마땅하게 여기어 비난하거나 미워하는 경향이 있어 주위에 사람이 많지 않을 수 있다.

3) 인성이 많은 사주의 특징

* 인성이 많으면 옛날의 선비처럼 성품이 맑고 검소하며 깨끗하고 순수한 인품을 지녔으나 명예와 체면을 중히 여기고 이론적으로 따지면서 타인을 무시하는 경향이 있다.

* 인성이 태과하면 배우고 공부하는 것에만 열중할 뿐 공부한 것을 제대로 활용하지 못한다. 즉 자격증만 계속 취득하기만 할 뿐 그것을 충분히 이용하지 못한다. 또한 전공이나 직장을 자주 바꾸는 경우가 많다.

* 인성이 과다한데 사업을 하게 되면 굴곡이 심하다. 우유부단하여 특별한 아이디어가 있어서 성공하지 못하면 대체로 힘들어한다. 또한 돈을 버는 데 악착스럽지 못하고 고객에게 친절하게 서비스 정신을 발휘하는 것이 아니라 훈장 스타일로 가르치려고 하거나 아랫사람 대하듯이 하여 서비스 계통의 업종은 맞지 않는다.

* 인성 과다는 어려운 상황이 생기거나 사업을 하다 실패해도 자기의 무능이나 잘못으로 생각하지 않고 다른 사람에게 책임을 회피하거나 책임을 남에게 전가시키려는 기질이 있다. 또한 남들에게 본인을 착하게 보이고 애처

롭고 불쌍히 보이게 하여 모성애와 측은지심을 일으키게 하는 재능이 있다.

* 여자의 경우 육친으로 식상은 자식인데 식상을 극제(剋制)하므로 자식이 늦게 생기거나 생기지 않을 수 있다. 또한 태과한 인성은 남편인 관성을 도기(盜氣)하기 때문에 남편이 무능하거나 여자 문제로 힘들게 하여 본인이 가장 역할을 하며 힘들게 사는 경우가 있다.

* 인성이 태과한 여자는 남편은 등한시하고 자식이 최고라고 생각하여 항상 옆에 끼고 살고 싶어 할 정도로 집착적인 사랑을 한다. 또한 학교를 자주 방문하여 선생님과 소통하여 자기 아이에게 관심을 가지도록 유도한다. 남편과 이혼하거나 사별하였을 때는 아들을 남편처럼 생각하고 집착하여 며느리와 불화가 생긴다.

* 남자의 경우 관성이 자식인데 인성이 태과하면 관성이 도기 당하기 때문에 자식을 늦게 두거나 자식이 없을 수 있다. 또한 식상을 극제하기 때문에 어머니가 손자에 대한 사랑과 간섭이 심하여 어머니와 아내의 불화가 생길 수 있다.

* 인성이 많은 아이는 의존적 기질이 있어 불쌍한 척하며 엄마한테 기대고 싶어 하고 안아주는 것을 좋아하는 등 신체적 접촉을 좋아한다. 부모의 말을 잘 듣고 공부도 열심히 한다. 그러니 부모는 더욱 사랑할 수밖에 없다. 지금 시대에는 부모의 사랑과 관심으로 인성이 많은 아이들이 연예계에 진출하는 경우가 점점 많아진다.

* 인성이 많으면 많을수록 사람들이 뭔지 모르게 끌리는 것이 있어 애정을 줄 수밖에 없다. 가진 것이 많고 잘사는데도 상대방이 보기에는 불쌍한 것 같고 도와주어야 할 것 같은 느낌을 준다. 즉 사랑받는 매력이 있는 것이다.

* 도기(盜氣) ➡ 기운이 도둑 당한 것으로 자신의 기운이 약할 때 그 기운을 다음 오행이나 육친으로 유출시키는 것이다.

* 설기(洩氣) ➡ 기운을 빼주는 것을 뜻하는데 단 강한 기운이 빠져나가는 것을 말한다.

✦ 사주의 예 ✦

日	時	月	年	: 乾(남명)
壬	乙	戊	乙	
午	未	子	亥	

乙木 일간에 子 월생으로 태어났다. 子 월령의 壬水가 천간에 투출되어 정인격(正印格)이 되었다. 수 기운을 강하게 가지고 태어났으며 대운이 역행하여 어릴 때 조후는 잘 맞는 것은 아니다. 남성이 음목인 을목 일간이나 뿌리가 통근 되어 있고 인성의 생을 받아 나의 힘이 약하지 않다. 성격은 겉으로는 부드럽고 유약해 보이나 무리하지 않는 편이고 남에게 간섭받는 것을 싫어하고 누군가에게 의존하려는 기질이 있으나 총명하고 상상을 많이 하고 창의성이 뛰어나다. 직업적으로는 인성이 많고 도화도 깔고 있으며 부모의 적극적인 도움으로 유명 연예인이 되었다.

6. 사길신^(四吉神), 사흉신^(四凶神)

① 사흉신^(四凶神)

➡ 겁재^(劫財,양인), 상관^(傷官), 편관^(偏官,칠살), 편인^(偏印)

② 사길신^(四吉神)

➡ 식신^(食神), 재성^(財星), 정관^(正官), 정인^(正印)

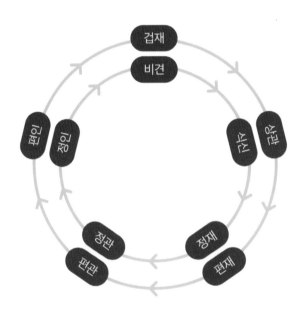

심효첨의 자평진전^(子平眞詮)에서 재.관.인.식을 4길신이라 한다.^(財官印食, 四吉神也) 살.상.효.인을 4흉신이라 한다.^(煞傷梟刃, 四凶神也) 라고 하였다.

✦ 십성의 가족 사회적 인간관계 ✦

십성 (十星)	남성(男性)	여성(女性)
비견 (比肩)	친구, 선후배, 형제자매, 동업자, 경쟁자, 부하직원, 동료직원, 처가식구, 부인의 남자	친구, 선후배, 형제자매, 동업자, 경쟁자, 부하직원, 동료직원, 시댁식구, 남편의 여자
겁재 (劫財)	친구, 선후배, 형제자매, 동업자, 경쟁자, 부하직원, 동료직원, 처가식구, 부인의 남자	친구, 선후배, 형제자매, 동업자, 경쟁자, 부하직원, 동료직원, 시댁식구, 남편의 여자
식신 (食神)	장모, 할머니	자식(딸), 할머니
상관 (傷官)	장모, 할머니	자식(아들), 할머니
편재 (偏財)	부인, 아버지 애인 같은 아내, 활동적인 아내	아버지, 시어머니 자유롭고 활동적인 아버지
정재 (正財)	부인, 아버지 안정적이고 모험을 좋아하지 않는 현실적인 성격의 아내	아버지, 시어머니 안정적이고 보수적인 아버지
편관 (偏官)	자식	남편 활동적이고 적극적인 성격의 남편
정관 (正官)	자식	남편 안정적이고 보수적인 남편
편인 (偏印)	어머니, 할아버지	어머니, 할아버지
정인 (正印)	어머니, 할아버지	어머니, 할아버지

동양 고전 속의 명리학 살펴보기

● 고전에 보이는 십간(十干)

1. 사마천의 『사기』율서(律書)에 보이는 십간

"갑(甲)이란 만물이 껍질을 쪼개고 싹이 나오는 것이다. 을(乙)은 만물이 땅위로 나오는 것이고, 병(丙)이란 양도(陽道)가 밝게 드러나기 때문에 丙이라 말한 것이다. 정(丁)이란 만물이 씩씩하게 자라 왕성해진 것을 말하고, 경(庚)이란 음기가 만물을 바꾸기 때문에 庚이라 말한 것이다. 신(辛)이란 만물이 새롭게 일어나기에 辛이라 말한 것이다. 임(壬)이라 한 것은 아이를 가졌다는 뜻이다. 양기가 만물을 땅아래에서 낳고 길러내는 것을 말한다. 계(癸)라 한 것은 헤아림을 말한다. 만물을 헤아릴 수 있기 때문에 癸라 말한 것이다."

　　甲者 言萬物剖符甲而出也, 乙者 言萬物生軋軋也. 丙者 言陽道著明 故曰丙,
　　丁者 言萬物之丁壯也. 庚者 言陰氣庚萬物 故曰庚,
　　辛者 言萬物之辛生 故曰辛. 壬之爲言任也 言陽氣任養萬物於下也,
　　癸之爲言揆也 言萬物可揆度 故曰癸.

　　사마천의 『사기』율서(律書)에 나타나는 십간은 戊. 己가 나타나지 않는다.

2. 후한 반고의 『한서』 율력지(律曆志)에서 논한 십간

십간을 식물이 자라고 성장하고 익어가는 모습으로 표현하였다.

"갑(甲)에서 껍질을 벗고 나오고, 을(乙)에서 줄줄이 떨쳐 나오며, 병(丙)에서 환하게 빛을 내고, 정(丁)에서 크게 성장하며, 무(戊)에서 풍성하게 우거지고, 기(己)에서 줄기가 다스려지고, 경(庚)에서 만물을 거두어 바뀌고, 신(辛)에서 모두가 새로워지며, 임(壬)에서 새로이 잉태(孕胎)하고, 癸에서 모든 것을 헤아려 베푼다."

出甲於甲, 奮軋於乙, 明炳於丙, 大盛於丁, 豐茂於戊, 理紀於己, 斂更於庚, 悉新於辛, 懷妊於壬, 陳揆於癸.

3. 동한의 훈고학자 유희(劉熙)의 『석명』(釋名)에서 논한 십간

『석명』은 백과사전의 성격을 지닌 『이아』(爾雅)를 모방하여 1,502개 사물의 명칭을 27개 부문으로 분류하여 뜻풀이한 책으로 십간을 초목이 자라고 성장하고 소멸하여 다시 탄생하는 것에 비유하여 논하고 있다.

"갑(甲)은 껍질을 깨는 것이니 만물(萬物)이 껍질을 깨고 나오는 모습이고, 을(乙)은 꼬물대는 것이니 스스로 싹을 틔워 힘들게 나오는 것이다.
병(丙)은 빛나는 것이니 만물이 빛이 나서 모두 드러나 보이는 것이고, 정(丁)은 굳셈이니 물체가 모두 씩씩하고 강한 것이다.
무(戊)는 무성한 것이니 만물이 모두 무성해지는 것이고, 기(己)는 중심이니 모두 일정한 형체가 있어 뼈대를 알 수 있는 것이다.

경(庚)은 바뀌는 것이니 만물이 견강(堅剛)한 모습으로 바뀌는 것이고, 신(辛)은 새로워지는 것이니 만물이 처음 새로워지는 것으로 모두 이루어 거두는 것이다.

임(壬)은 임신하는 것이니 음양이 교합(交合)하여 회임(懷妊)되는 것으로 子에 이르러 싹이 트게 되고, 계(癸)는 헤아리는 것이니 봄이 되기를 살피다가 生하여 비로소 땅에서 나온 것이다."

甲孚也, 萬物 解孚甲而生也, 乙軋也, 自抽而出也.
丙炳也, 物生炳然皆著見也, 丁壯也, 物體皆丁壯也.
戊茂也, 物皆茂盛也, 己紀也, 皆有定形可紀識也.
庚猶更也, 庚堅强貌也, 辛新也, 物初新者皆收成也.
壬任也, 陰陽交物懷妊也至子而萌也, 癸揆也, 揆度而生乃出之也.

4. 수(隋)나라 초기의 음양학과 산술학의 대가인 소길(蕭吉)이 저술한 『오행대의』(五行大義)에 나오는 십간의 설명이다.

"시위추탁재(詩緯推度災)에서 말하기를 갑(甲)은 억누르고 잡아 가두는 것이니, 봄에는 열고 겨울에는 닫는다고 했다. 정현이 『예기』 월령(月令)에 주(註)를 달아 말하기를 '甲은 싹틔우고 잡아당기는 것이며, 을(乙)은 꼬불꼬불한 것이니, 봄이 되면 모든 만물이 모두 씨앗의 껍질을 뚫고 스스로 싹트며 꼬불꼬불 나오는 것이다.'라고 했다.

병(丙)은 자루이다. 만물이 생겨나 자라면 각각 줄기 자루를 잡는 것이다. 정현이 주를 달아 말하기를 '丙은 빛나는 것이니, 여름에 모든 만물이 강대해져서 빛나게 드러나는 것이다.'라고 했다. 정(丁)은 머무르는 것이고, 머무르는 것은 그치는 것이니, 만물이 생겨서 크다가 장차 응당 그치는 것이다.

무(戊)는 바꾸는 것이니, 생겨나서 성장하여 극에 달한다. 극에 달하면 응당 이전의 몸체를 바꾸게 된다. 기(己)는 줄거리이다. 만물이 이미 성장하여 형체를 이루면 줄기와 가지가 있게 된다. 정현이 말하기를 '이루어진 것을 戊라 하고, 己는 일어나는 것을 말한다. 만물이 모두 가지와 잎이 무성해지니 그중에서 빼어난 것이 억눌렸다가 일어서는 것이다.'라고 했다.

경(庚)은 고치는 것이고, 신(辛)은 새롭게 하는 것이다. 만물이 이루어져 교체하여 고쳐져서 다시 새롭게 됨을 이른다. 정현이 말하기를 '만물이 모두 엄숙해지고 고치고 변경되어서, 열매가 빼어나고 새롭게 이루어지는 것이다.'라고 했다.

임(壬)은 맡기는 것이고, 계(癸)는 헤아리는 것이다. 음이 양에게 맡기니 때를 헤아려 만물을 싹트도록 하는 것이다. 정현이 말하기를 '만물을 닫아 감추는 때이니, 아래에서 회임하고 때를 헤아려 싹이 돋아나도록 하는 것이다.'라고 했다."

詩緯推度災云, 甲者押也. 春則開也. 冬則闔也. 鄭玄注禮記月令云: 甲者抽也. 乙者軋也. 春時萬物皆解孚甲, 自抽軋而出也.

丙者柄也. 物之生長, 各執其柄. 鄭玄云: 丙者炳也. 夏時萬物强大, 炳然著見也. 丁者亭也. 亭猶止也. 物之生長, 將應止也.

戊者貿也. 生長旣極, 極則應成貿易前體也. 己者紀也. 物旣始成, 有條紀也. 鄭玄云: 成之言茂也. 己之言起也. 謂萬物皆枝葉茂盛, 其含秀者, 抑屈而起也.

庚者更也. 辛者新也. 謂萬物成代, 改更復新也. 鄭玄云: 謂萬物皆肅然皆更, 秀實新成也.

壬者任也. 癸者揆也. 陰任於陽, 揆然萌牙於物也. 鄭玄云: 時維閉藏萬物, 懷任於下, 揆然萌牙也.

제10장

신강 신약의
억부론

사주를 통변할 때 나의 힘이 강한지 약한지를 분별하는 것이 대단히 중요하다. "당신은 신강한 사주이다.", "신약한 사주이다."라고 말하는 것은 일간을 기준으로 힘이 강하면 신강한 사주, 힘이 약하면 신약한 사주라고 하는 것이다.

신강한 사주와 신약한 사주를 구분하는 몇 가지 방법이 있는데 월령(月令), 득령(得令), 득지(得地), 득세(得勢), 실령(失令), 실지(失地), 실세(失勢)는 가장 기본이 되는 부분으로 반드시 이해해야 한다.

1
사주강약(四柱强弱)의 이해

1. 사주강약의 이해

① 월지를 월령(月令)이라고 한다.

② 득령(得令)이란 일간이 월령의 기(氣)를 얻었다는 뜻이다. 일간이 월령과 관련하여 월령이 일간과 같은 오행이거나 월령이 일간을 생하는 오행인 경우이다. 즉 월령에 비견, 겁재, 편인, 정인이 있으면 득령이라 한다. 그러나 월지에 인성이 있다고 하여 모두 득령이 되는 것은 아니다. 子월의 甲木일간은 水生木이 힘들며, 未월의 庚金일간은 조토(燥土)로 土生金이 되지 않으며, 丑월의 壬水일간은 겨울의 水가 강하다고 보고, 卯월에 丁火일간은 습목(濕木)이 되어 득령이 안 된다고 본다.

③ 실령(失令)이란 일간이 월령의 기를 잃었다는 뜻이다. 일간이 월령과 관련하

여 월령에 일간이 생하는 오행이 있거나, 일간이 극하는 오행이 있거나, 일간을 극하는 오행이 있는 경우이다. 즉 월령에 식신, 식상, 편재, 정재, 편관, 정관이 있으면 실령이라 한다.

④ 득지(得地)란 일간이 일지의 기운을 얻은 것으로, 일간이 지지에 뿌리를 내리고 있는 것을 말한다. 일간이 일지와 관련하여 일지가 일간과 같은 오행이거나, 일지가 일간을 생해주는 오행인 경우이다. 즉 일지에 비견, 겁재, 편인, 정인이 있으면 득지이다.

그러나 일지가 사왕지(四旺地)인 子卯午酉이면서 일간과 같은 기운이면 웬만해서는 신약(身弱)이 되지 않으며, 일지가 사고지(四庫地)인 辰戌丑未이면서 일간을 생하고 도움 주는 지장간이 있는 경우는 득지가 된다고 하더라도 그 힘이 미약하다고 보아야 한다. 일지에 사생지(四生地)인 寅申巳亥이면서 일간과 같은 기운이 되면 주변의 상황을 보아서 신강 신약을 정해야 한다.

일주가 丁未(지장간 丁乙己), 甲辰(乙癸戊), 丙戌(辛丁戊), 癸丑(癸辛己)은 득지했다고 볼 수 있다.

⑤ 실지(失地)란 득지의 반대 개념으로 일간이 일지의 기운을 얻지 못한 것이다. 일간이 일지와 관련하여 일지에 일간이 생하는 오행이 있거나, 일간이 극하는 오행이 있거나, 일간을 극하는 오행이 있는 경우이다. 즉 일지에 식신, 상관, 편재, 정재, 편관, 정관이 있으면 실지이다.

예외로 甲辰(지장간 乙癸戊), 乙未(丁乙己), 丙戌(辛丁戊), 丁未(丁乙己), 壬辰(乙癸戊), 癸丑(癸辛己) 일주는 일간이 일지에 뿌리를 내리고 있어 득지로 취급하여야 한다.

⑥ 득세(得勢)란 세력을 얻었다는 뜻으로 일간이 월지와 일지를 제외한 나머지 천간과 지지로부터 생을 받거나 도움을 받고 있는 것을 말한다. 연간, 연지, 월

간, 시간, 시지 중에서 3개 이상이 일간과 같은 오행이거나 3개 이상이 일간을 생하는 오행이 있는 경우이다. 즉 월지와 일지를 제외한 천간과 지지에 비견, 겁재, 편인, 정인이 3개 이상 있으면 득세라고 한다.

그러나 지지의 합·충 관계나 암장(暗藏)을 살펴서 득세를 따져야 한다. 일간과 같은 기운이 지지에 있더라도 합국(合局)을 이루어 일간과 다른 오행으로 변하면 합화(合化)하는 오행이 득세하게 되고, 일간을 생해주는 지지가 있더라도 충(冲)을 당하면 일간이 충을 당한 지지의 세력을 얻기 힘들다. 지지의 지장간의 정기(正氣)가 일간을 생조하지 않더라도 다른 지장간이 일간을 생하고 도움을 주는 것이 많으면 득세했다고 볼 수 있다. 또한 천간에 일간을 돕는 자가 많아도 득세할 수 있는데 이때 천간에서 돕는 자는 지지에 뿌리가 있어야 한다.

⑦ 실세(失勢)란 세력을 잃었다는 뜻으로 일간이 월지와 일지를 제외한 나머지 천간과 지지로부터 인성과 비겁의 기운을 받지 못하는 것을 말한다. 연간, 연지, 월간, 시간, 시지 중에서 2개 이하가 일간이 생하는 오행이거나, 일간이 극하는 오행이거나, 일간을 극하는 오행이 있는 경우이다. 즉 월지와 일지를 제외한 천간과 지지에 식신, 상관, 편재, 정재, 편관, 정관이 2개 이하가 있으면 실세라고 한다.

⑧ 통근(通根)이란 "뿌리가 통한다"는 뜻으로 천간이 지지의 지장간에 같은 기운이 있어 지지로부터 자신을 생해주거나 자신과 같은 기운이 있어 천간이 힘을 얻는 것을 말한다. 천간과 오행이 같고 음양이 다른 것이 암장(暗藏)에 있더라도 통근했다고 하나 묘고(墓庫)에 해당하는 지지는 같은 기운이 있더라도 통근하기에는 힘이 부족한 편이다. 특히 음간의 경우 묘지에서는 힘을 얻기가 힘들다. 또한 같은 통근이라도 양인(羊刃), 정록(正祿), 장생(長生), 여기(餘氣), 묘고(卯庫)의 순으로 통

근의 힘이 다르다.

천간(天干)	甲乙	丙丁	戊己	庚辛	壬癸
오행(五行)	木	火	土	金	水
통근(通根)	寅卯辰, 亥	巳午未, 寅	辰戌丑未, 巳午	申酉戌, 巳	亥子丑, 申
묘고(墓庫)	未	戌		丑	辰

* 위 조건은 신강 신약의 판단하는 근거는 될 수 있지만 일주의 신강 신약을 구분하는 것이 완벽하게 정해진 것은 아니다.

2

신강사주(身强四柱)와 장단점

1. 신강사주

① 가장 강한 사주(最强四柱) ➡ 득령, 득지, 실세한 사주를 말한다.

② 중간 강한 사주(中强四柱) ➡ 득령, 득세하였으나 실지한 사주를 말한다.

③ 보통 신강 사주(身强四柱) ➡ 득령, 득지하였으나 실세한 사주를 말한다.

④ 약한 신강 사주(弱身强四柱) ➡ 실령하였으나 득지, 득세한 사주로 세력이 약했던 것이 강하게 되어 신강으로 보는 경우를 말한다.

득세(得勢)		득세(得勢)	득세(得勢)
시간(時干)	일간(日干)	월간(月干)	연간(年干)
시지(時支)	일지(日支)	월지(月支)	연지(年支)
득세(得勢)	득지(得地)	득령(得令)	득세(得勢)

時	日	月	年
甲	壬	庚	辛
辰	申	子	亥
득세	득지	득령	

위 사주는 壬水 일간이 월지 子水가 자기편으로 득령^(得令)을 하였고, 일간 壬水가 일지 申金의 金生水로 득지^(得地)하였다. 연간과 월간에 庚金, 辛金이 있고 연지의 亥水가 있어 득세하였으며 시지 지장간에 癸水가 있고 申子辰 삼합으로 수국^(水局)을 이루어 가장 강한 사주가 되었다.

時	日	月	年
丙	甲	癸	癸
寅	午	亥	亥
득세	실지	득령	

위 사주는 甲木 일간이 월지 亥水에 통근하고 水生木하여 득령하였고, 일간 甲木은 일지의 기운을 얻지 못하여 실지하였고, 일간 甲木을 생하는 水가 많아 득세하였다. 이 사주는 중강 사주가 되었다.

2. 신강, 신왕사주의 장단점

　① 자신감이 넘치고 주관이 뚜렷하며 적극적이고 의지가 강하며 활동적이고 배짱과 추진력이 있다.

　② 신왕한 사주는 운에 의한 영향이나 지배를 거의 받지 않는다. 또한 신살의 작용도 크게 받지 않는다. 대운이 바뀌어 직업의 변동 수가 있어도 자기와 전혀 관계없는 직종을 선택하지 않고 성격의 변화도 미미하게 적다.

　③ 정도를 벗어난 욕심을 부리고, 저돌적이며 속전속결 하려는 경향이 있어 일을 무리하게 추진하여 마찰이 생길 수 있다.

　④ 다른 사람의 간섭이나 억압을 싫어하고, 세상일을 안일하고 낙천적으로 생각하여 게으르고 나태하다.

　⑤ 신왕한 사주들은 재성 운이 오면 사업을 하려고 하며 무리하게 사업을 시작하여 망하는 경우가 많다.

⑥ 신왕하면 자기 고집대로 일을 추진하려고 하고, 자기가 힘들어도 남에게 빌거나 꾸려고 구차하게 사정하지 않기 때문에 실패하면 좌절하거나 방황하며, 남자는 술과 도박 등에 빠지고 여자는 잘못된 길로 들어가기 쉽다.

3

신약사주(身弱四柱)와 장단점

1. 신약사주

① 가장 약한 사주(最弱四柱) ➡ 실령, 실지, 실세한 사주를 말한다.

② 중간 약한 사주(中弱四柱) ➡ 실령, 실세하였으나 득지한 사주를 말한다.

③ 보통 신약 사주(身弱四柱) ➡ 실령, 실지하였으나 득세한 사주를 말한다.

④ 약한 신약 사주(弱身弱四柱) ➡ 득령하였으나 실지, 실세한 사주로서 세력이 강한 것이 약하게 되어 신약으로 보는 사주를 말한다.

실세(失勢)		실세(失勢)	실세(失勢)
시간(時干)	일간(日干)	월간(月干)	연간(年干)
시지(時支)	일지(日支)	월지(月支)	연지(年支)
실세(失勢)	실지(失地)	실령(失令)	실세(失勢)

時	日	月	年
戊	丙	癸	甲
子	子	酉	辰
실세	실지	실령	

　위 사주는 丙火 일간이 월령 酉金으로부터 氣를 얻지 못하여 실령^(失令) 하였고, 일간이 일지 子水로부터 일지의 기운을 얻지 못하여 실지^(失地)하였고, 월지와 일지를 제외한 나머지 천간과 지지에서 세력을 얻지 못하였다. 연간에 甲木의 생을 받았으나 일간을 생하고 돕는 세력이 약하다. 그러므로 이 사주는 가장 약한 사주가 되었다.

時	日	月	年
壬	癸	乙	戊
子	巳	卯	午
득세	실지	실령	

　위 사주는 癸水 일간이 卯월에 실령^(失令)하였고, 일간이 일지 巳火로부터 기운을 얻지 못하여 실지^(失地)하였다. 시간 壬水와 癸水 일간이 시지 子水에 통근하여 득세했다고 볼 수 있으나 신약 사주가 되었다.

2. 신약사주의 장단점

① 똑똑하고 눈치가 있으며 순간적인 판단력이 빠르고 내성적이며 노력형이라고 볼 수 있다.

② 의지가 약하고 소심하며 결단력이 약해서 기회가 생겨도 놓치는 일이 많다.

③ 능력이 부족하고 우유부단하고 남에게 의지하려는 마음이 강하여 다른 사람이 도움 주기를 바란다.

④ 안정적인 것을 원하며 재물을 모을 때도 모험하지 않고 사업을 하더라도 계산하여 무리하게 확장하지 않는다.

⑤ 우유부단하고 추진력이 약하며 강자에게는 약하고 약자에게는 강하다.

⑥ 운이 나쁘면 쉽게 무너지고 그 상황을 돌파하는 능력이 떨어진다.

동양 고전 속의 명리학 살펴보기

● 고전에 보이는 십이지지(十二地支)

1. 『회남자』 천문훈(天文訓)에서의 십이지지

"천제(天帝)가 사방의 귀퉁이를 펼쳐 놓고, 두성(斗星)이 돌게 했다. 달마다 하나의 진(辰)을 옮겨서, 다시 그곳에 돌아오게 했다.

정월은 인을 가르키고, 12월은 축을 가리킨다. 1년을 돌아서 끝마치면 다시 시작한다.

인(寅)을 가리키면 인은 만물이 지렁이처럼 꿈틀댄다. 율은 태주(太蔟)에서 이어받는다. 태주의 주는 모여서 나가지 않는 것이다.

묘(卯)를 가리키면 묘는 무성하고 무성한 것이다. 율은 협종(夾鐘)에서 이어받는다. 협종은 처음으로 씨앗이 부풀어 오르는 것이다.

진(辰)을 가리키면 진은 진동시키는 것이다. 율은 고선(姑洗)에서 이어받는다. 고선은 묵은 것이 떠나고 새로운 것이 온다.

사(巳)를 가리키면 사는 생이 이미 정해진 것이다. 율은 중려(仲呂)에서 이어받는다. 중려는 속을 크게 채우는 것이다.

오(午)를 가리키면 오는 음과 양이 섞이는 것이다. 율은 유빈(蕤賓)에서 이어받는다. 유빈은 편안하게 복종하는 것이다.

미(未)를 가리키면 미는 맛이다. 율은 임종(林鐘)에서 이어받는다. 임종은 당겨서 중지시키는 것이다.

신⁽申⁾을 가리키면 신은 끙끙거리는 것이다. 율은 이칙⁽夷則⁾에서 이어받는다. 이칙은 그 법칙을 바꾸어 덕이 떠나가는 것이다.

유⁽酉⁾를 가리키면 유는 속이 꽉 찬 것이다. 율은 남려⁽南呂⁾에서 이어받는다. 남려는 감싸서 맡은 일이 커지는 것이다.

술⁽戌⁾을 가리키면 술은 없어지는 것이다. 율은 무역⁽無射⁾에서 이어받는다. 무역은 들어가는데도 싫어함이 없는 것이다.

해⁽亥⁾를 가리키면 해는 갈무리하는 것이다. 율은 응종⁽應鐘⁾에서 이어받는다. 응종은 그 모임에 응하는 것이다.

자⁽子⁾를 가리키면 자는 불어나는 것이다. 율은 황종⁽黃鐘⁾에서 이어받는다. 황종은 이미 노랗게 된 것이 모이는 것이다.

축⁽丑⁾을 가리키면 축은 묶여 있는 것이다. 율은 대려⁽大呂⁾에서 이어받는다. 대려는 무리지어서 떠나는 것이다."

帝張四維, 運之以斗. 月徙一辰, 復反其所.

正月指寅, 十二月指丑, 一歲而匝, 終而復始.

指寅. 寅則萬物螾螾也. 律受太蔟. 太蔟者, 蔟而未出也.

指卯. 卯則茂茂然. 律受夾鐘. 夾鐘者, 鐘始莢也.

指辰. 辰則振之也. 律受姑洗. 姑洗者, 陳去而新來也.

指巳. 巳則生已定也. 律受仲呂. 仲呂者, 中充大也.

指午. 午者忤也. 律受蕤賓. 蕤賓者, 安而服也.

指未. 未味也. 律受林鐘. 林鐘者, 引而止也.

指申. 申者呻之也. 律受夷則. 夷則者, 易其則也. 德以去矣.

指酉. 酉者飽也. 律受南呂. 南呂者, 任包大也.

指戌. 戌者滅也. 律受無射. 無射者, 入無厭也.

指亥. 亥者閡也. 律受應鐘. 應鐘者, 應其鐘也.

指子. 子者兹也. 律受黃鐘. 黃鐘者, 鐘已黃也.

指丑. 丑者紐也. 律受大呂. 大呂者, 旅旅而去也.

2. 『사기』 율서^(律書)의 십이지지

해^(亥)는 '갖추다'라는 뜻으로 양기가 땅속에 감추어지는 것을 이른다.

자^(子)는 생육하는 것이다. 자는 만물이 땅 밑에서부터 성장하는 것을 말한다.

대려는 12개 지지 가운데 축^(丑)에 해당한다.

인^(寅)은 만물이 처음으로 꿈틀거리며 일어나는 것을 말한다.

묘^(卯)는 무성함을 말한다. 만물이 무성함을 말한다.

진^(辰)은 만물이 움직인다는 말이다.

사^(巳)는 양기가 이미 쇠진했음을 말한다.

오^(午)는 음양이 뒤섞여 있다. 그래서 오라고 한다.

미^(未)는 만물이 모두 성숙해 감칠맛인 자미가 있다는 것을 말한다.

신^(申)은 음기가 사물에 작용한다는 말이다. 신은 만물을 해치는 것이다. 그러므로 신이라 한 것이다.

유^(酉)는 만물이 늙었다. 그러므로 유라고 부른 것이다.

술^(戌)은 만물이 모두 없어진 것을 말한다. 그러므로 술이라 이른 것이다.

亥者, 該也, 言陽氣藏於下, 故該也.

子者, 滋也, 滋者, 言萬物滋於下也.

大呂者, 其於十二子爲丑.

寅言萬物始生蟥然也, 故曰寅.

卯之爲言茂也, 言萬物茂也.

辰者, 言萬物之蜄也.

巳者, 言陽氣之己盡也.

午者, 陰陽交, 故曰午.

未者, 言萬物皆成, 有滋味也.

申者, 言陰用事, 申賊萬物, 故曰申.

酉者, 萬物之老也, 故曰酉.

戌者, 言萬物盡滅, 故曰戌.

3. 『한서』^(漢書) 율력지^(律曆志)에서 논한 십이지지

자^(子)에서 기를 발산하여 만물이 화하여 생긴다. 그러므로 자에서 번식의 기
운이 생긴다. 氣鐘於子, 化生萬物者也. 故孳萌於子

축^(丑)에서 싹이 묶여 있다.　紐牙於丑

인^(寅)에서 성장하기 시작한다.　引達於寅

묘^(卯)에서 처음으로 싹이 흙을 뚫고 나온다.　冒茆於卯

진^(辰)에서 떨쳐 일어나 뻗어 나간다.　振美於辰

사^(巳)에서 이미 성대해진다.　已盛於巳

오^(午)에서 음양이 다투며 만난다.　咢佈於午

미^(未)에서 초목이 우거져 어둡다.　昧薆於未

신^(申)에서 자신의 형상을 견지한다.　申堅於申

유^(酉)에서 무르익어 머무른다.　留孰於酉

술^(戌)에서 들어가 마름질한다.　畢入於戌

해^(亥)에서 만물이 문을 잠그고 갖춰진다.　該閡於亥

참고문헌

『한서』 진기환, 명문당, 2021.

『춘추번로의증』 허호구, 윤재환, 정동화 역, 소명출판, 2016.

『회남자』 이준영, 도서출판 자유문고, 2019.

『여씨춘추』 정하현, 소명출판, 2014.

『십팔사략』 임동석, 동서문화사, 2009.

『십팔사략』 박지성, 현대지성, 2015.

『관자』 김필수, 고대혁, 장승구, 신창호, 소나무, 2016.

『황제내경소문주석』 박찬국, 집문당, 2005.

『황제사경 역주』 김선민, 소명출판, 2011.

『장자』 안동림, ㈜현암사, 2017.

『사기열전』 장세후, 연암서가, 2017.

『사기열전』 김원중, ㈜민음사, 2009.

『사기서』 신동준, ㈜위즈덤하우스, 2015.

『사기표』 신동준, ㈜위즈덤하우스, 2015.

『사기본기』 정범진, 까치글방, 2014.

『사기세가』 정범진, 까치글방, 2015.

『예기집설대전 월령』 정병섭, 학고방, 2010.

『손자병법』 이현서, 동아일보사, 2017.

『서경집전』 성백효, 전통문화연구원, 2019.

『서경강설』 이기동, 성균관대학교출판부, 2012.

『주역전의』 성백효, 전통문화연구회, 2014.

『노자도덕경』 문성재, 책미래, 2014.

『오월춘추』 임동석, 동서문화사, 2015.

『설문해자주』 염정삼, 서울대학교출판문화원, 2019.

『연해자평』 오청식, 대유학당, 2020.

『적천수천미』 김기승, 김현덕, 다산글방, 2017.

『자평진전』, 김기승, 나혁진, 다산글방, 2021.

『삼명통회 해독』, 김정안, 퍼플, 2021.

『삼명통회적요』, 김정안, 문원북, 2017.

『명리약언』, 김기승, 나혁진, 다산글방, 2018.

『궁통보감』, 김시승, 다산글방, 2017.

『백호통의 역주』, 이대현, 도서출판 역락, 2018.

『오행대의』, 김수길, 윤상철, 대유학당, 2020.

『명리사전』, 박재완, 역문관, 1978.

『사주정설』, 백영관, 명문당, 2018.

『사주첩경』, 이석영, 한국역학교육학원, 1996.

『우주변화의 원리』, 한동석, 대원출판, 2013.

『사주명리학 초보탈출』, 김동완, 동학사, 2005.

『사주명리학 완전정복』, 김동완, 동학사, 2005.

『오행 용신 사주학』, 김동완, 동학사, 2019.

『명리』, 강헌, 돌베개, 2015.

『음양오행론의 역사와 원리』, 김기승, 이상천, 다산글방, 2017.

『과학명리』, 김기승, 다산글방, 2016.

『명리학정론』, 김기승, 다산글방, 2020.

『명리명강』, 김학목, 판미동, 2016.

『갑자서당』, 류시성, 손영달, 북드라망, 2013.

『명리심리학』, 양창순, 다산북스, 2020.

『운명의 해석 사주명리』, 안도균, 북드라망, 2017.

『맹파명리 간지오의』, 박형규, 학산출판사, 2018.

『현대명리학과 과학의 만남』, 안민수, 다산글방, 2022.